2024 윤우혁 헌법 최신판례 및 최신판례모의고사

윤우혁 편저

May the force be with you

온라인 강의 공단기 gong.conects.com 경단기 gyung.conects.com

박영사

PREFACE | 머리말

헌법은 다른 어떤 과목보다 최신판례의 출제비중이 높은 분야이다. 따라서 최신판례 정리는 필수적이다.

필자는 그동안 수험생의 부담을 고려하여 최신판례를 프린트로 제공해왔다. 앞으로도 이점은 변함이 없을 것이다. 그럼에도 책으로 출간하는 이유는 프린트의 불편함으로 책으로 내달라는 학생들의 요청도 계속 외면할 수는 없었기 때문이다.

그래서 앞으로는 프린트로도 제공되지만 최신판례 내용과 최신판례 모의고사 문제가 추가된 책으로도 출간되니까 수험생들은 편한대로 선택하면 된다.

어떻게 하든 확실한 것은 빨리 합격해야 한다는 것이다. 이 책이 수험생들의 합격에 일조한다면 더 이상 바랄 것이 없다는 말로 머리말을 대신한다.

이 책은 박영사 김혜림님의 작업에 크게 힘입어서 나온 것이므로 특별히 감사의 말씀을 드린다.

2024년 7월

윤우혁

CONTENTS | 차례

내용편

PART 01
헌법총론

PART 02
기본권론

CONTENTS | 차례

문제편

PART 01
헌법총론

PART 02
기본권론

PART 03
통치구조론

2024 윤우혁 헌법

최신판례 및 최신판례모의고사

PART

01

헌법총론

[내용편]

THEME

01 대한민국의 국가형태와 구성요소

01

직계존속(直系尊屬)이 외국에서 영주(永住)할 목적 없이 체류한 상태에서 출생한 자는 병역의무를 해소한 경우에만 국적이탈을 신고할 수 있도록 하는 구 국적법 제12조 제3항은 헌법에 위반되지 않는다.(헌재 2023.2.23. 2019헌바462) [합헌]

[외국에 영주할 목적 없이 체류한 직계존속으로부터 태어난 자의 국적이탈 제한 사건]

02

복수국적자가 외국에 주소가 있는 경우에만 국적이탈을 신고할 수 있도록 하는 국적법 제14조 제1항 본문은 헌법에 위반되지 않는다.(헌재 2023.2.23. 2020헌바603) [합헌]

[외국에 주소 없는 자의 국적이탈 제한 사건]

02 대한민국헌법의 기본원리 및 기본질서

03

실질적인 혼인관계가 존재하지 아니한 기간을 제외하고 분할연금을 산정하도록 개정된 국민연금법 제64조 제1항, 제4항을 개정법 시행 후 최초로 분할연금 지급사유가 발생한 경우부터 적용하도록 규정한 국민연금법 부칙 제2조는 헌법에 합치되지 아니한다.(헌재 2024.5.30. 2019헌가29) [헌법불합치]

이미 이행기에 도달한 분할연금 수급권의 내용을 변경하는 것은 진정소급입법으로서 원칙적으로 금지되므로 신법 조항 시행 당시 이미 이행기에 도달한 분할연금 수급권에 대해 소급 적용하지 아니한 것은 합리적인 이유가 인정된다. 반면 아직 이행기가 도래하지 아니한 분할연금 수급권의 경우에는 소급입법금지원칙이나 신뢰보호원칙 위반이 문제되지 아니하므로 신법 조항의 적용을 배제하는 데에 합리적인 이유가 있다고 볼 수 없다.
그렇다면 입법자는 종전 헌법불합치결정 이후 분할연금 지급 사유가 발생한 노령연금 수급권자에 대하여 적어도 신법 조항 시행일 이후에 이행기가 도래하는 분할연금에 대해서는 위헌성이 제거된 신법 조항을 적용하도록 하는 등 차별적 요소를 완화할 필요가 있었다. 그럼에도 입법자는 경과규정을 전혀 두지 아니하여 노령연금 수급권자를 보호하기 위한 최소한의 조치도 취하지 아니하였는바, 분할연금 수급권자의 신뢰보호나 법적 안정성 등을 고려하더라도 그 차별을 정당화할 만한 합리적인 이유가 있는 것으로 보기 어렵고, 종전 헌법 불합치결정의 취지에도 어긋난다. 따라서 심판대상조항은 평등원칙에 위반된다.

04

시장 · 군수 · 구청장이 지방자치단체의 조례로 정하는 바에 따라 일정한 구역을 지정 · 고시하여 가축의 사육을 제한할 수 있도록 한 '가축분뇨의 관리 및 이용에 관한 법률' 제8조 제1항 본문은 헌법에 위반되지 아니한다.(헌재 2024.1.25. 2020헌바374) [합헌]

● 포괄위임금지원칙 위배 여부

○ 헌법 제117조 제1항과 지방자치법 제28조 제1항에 따라 조례도 법률의 위임이 있으면 입법사항을 정할 수 있다. 조례에 대한 법률의 위임은 법규명령에 대한 법률의 위임과 같이 반드시 구체적으로 범위를 정하여 할 필요가 없으며 포괄적인 것으로 족하다.
심판대상조항은 가축사육 제한이 가능한 대상 지역의 한계를 설정하고 있고, 가축분뇨법의 입법목적과 가축사육에 따라 배출되는 환경오염물질이나 악취 등으로 인하여 지역주민의 생활환경이나 상수원의 수질이 오염되는 것을 방지하려는 심판대상조항의 목적을 종합적으로 고려하면, 사육대상인 축종이나 사육규모 외에 각 지역의 지형, 상주인구 분포, 인구밀집시설의 존부, 지역 내 가축사육농가의 수, 상수원지역에 미치는 영향 등을 고려하여 구체적인 가축사육제한구역이 정해질 수 있다는 점이 충분히 예측 가능하므로, 심판대상조항은 포괄위임금지원칙에 위배되지 아니한다.
심판대상조항은 과잉금지원칙에 위배되지 아니한다.

05

'선량한 풍속 기타 사회질서에 위반한 사항을 내용으로 하는 법률행위'를 무효로 하는 민법 제103조는 명확성원칙에 위반되지 않아 헌법에 위반되지 않는다.(헌재 2023.9.26. 2020헌바552) [합헌]

[반사회질서의 법률행위를 무효로 하는 민법 제103조 사건]

06

노인장기요양 급여비용의 구체적인 산정방법 등에 관하여 필요한 사항을 보건복지부령에 정하도록 위임한 노인장기요양보험법 제39조 제3항은 법률유보원칙 및 포괄위임금지원칙에 위배되지 아니하므로 헌법에 위반되지 않는다.(헌재 2021.8.31. 2019헌바73) [합헌]

07

한전이 정한 전기료 누진제는 헌법에 위반되지 않는다.(헌재 2021.4.29. 2017헌가25)

전기요금의 결정에 관한 내용을 반드시 입법자가 스스로 규율해야 하는 부분이라고 보기 어려우므로, 심판대상조항은 의회유보원칙에 위반되지 아니한다. 하위 법령에서는 전기의 보편적 공급과 전기사용자의 보호, 물가의 안정이라는 공익을 고려하여 전기요금의 산정 원칙이나 산정 방법 등을 정할 것이라고 충분히 예측할 수 있다. 따라서 심판대상조항은 포괄위임금지원칙에 위반되지 아니한다.

08

1945.8.9. 이후 성립된 거래를 전부 무효로 한 재조선미국육군사령부군정청 법령 제2호 제4조 본문과 1945.8.9. 이후 일본 국민이 소유하거나 관리하는 재산을 1945.9.25.자로 전부 미군정청이 취득하도록 정한 재조선미국육군사령부군정청 법령 제33호 제2조 전단 중 '일본 국민'에 관한 부분은 진정소급입법이지만 헌법 제13조 제2항에 반하지 않는다.(헌재 2021.1.28. 2018헌바88)

memo

2024 윤우혁 헌법

최신판례 및 최신판례모의고사

PART 02

기본권론
[내용편]

01 행복추구권

01

국민건강증진법 제9조 제8항 중 제4항 제16호에 관한 부분은 헌법에 위반되지 아니한다.(헌재 2024.4.25. 2022헌바163) [합헌]

[심판대상조항]
국민건강증진법(2017. 12. 30. 법률 제15339호로 개정된 것)
제9조(금연을 위한 조치) ⑧ 누구든지 제4항부터 제7항까지의 규정에 따라 지정된 금연구역에서 흡연하여서는 아니 된다.

[관련조항]
국민건강증진법(2016. 12. 2. 법률 제14318호로 개정된 것)
제9조(금연을 위한 조치) ④ 다음 각 호의 공중이 이용하는 시설의 소유자·점유자 또는 관리자는 해당 시설의 전체를 금연구역으로 지정하고 금연구역을 알리는 표지를 설치하여야 한다. 이 경우 흡연자를 위한 흡연실을 설치할 수 있으며, 금연구역을 알리는 표지와 흡연실을 설치하는 기준·방법 등은 보건복지부령으로 정한다.
16. 연면적 1천 제곱미터 이상의 사무용건축물, 공장 및 복합용도의 건축물

[광장 벤치 흡연 사건]

심판대상조항으로 인하여 흡연자는 일정한 공간에서 흡연을 할 수 없게 되는 불이익을 입지만, 일반적으로 타인의 흡연으로 인한 간접흡연을 원치 않는 사람을 보호하여야 할 필요성은 흡연자의 자유로운 흡연을 보장할 필요성보다 더 크다고 할 수 있다. 심판대상조항은 과잉금지원칙에 반하여 흡연자의 일반적 행동자유권을 침해한다고 볼 수 없다.

02

헌법재판소는 외교부 북미국장이 2017.4.20. 주한미군사령부 부사령관과 사이에 주한미군에 성주 스○○ 골프장 부지 중 일부의 사용을 공여하는 내용으로 체결한 협정에 대한 심판청구를 모두 각하하는 결정을 선고하였다.(헌재 2024.3.28. 2017헌마372) [각하]

○ 공권력 행사가 청구인들의 법적 지위에 아무런 영향을 미치지 않는다면 애당초 기본권침해가능성이 없으므로, 그 공권력 행사를 대상으로 헌법소원심판을 청구하는 것은 허용되지 않는다.
○ 청구인들은 주한미군이 이 사건 부지에 사드를 배치함으로써 자신들의 평화적 생존권을 침해한다고 주장한다. 살피건대, 이 사건 협정의 근거인 한미상호방위조약은 외부의 무력공격을 전제한 공동방위를 목적으로 하고, 사드 배치는 북한의 핵실험 및 탄도미사일 시험 발사 또는 도발에 대응한 방어태세로 이해된다. 따라서 이 사건 협정이 국민들로 하여금 침략전쟁에 휩싸이게 함으로써 이들의 평화적 생존을 위협할 가능성이 있다고 볼 수 없다.

○ 청구인들은 주한미군이 이 사건 부지에 사드를 배치하면 건강권 및 환경권을 침해받는다고 주장한다. 살피건대, 이 사건 협정으로 청구인들의 건강권 및 환경권이 바로 침해된다고 보기 어렵고, 혹시 이러한 우려가 있더라도 이는 주한미군의 사드 체계 운영 과정에서 잠재적으로 나타날 수 있는 것이라 할 수 있다. 대구지방환경청의 2017. 9. 4.자 협의 내용 및 환경부의 2023. 6. 1.자 협의 내용에 포함된 각 환경영향평가서의 내용을 종합하면, 사드 체계 운영 과정에서 발생하는 전자파와 소음의 위험성은 전파법상 인체보호기준과 생활소음 규제기준에 현저히 미달하는 미미한 수준이라는 사실이 확인되었다.

○ 청구인들은 성주경찰서 소속 경찰이 이 사건 부지 인근 농작지 접근을 제한하고 중국이 제재조치를 시행함으로 인하여 직업의 자유를 침해받는다고 주장한다. 살피건대, 청구인들의 주장과 같은 내용은 성주경찰서 소속 경찰 또는 중국 정부의 조치로 인한 것이므로, 이 사건 협정으로 인한 것이라 할 수 없다.

○ 청구인들은 이 사건 부지 일대가 원불교 성지로서 보호되지 않는다면 이와 관련된 교리 역시 보호되기 어려우므로 신앙의 자유가 침해되고, 군 당국의 사전 허가를 받아야 이 사건 부지에서 종교적 활동을 하거나 종교집회를 개최할 수 있어 종교적 행위의 자유 및 종교집회의 자유가 침해받는다는 취지로 주장한다. 살피건대, 이 사건 협정으로 주한미군이 이 사건 부지를 사용한다고 하여 특정 종교의 교리를 침해하거나 청구인들의 신앙 활동에 직접적 영향을 미친다고 할 수 없다. 또한 종교적 행위의 자유 및 종교집회의 자유 침해에 관한 청구인들의 위 주장은 군 당국의 후속 조치 등으로 발생하는 것이므로, 이 사건 협정으로 인한 것이라 할 수 없다.

○ 따라서 이 사건 협정은 청구인들의 법적 지위에 아무런 영향을 미치지 아니하므로, 이 사건 협정에 대한 심판청구는 기본권침해가능성이 인정되지 아니한다.

03

이자제한법에서 정한 최고이자율을 초과하여 이자를 받은 자를 1년 이하의 징역 또는 1천만 원 이하의 벌금에 처하도록 한 이자제한법 제8조 제1항은 헌법에 위반되지 아니한다.(헌재 2023.2.23. 2022헌바22) [합헌]

[이자제한법상 최고이자율 상한을 위반하는 행위에 대해 형사처벌을 규정한 이자제한법 조항에 관한 사건]

04

어린이 보호구역에서 제한속도 준수의무 또는 안전운전의무를 위반하여 어린이를 상해에 이르게 한 경우 1년 이상 15년 이하의 징역 또는 500만 원 이상 3천만 원 이하의 벌금에, 사망에 이르게 한 경우 무기 또는 3년 이상의 징역에 처하도록 규정한 특정범죄 가중처벌 등에 관한 법률 제5조의13은 청구인들의 일반적 행동자유권을 침해한다고 볼 수 없다.(헌재 2023.2.23. 2020헌마460) [기각]

[어린이 보호구역에서 교통사고로 어린이를 상해나 사망에 이르게 한 경우를 가중처벌하는 특정범죄가중처벌법 조항 사건(이른바'민식이법'사건)]

05

① 가해학생에 대한 조치로 피해학생에 대한 서면사과를 규정한 구 학교폭력예방법 제17조 제1항 제1호는 가해학생의 양심의 자유와 인격권을 침해하지 않는다. [합헌]

② 학교폭력대책자치위원회의 설치 · 운영 등에 관한 사항과 자치위원회의 구성 · 운영 등에 관한 사항을 대통령령에 위임하도록 규정한 구 학교폭력예방법 제12조 제4항, 제13조 제1항, 제4항, 가해학생에 대한 조치별 적용 기준을 대통령령에 위임하도록 규정한 구 학교폭력예방법 제17조 제1항 본문 후단, 학부모대표가 전체위원의 과반수를 구성하고 있는 자치위원회에서 일정한 요건을 갖춘 경우 반드시 회의를 소집하여 가해학생에 대한 조치의 내용을 결정하게 하고 학교의 장이 이에 구속되도록 규정한 구 학교폭력예방법 제13조 제1항, 제2항, 제17조 제1항, 제6항, 가해학생에 대한 조치로 피해학생 및 신고 · 고발한 학생에 대한 접촉 등 금지를 규정한 구 학교폭력예방법 제17조 제1항 제2호, 가해학생에 대한 조치로 학급교체를 규정한 구 학교폭력예방법 제17조 제1항 제7호는 헌법에 위반되지 않는다. (헌재 2023.2.23. 2019헌바93) [합헌]

[학교폭력 가해학생에 대한 서면사과 조치 등 사건]

06

금융회사등에 종사하는 자에게 거래정보등의 제공을 요구하는 것을 금지하고 위반 시 형사처벌하는 금융실명거래 및 비밀보장에 관한 법률 제4조 제1항 본문 중 '누구든지 금융회사등에 종사하는 자에게 거래정보등의 제공을 요구하여서는 아니 된다'는 부분 및 제6조 제1항 중 위 해당 부분은 과잉금지원칙에 반하여 일반적 행동자유권을 침해하므로 헌법에 위반된다.(헌재 2022.2.24. 2020헌가5) [위헌]

[1] 심판대상조항은 금융거래정보 유출을 막음으로써 금융거래의 비밀을 보장하기 위하여 명의인의 동의 없이 금융기관에게 금융거래정보를 요구하는 것을 금지하고 그 위반행위에 대하여 형사처벌을 가하는 것으로, 입법목적의 정당성과 수단의 적합성이 인정된다.

[2] 심판대상조항은 정보제공요구의 사유나 경위, 행위 태양, 요구한 거래정보의 내용 등을 전혀 고려하지 아니하고 일률적으로 금지하고, 그 위반 시 형사처벌을 하도록 하고 있다. 이는 입법목적을 달성하기 위하여 필요한 범위를 넘어선 것으로 최소침해성의 원칙에 위반된다.

THEME

02 평등권

07

외국인 중 영주권자 및 결혼이민자만을 긴급재난지원금 지급대상에 포함시키고 난민인정자를 제외한 2020.5.13.자 관계부처합동 '긴급재난지원금 가구구성 및 이의신청 처리기준(2차)' 중 'I. 가구구성 관련 기준, ② 가구구성 세부기준' 가운데 '외국인만으로 구성된 가구'에 관한 부분은 헌법에 위반된다.(헌재 2024.3.28. 2020헌마1079) [인용]

코로나19로 인하여 경제적 타격을 입었다는 점에 있어서는 영주권자, 결혼이민자, 난민인정자간에 차이가 있을 수 없으므로 그 회복을 위한 지원금 수급 대상이 될 자격에 있어서 역시 이들 사이에 차이가 발생한다고 볼 수 없다.

한편 1994년 이후 2023년 6월 말까지 1,381명이 난민인정을 받았는바, 난민인정자에게 긴급재난지원금을 지급한다 하여 재정에 큰 어려움이 있다고 할 수 없고, 가족관계 증명이 어렵다는 행정적 이유 역시 난민인정자를 긴급재난지원금의 지급대상에서 제외하여야 할 합리적인 이유가 될 수 없다.

그렇다면 이 사건 처리기준이 긴급재난지원금 지급 대상에 외국인 중에서도 '영주권자 및 결혼이민자'를 포함시키면서 '난민인정자'를 제외한 것은 합리적 이유 없는 차별이라 할 것이므로, 이 사건 처리기준은 청구인의 평등권을 침해한다.

08

문화재보호법 제27조에 따라 지정된 보호구역에 있는 부동산에 대한 재산세 경감을 규정하고 있는 구 지방세특례제한법 제55조 제2항 제1호 중 '같은 법 제27조에 따라 지정된 보호구역에 있는 부동산'에 관한 부분은 조세평등주의에 위배되지 않는다.(헌재 2024.1.25. 2020헌바479) [합헌]

심판대상조항이 보호구역에 있는 부동산을 재산세 경감 대상으로 규정하면서 역사문화환경 보존지역에 있는 부동산을 재산세 경감 대상으로 규정하지 않은 것이 입법재량을 벗어난 합리적 이유 없는 차별에 해당한다고 볼 수 없으므로, 심판대상조항은 조세평등주의에 위배되지 않는다.

09

외국인 지역가입자에 대하여 ① 보험료 체납시 다음 달부터 곧바로 보험급여를 제한하는 국민건강보험법 제109조 제10항(보험급여제한 조항)은 헌법에 합치되지 아니하여 2025.6.30.을 시한으로 입법자가 개정할 때까지 계속 적용되도록 하고, ② 납부할 월별 보험료 하한을 전년도 전체 가입자의 보험료 평균을 고려하여 정하는 구 '장기체류 재외국민 및 외국인에 대한 건강보험 적용기준' 제6조 제1항에 의한 별표 2 제1호 단서(보험료하한 조항) 및 ③ 보험료 납부단위인 '세대'의 인정범위를 가입자와 그의 배우자 및 미성년 자녀로 한정한 위 보건복지부고시 제6조 제1항에 의한 별표 2 제4호(세대구성 조항)에 대한 심판청구를 모두 기각하고, ④ 법무부장관이 외국인에 대한 체류 허가 심사를 함에 있어 보험료 체납정보를 요청할 수 있다고 규정한 출입국관리법 제78조 제2항 제3호 중 '외국인의 국민건강보험 관련 체납정보'에 관한 부분(정보요청 조항)에 대한 심판청구를 각하한다.(헌재 2023.9.26. 2019헌마1165) [①: 헌법불합치, ②·③: 기각, ④: 각하]

[외국인 국민건강보험 지역가입자의 보험료 하한 산정기준, 세대구성, 보험료 체납정보 요청, 보험급여 제한 사건]

○ 보험료하한 조항의 평등권 침해 여부 – 소극
  보험료하한 조항이 외국인에 대하여 내국인등과 다른 보험료하한 산정기준을 적용함으로써 차별취급을 하고 있다고 하더라도 여기에는 합리적인 이유가 있다.

○ 세대구성 조항의 평등권 침해 여부 – 소극
  영주(F–5)·결혼이민(F–6)의 체류자격을 가진 외국인은 체류 기간이나 체류 의사 측면에서 다른 체류자격의 외국인들과는 상당한 차이가 있으므로, 세대구성 조항이 일부 체류자격 외국인에 국한하여 내국인과 동일한 기준을 적용한 것은 합리적인 이유가 있다. 이를 종합하면, 세대구성조항은 청구인들의 평등권을 침해하지 않는다.

○ 보험급여제한 조항의 평등권 침해 여부 – 적극
  내국인등 지역가입자의 경우 총 체납횟수가 6회 이상이면, 체납한 보험료를 완납할 때까지 그 가입자 및 피부양자에 대하여 보험급여를 실시하지 아니할 수 있다.
  따라서 보험급여제한 조항은 합리적인 이유 없이 외국인인 청구인들을 내국인등과 달리 취급한 것이므로, 청구인들의 평등권을 침해한다.

10

전시·사변 등 국가비상사태에 있어서 전투에 종사하는 자에 대하여는 각령이 정하는 바에 의하여 전투근무수당을 지급하도록 한 구 군인보수법 제17조는 명확성원칙 및 평등원칙에 위반되지 않는다.(헌재 2023.8.31. 2020헌바594) [합헌]

[전투근무수당에 관한 구 군인보수법 사건]

11

특별교통수단에 있어 표준휠체어만을 기준으로 휠체어 고정설비의 안전기준을 정하고 있는 교통약자의 이동편의 증진법 시행규칙 제6조 제3항 별표 1의2는 헌법에 합치되지 아니한다.(헌재 2023.5.25. 2019헌마1234) [인용 – 잠정적용 헌법불합치]

[장애인 특별교통수단 사건]

○ 심판대상조항은 교통약자의 이동편의를 위한 특별교통수단에 표준휠체어만을 기준으로 휠체어 고정설비의 안전기준을 정하고 있어 표준휠체어를 사용할 수 없는 장애인은 안전기준에 따른 특별교통수단을 이용할 수 없게 된다. 침대형 휠체어만을 이용할 수 있는 장애인은 장애의 정도가 심하여 특수한 설비가 갖춰진 차량이 아니고서는 사실상 이동이 불가능하다. 그럼에도 불구하고 표준휠체어를 이용할 수 없는 장애인에 대한 고려 없이 표준휠체어만을 기준으로 고정설비의 안전기준을 정하는 것은 불합리하고, 특별교통수단에 장착되는 휠체어 탑승설비 연구·개발사업 등을 추진할 국가의 의무를 제대로 이행한 것이라 보기도 어렵다. 누워서 이동할 수밖에 없는 장애인을 위한 휠체어 고정설비 안전기준 등을 별도로 규정한다고 하여 국가의 재정적 부담이 심해진다고 볼 수도 없다. 제4차 교통약자 이동편의 증진계획이 표준휠체어를 사용할 수 없는 장애인을 위한 특별교통수단의 도입 등을 계획하고 있기는 하나, 일부 지방자치단체에서 침대형 휠체어가 탑승할 수 있는 특수형 구조차량을 운행하였다가 침대형 휠체어 고정장치에 대한 안전기준이 없어 운행을 중단한 점에서 볼 수 있듯이 그 안전기준의 제정이 시급하므로 위와 같은 계획이 있다는 사정만으로 안전기준 제정 지연을 정당화하기 어렵다. 따라서 심판대상조항은 합리적 이유 없이 표준휠체어를 이용할 수 있는 장애인과 표준휠체어를 이용할 수 없는 장애인을 달리 취급하여 청구인의 평등권을 침해한다.

○ 한편, 청구인은 침해되는 권리로 평등권 이외에 이동권도 들고 있으나 그 취지는 심판대상조항이 표준휠체어만을 기준으로 고정설비의 안전기준을 정하고 있어 합리적 이유 없는 차별이 발생한다는 것이므로 이에 대하여는 별도로 판단하지 아니한다.

12

외국거주 외국인유족의 퇴직공제금 수급 자격을 인정하지 아니하는 구 건설근로자의 고용개선 등에 관한 법률 제14조 제2항 중 구 산업재해보상보험법 제63조 제1항 가운데 '그 근로자가 사망할 당시 대한민국 국민이 아닌 자로서 외국에서 거주하고 있던 유족은 제외한다'를 준용하는 부분은 헌법에 위반된다.(헌재 2023.3.23. 2020헌바471) [위헌]

[외국거주 외국인유족의 퇴직공제금 수급 자격 불인정 사건]

심판대상조항은 합리적 이유 없이 '외국거주 외국인유족'을 '대한민국 국민인 유족' 및 '국내거주 외국인유족'과 차별하는 것이므로 평등원칙에 위반된다.

13

피해자보호명령에 우편을 이용한 접근금지에 관한 규정을 두지 아니한 구 가정폭력범죄의 처벌 등에 관한 특례법 제55조의2 제1항은 헌법에 위반되지 않는다.(헌재 2023.2.23. 2019헌바43) [합헌]

[가정폭력처벌법상 피해자보호명령 사건]

14

국내에 귀환하여 등록절차를 거친 국군포로에게만 보수를 지급하도록 규정한 국군포로의 송환 및 대우 등에 관한 법률 제9조 제1항은 헌법에 위반되지 않는다.(헌재 2022.12.22. 2020헌바39) [합헌]

[국내로 귀환하지 못한 국군포로의 보수지급 청구 사건]

15

국립묘지 안장 대상자의 배우자 가운데 안장 대상자 사후에 재혼한 자를 합장 대상에서 제외하는 내용의 국립묘지의 설치 및 운영에 관한 법률 제5조 제3항 본문 제1호 단서 중 '안장 대상자가 사망한 후에 다른 사람과 혼인한 배우자는 제외한다.' 부분은 합헌이다.(헌재 2022.11.24. 2020헌바463) [합헌]

16

현역병 등의 복무기간과는 달리 사관생도의 사관학교 교육기간을 연금 산정의 기초가 되는 복무기간에 산입할 수 있도록 규정하지 아니한 구 군인연금법 제16조 제5항 전문은 청구인들의 평등권을 침해하지 않는다.(헌재 2022.6.30. 2019헌마150) [기각]

[사관학교 교육기간의 군인연금법상 복무기간 산입 사건]

○ 이 사건의 쟁점은 심판대상조항이 합리적 근거 없이 '사관학교 졸업 후 군인으로 임용된 자'를 '현역병 등으로 병역의무를 이행하고 군인으로 임용된 자'와 다르게 취급하여 청구인들의 평등권을 침해하는지 여부이다.

○ 위와 같은 군인연금법상 군 복무기간 산입제도의 목적과 취지, 현역병 등과 사관생도의 신분, 역할, 근무환경 등을 종합적으로 고려하면, 심판대상조항이 사관학교에서의 교육기간을 현역병 등의 복무기간과 달리 연금 산정의 기초가 되는 복무기간에 산입하도록 규정하지 않은 것이 현저히 자의적인 차별이라고 볼 수는 없다.

○ 따라서 심판대상조항은 청구인들의 평등권을 침해하지 아니한다.

THEME

03 인신의 자유권

17

직계혈족, 배우자, 동거친족, 동거가족 또는 그 배우자간의 권리행사방해죄는 그 형을 면제하도록 한 형법 제328조 제1항은 헌법에 합치되지 아니한다.(헌재 2024.6.27. 2020헌마468) [헌법불합치(적용중지)]

[1] 형사피해자의 재판절차진술권

헌법 제27조 제5항은 "형사피해자는 법률이 정하는 바에 의하여 당해 사건의 재판절차에서 진술할 수 있다." 라고 규정하여 형사피해자의 재판절차진술권을 보장하고 있다. 다만, 형사피해자의 재판절차진술권을 어떠한 내용으로 구체화할 것인가에 관하여는 입법자에게 입법형성의 자유가 부여되고 있으므로, 그것이 재량의 범위를 넘어 명백히 불합리한 경우에 비로소 위헌의 문제가 생길 수 있다.

[2] 심판대상조항이 형사피해자의 재판절차진술권을 침해하는지 여부(적극)

친족상도례의 규정 취지는, 가정 내부의 문제는 국가형벌권이 간섭하지 않는 것이 바람직하다는 정책적 고려와 함께 가정의 평온이 형사처벌로 인해 깨지는 것을 막으려는 데에 있다. 가족·친족 관계에 관한 우리나라의 역사적·문화적 특징이나 재산범죄의 특성, 형벌의 보충성을 종합적으로 고려할 때, 경제적 이해를 같이하거나 정서적으로 친밀한 가족 구성원 사이에서 발생하는 수인 가능한 수준의 재산범죄에 대한 형사소추 내지 처벌에 관한 특례의 필요성은 수긍할 수 있다.

로마법 전통에 따라 친족상도례의 규정을 두고 있는 대륙법계 국가들의 입법례를 살펴보더라도, 일률적으로 광범위한 친족의 재산범죄에 대해 필요적으로 형을 면제하거나 고소 유무에 관계없이 형사소추할 수 없도록 한 경우는 많지 않으며, 그 경우에도 대상 친족 및 재산범죄의 범위 등이 우리 형법이 규정한 것보다 훨씬 좁다.

위와 같은 점을 종합하면, 심판대상조항은 형사피해자가 법관에게 적절한 형벌권을 행사하여 줄 것을 청구할 수 없도록 하는바, 이는 입법재량을 명백히 일탈하여 현저히 불합리하거나 불공정한 것으로서 형사피해자의 재판절차진술권을 침해한다.

18

13세 이상 16세 미만의 사람에 대하여 간음 또는 추행을 한 19세 이상의 자를 강간죄, 유사강간죄, 강제추행죄의 예에 따라 처벌하도록 한 형법 제305조 제2항 중 '제297조, 제297조의2, 제298조'에 관한 부분은 헌법에 위반되지 아니한다.(헌재 2024.6.27. 2022헌바106) [합헌]

○ 19세 이상인 자는 심판대상조항으로 인하여 13세 이상 16세 미만인 사람을 성행위의 상대방으로 선택할 수 없게 되고, 개인의 내밀한 사적 생활영역에서의 행위를 제한받게 되므로, 심판대상조항이 과잉금지원칙을 위반하여 19세 이상인 자의 성적 자기결정권 및 사생활의 비밀과 자유를 침해하는지 여부가 문제된다. 그러나 심판대상조항은 과잉금지원칙에 위반하여 19세 이상인 자의 성적 자기결정권 및 사생활의 비밀과 자유를 침해하지 아니한다.

○ 심판대상조항(16세미만미성년자의제강간·강제추행죄)이 형법 제305조 제1항(13세미만미성년자의제강간·강제추행죄), 형법 제302조(미성년자간음·추행죄), 청소년성보호법 제8조의2 제1항(16세미만아동·청소년간음죄)과 비교할 때 형벌체계상의 정당성 및 균형을 상실하여 평등원칙에 위반되는지 여부가 문제된다. 그러나 심판대상조항은 형벌체계상의 정당성이나 균형성을 상실하여 평등원칙에 위반되지 아니한다.

19

누구든지 선박의 감항성의 결함을 발견한 때에는 그 내용을 해양수산부장관에게 신고하여야 한다고 규정한 구 선박안전법 제74조 제1항 중 '선박의 감항성의 결함'에 관한 부분과, 선박소유자, 선장 또는 선박직원이 위와 같은 신고의무를 위반한 경우 처벌하도록 하는 같은 법 제84조 제1항 제11호 중 제74조 제1항의 '선박의 감항성의 결함'에 관한 부분은 헌법에 위반되지 않는다.(헌재 2024.5.30. 2020헌바234) [합헌]

신고의무조항의 '선박의 감항성의 결함'이란 '선박안전법에서 규정하고 있는 각종 검사 기준에 부합하지 아니하는 상태로서, 선박이 안전하게 항해할 수 있는 성능인 감항성과 직접적인 관련이 있는 흠결'이라는 의미로 명확하게 해석할 수 있다. 따라서 신고의무조항은 죄형법정주의의 명확성원칙에 위배되지 아니한다.

20

공무원이 직권을 남용하여 사람으로 하여금 의무없는 일을 하게 하는 경우 형사처벌하도록 하는 형법 제123조 중 '직권을 남용하여 사람으로 하여금 의무없는 일을 하게 하거나'에 관한 부분은 헌법에 위반되지 아니하고, 구 국가정보원법 제11조 제1항 중 '직권을 남용하여' 부분 및 '다른 기관·단체 또는 사람으로 하여금 의무 없는 일을 하게 하여서는 아니 된다' 부분, 제19조 제1항 중 '제11조 제1항을 위반하여 다른 기관·단체 또는 사람으로 하여금 의무 없는 일을 하게 한 사람' 부분에 대한 심판청구는 부적법하다.(헌재 2024.5.30. 2021헌바55) [합헌, 각하]

21

'특정범죄 가중처벌 등에 관한 법률' 제5조 중 '회계관계직원 등의 책임에 관한 법률 제2조 제1호 카목에 규정된 사람이 국고에 손실을 입힐 것을 알면서 그 직무에 관하여 형법 제355조 제1항의 죄를 범한 경우'에 관한 부분, '회계관계직원 등의 책임에 관한 법률' 제2조 제1호 카목('그 밖에 국가의 회계사무를 처리하는 사람'을 회계관계직원으로 규정), 형법 제355조 제1항 중 횡령에 관한 부분(타인의 재물을 보관하는 자가 제3자의 이익을 위하여 횡령행위를 하는 경우를 자기의 이익을 위하여 횡령행위를 하는 경우와 동일한 법정형으로 처벌하는 점)은 헌법에 위반되지 않는다.(헌재 2024.4.25. 2021헌바21) [합헌] [회계관계직원의 국고손실 가중처벌 사건]

이 사건 회계직원책임법조항과 이를 구성요건으로 하고 있는 이 사건 특정범죄가중법 조항은 죄형법정주의의 명확성원칙에 위배되지 아니한다.

이 사건 특정범죄가중법 조항이 형법상 횡령죄나 업무상횡령죄의 법정형보다 가중처벌을 하도록 한 것에는 합리적 이유가 있으므로, 이 사건 특정범죄가중법 조항은 형벌체계상의 균형을 잃어 평등원칙에 위배된다고 할 수 없다.

22

군형법 제92조의6 중 '그 밖의 추행'에 관한 부분은 헌법에 위반되지 아니한다.(헌재 2023.10.26. 2017헌가16) [합헌, 각하]

○ 군형법 제92조의6의 제정취지, 개정연혁 등을 살펴보면, 군형법 제92조의6 중 '그 밖의 추행'에 관한 부분은 동성 간의 성적 행위에만 적용된다고 할 것이고, 추행죄의 객체 또한 군형법의 피적용자인 군인·군무원 등으로 명시하고 있으므로 행위 주체와 행위 객체에 관한 불명확성이 있다고 볼 수 없다.

23

인체면역결핍바이러스에 감염된 사람이 혈액 또는 체액을 통하여 다른 사람에게 전파매개행위를 하는 것을 금지하고 이를 위반한 경우 3년 이하의 징역형으로 처벌한다고 규정한 후천성면역결핍증 예방법 (2013. 4. 5. 법률 제11749호로 개정된 것) 제19조, 제25조 제2호는 모두 헌법에 위반되지 아니한다.(헌재 2023.10.26. 2019헌가30) [합헌]

[인체면역결핍바이러스(HIV) 전파매개행위죄 사건]

24

관세법상 반송의 의미를 정의하는 관세법 제2조 제3호 중 '국내에 도착한' 부분, 물품을 반송하려면 세관장에게 신고하도록 하는 관세법 제241조 제1항 중 '반송'에 관한 부분, 미신고 반송행위를 처벌하는 관세법 제269조 제3항 제1호 중 '관세법 제241조 제1항에 따른 신고를 하지 아니하고 물품을 반송한 자'에 관한 부분, 반송물품원가 5억 원 이상의 미신고 반송행위를 가중처벌하는 특정범죄 가중처벌 등에 관한 법률 제6조 제3항 중 '관세법 제269조 제3항 제1호 가운데 제241조 제1항에 따른 신고를 하지 아니하고 물품을 반송한 자'에 관한 부분, 위와 같은 가중처벌 시에 반송물품원가에 따른 벌금을 필요적으로 병과하는 특정범죄 가중처벌 등에 관한 법률 제6조 제6항 제3호 중 '관세법 제269조 제3항 제1호 가운데 제241조 제1항에 따른 신고를 하지 아니하고 물품을 반송한 자'에 관한 부분은 헌법에 위반되지 않는다.(헌재 2023.6.29. 2020헌바177) [합헌]

[대규모 밀반송범의 관세법 및 특정범죄가중법상 처벌 사건]

○ 이 사건 정의조항의 사전적 의미와 관련 조항을 종합하면, 이 사건 정의조항에서 규정하는 '국내에 도착한' 외국물품이란 외국으로부터 우리나라에 들여와 관세법에 따른 장치 장소, 즉 보세구역 또는 관세법 제155조 및 제156조의 장치 장소에 있는 물품으로서 수입신고가 수리되기 전의 물품을 의미하는 것으로 충분히 예측할 수 있다.

○ 따라서 이 사건 정의조항은 죄형법정주의의 명확성원칙에 위배되지 아니한다.

25

강제퇴거명령을 받은 사람을 보호할 수 있도록 하면서 보호기간의 상한을 마련하지 아니한 출입국관리법 제63조 제1항은 과잉금지원칙 및 적법절차원칙에 위배되어 피보호자의 신체의 자유를 침해하는 것으로, 헌법에 합치되지 아니한다.(헌재 2023.3.23. 2020헌가1) [잠정적용 헌법불합치]

[1] 과잉금지원칙 위반

심판대상조항은 강제퇴거대상자를 대한민국 밖으로 송환할 수 있을 때까지 보호시설에 인치·수용하여 강제퇴거명령을 효율적으로 집행할 수 있도록 함으로써 외국인의 출입국과 체류를 적절하게 통제하고 조정하여 국가의 안전과 질서를 도모하고자 하는 것으로, 입법목적의 정당성과 수단의 적합성은 인정된다.

그러나 보호기간의 상한을 두지 아니함으로써 강제퇴거대상자를 무기한 보호하는 것을 가능하게 하는 것은 보호의 일시적·잠정적 강제조치로서의 한계를 벗어나는 것이라는 점, … 등을 고려하면, 심판대상조항은 침해의 최소성과 법익균형성을 충족하지 못한다. 따라서 심판대상조항은 과잉금지원칙을 위반하여 피보호자의 신체의 자유를 침해한다.

[2] 적법절차원칙 위반

당사자에게 의견 및 자료 제출의 기회를 부여하는 것은 적법절차원칙에서 도출되는 중요한 절차적 요청이므로, 심판대상조항에 따라 보호를 하는 경우에도 피보호자에게 위와 같은 기회가 보장되어야 하나, 심판대상조항에 따른 보호명령을 발령하기 전에 당사자에게 의견을 제출할 수 있는 절차적 기회가 마련되어 있지 아니하다. 따라서 심판대상조항은 적법절차원칙에 위배되어 피보호자의 신체의 자유를 침해한다.

26

집단급식소에 근무하는 영양사의 직무를 규정한 조항을 위반한 자를 처벌하는, 식품위생법 제96조 중 '제52조 제2항을 위반한 자'에 관한 부분은 헌법에 위반된다.(헌재 2023.3.23. 2019헌바141) [위헌]
[집단급식소 영양사 직무미수행 처벌사건]

[1] 죄형법정주의의 명확성원칙에 위반된다.(재판관 5인은 명확성 위반 4인은 명확성 위반이 아니라고 봄)

[2] 과잉금지원칙에 위반된다.

○ 처벌조항은 집단급식소에 근무하는 영양사가 어떠한 직무를 수행할지에 관하여 이를 영양사의 전적인 자율에 맡겨두지 않고 법률에 정한 일정한 직무에 관해 그 수행을 확보함으로써 집단급식소 이용자의 영양, 위생 및 안전을 보호하기 위한 조항이다. 집단급식소에 근무하는 영양사가 직무를 수행하지 아니하는 행위를 처벌하는 것은 그와 같은 목적에 기여할 수 있다. 따라서 처벌조항은 목적의 정당성 및 수단의 적합성이 인정된다.

○ 처벌조항으로 인해 달성되는 집단급식소 이용자의 영양, 위생 및 안전이라는 공익이 작다고 볼 수는 없으나, 그로 인하여 집단급식소에 근무하는 영양사는 그 경중 또는 실질적인 사회적 해악의 유무에 상관없이 직무수행조항에서 규정하고 있는 직무를 단 하나라도 불이행한 경우 상시적인 형사처벌의 위험에 노출된다. 이와 같이 직무수행조항에서 규정한 직업상의 직무를 수행하지 아니한 행위 일체에 대해 형사처벌을 규정하고 있는 것은 입법재량의 한계를 현저히 일탈하여 과도하다고 하지 않을 수 없다. 따라서 처벌조항은 침해의 최소성 및 법익의 균형성을 충족하지 않는다.

○ 그러므로 직무수행조항에서 정하고 있는 직무내용을 이행하지 아니한 경우 이를 모두 형사처벌하도록 하는 처벌조항은 과잉금지원칙에 위반된다.

27

주거침입강제추행죄 및 주거침입준강제추행죄에 대하여 무기징역 또는 7년 이상의 징역에 처하도록 한 성폭력범죄의 처벌 등에 관한 특례법 제3조 제1항 중 '형법 제319조 제1항(주거침입)의 죄를 범한 사람이 같은 법 제298조(강제추행), 제299조(준강제추행) 가운데 제298조의 예에 의하는 부분의 죄를 범한 경우에는 무기징역 또는 7년 이상의 징역에 처한다.'는 부분은 헌법에 위반된다.(헌재 2023.2.23. 2021헌가9) [위헌]

[성폭법 상 주거침입강제추행·준강제추행죄 사건]

○ 주거침입죄와 강제추행·준강제추행죄는 모두 행위 유형이 매우 다양한바, 이들이 결합된다고 하여 행위 태양의 다양성이 사라지는 것은 아니므로, 그 법정형의 폭은 개별적으로 각 행위의 불법성에 맞는 처벌을 할 수 있는 범위로 정할 필요가 있다.

○ 심판대상조항은 '징역 7년'으로 정함으로써, 주거침입의 기회에 행해진 강제추행 또는 준강제추행의 경우에는 다른 법률상 감경사유가 없는 한 법관이 정상참작감경을 하더라도 집행유예를 선고할 수 없도록 하였다. 이에 따라 주거침입의 기회에 행해진 강제추행 또는 준강제추행의 불법과 책임의 정도가 아무리 경미한 경우라고 하더라도, 다른 법률상 감경사유가 없으면 일률적으로 징역 3년 6월 이상의 중형에 처할 수밖에 없게 되어, 형벌개별화의 가능성이 극도로 제한된다.

○ 주거침입죄를 범한 사람이 그 기회에 성폭력범죄를 행하는 경우는 전반적으로 불법과 책임이 중하게 평가되고, 강제추행 또는 준강제추행의 행위 중에서도 강간이나 유사강간을 한 경우 못지않게 죄질이 나쁜 경우가 있을 수도 있다. 이에 심판대상조항은 법정형의 '상한'을 무기징역으로 높게 규정함으로써 불법과 책임이 중대한 경우에는 그에 상응하는 형을 선고할 수 있도록 하고 있다. 그럼에도 불구하고 법정형의 '하한'을 일률적으로 높게 책정하여 경미한 강제추행 또는 준강제추행의 경우까지 모두 엄하게 처벌하는 것은 책임주의에 반한다.

○ 법관의 양형재량은 입법자가 정한 법정형의 범위 내에서 인정되는 것이지만, 법관에게 양형재량을 부여한 취지는 개별 사건에서 범죄행위자의 책임에 상응하는 형벌을 부과하도록 하여 형벌개별화를 실질적으로 구현하도록 하려는 것이다. 그런데 법정형이 과중한 나머지 선고형이 사실상 법정형의 하한에서 1회 감경한 수준의 형량으로 수렴된다면, 이는 실질적으로 형벌이 구체적인 책임에 맞게 개별화되는 것이 아니라 획일화되는 결과를 야기할 수 있고, 경우에 따라서는 법관의 양형을 전제로 하는 법정형의 기능이 상실될 수도 있다.

○ 법관의 양형과정을 통한 형벌개별화에 대한 제약이 지나치게 커지면, 법원의 재판뿐만 아니라 수사기관의 수사 등 형사사법절차 전반에 범죄의 성립 범위에 대한 자의적인 법해석과 적용을 유발할 위험이 커진다는 점도 고려할 필요가 있다.

○ 심판대상조항은 그 법정형이 형벌 본래의 목적과 기능을 달성함에 있어 필요한 정도를 일탈하였고, 각 행위의 개별성에 맞추어 그 책임에 알맞은 형을 선고할 수 없을 정도로 과중하므로, 책임과 형벌 간의 비례원칙에 위배된다.

28

아동 · 청소년이 등장하는 아동 · 청소년성착취물을 배포한 자를 3년 이상의 징역에 처하도록 한 아동 · 청소년의 성보호에 관한 법률 제11조 제3항 중 '아동 · 청소년이 등장하는 아동 · 청소년성착취물을 배포한 자'에 관한 부분은 헌법에 위반되지 아니한다.(헌재 2022.11.24. 2021헌바144) [합헌]

29

수사기관 등에 의한 통신자료 취득행위에 대한 심판청구에 대하여는 각하하는 한편, 그 근거조항인 전기통신사업법 제83조 제3항 중 '검사 또는 수사관서의 장(군 수사기관의 장을 포함한다), 정보수사기관의 장의 수사, 형의 집행 또는 국가안전보장에 대한 위해 방지를 위한 정보수집을 위한 통신자료 제공요청'에 관한 부분에 대하여는 사후통지절차를 마련하지 않은 것이 적법절차원칙에 위배된다는 이유로 2023. 12. 31.을 시한으로 입법자가 개정할 때까지 계속 적용을 명하는 헌법불합치 결정을 선고하였다.(헌재 2022. 7.21. 2016헌마388) [헌법불합치]

[수사기관 등에 의한 통신자료 제공요청 사건]

[1] 영장주의 위배 여부 – 위배 ×

헌법상 영장주의는 체포·구속·압수·수색 등 기본권을 제한하는 강제처분에 적용되므로, 강제력이 개입되지 않은 임의수사에 해당하는 수사기관 등의 통신자료 취득에는 영장주의가 적용되지 않는다.

[2] 명확성원칙 위배 여부 – 위배 ×

청구인들은 이 사건 법률조항 중 '국가안전보장에 대한 위해'의 의미가 불분명하다고 주장한다. 그런데 '국가안전보장에 대한 위해를 방지하기 위한 정보수집'은 국가의 존립이나 헌법의 기본질서에 대한 위험을 방지하기 위한 목적을 달성함에 있어 요구되는 최소한의 범위 내에서의 정보수집을 의미하는 것으로 해석되므로, 명확성원칙에 위배되지 않는다.

[3] 과잉금지원칙 위배 여부 – 위배 ×

이 사건 법률조항은 범죄수사나 정보수집의 초기단계에서 수사기관 등이 통신자료를 취득할 수 있도록 함으로써 수사나 형의 집행, 국가안전보장 활동의 신속성과 효율성을 도모하고, 이를 통하여 실체적 진실발견, 국가 형벌권의 적정한 행사 및 국가안전보장에 기여하므로, 입법목적의 정당성 및 수단의 적합성이 인정된다. 이 사건 법률조항은 수사기관 등이 통신자료 제공요청을 할 수 있는 정보의 범위를 성명, 주민등록번호, 주소 등 피의자나 피해자를 특정하기 위한 불가피한 최소한의 기초정보로 한정하고, 민감정보를 포함하고 있지 않으며, 그 사유 또한 '수사, 형의 집행 또는 국가안전보장에 대한 위해를 방지하기 위한 정보수집'으로 한정하고 있다. 더불어 전기통신사업법은 통신자료 제공요청 방법이나 통신자료 제공현황 보고에 관한 규정 등을 두어 통신자료가 수사 등 정보수집의 목적달성에 필요한 최소한의 범위 내에서 이루어지도록 하고 있다. 따라서 침해의 최소성 및 법익균형성에 위배되지 않는다.

[4] 적법절차원칙 위배 여부 – 위배 ○

이 사건 법률조항에 의한 통신자료 제공요청이 있는 경우 통신자료의 정보주체인 이용자에게는 통신자료 제공요청이 있었다는 점이 사전에 고지되지 아니하며, 전기통신사업자가 수사기관 등에게 통신자료를 제공한 경우에도 이러한 사실이 이용자에게 별도로 통지되지 않는다.

그런데 당사자에 대한 통지는 당사자가 기본권 제한 사실을 확인하고 그 정당성 여부를 다툴 수 있는 전제조건이 된다는 점에서 매우 중요하다. 효율적인 수사와 정보수집의 신속성, 밀행성 등의 필요성을 고려하여 사전에 정보주체인 이용자에게 그 내역을 통지하도록 하는 것이 적절하지 않다면 수사기관 등이 통신자료를 취득한 이후에 수사 등 정보수집의 목적에 방해가 되지 않는 범위 내에서 통신자료의 취득사실을 이용자에게 통지하는 것이 얼마든지 가능하다.

그럼에도 이 사건 법률조항은 통신자료 취득에 대한 사후통지절차를 두지 않아 적법절차원칙에 위배되어 개인정보자기결정권을 침해한다.

[5] 헌법불합치 결정의 필요성

이 사건 법률조항은 통신자료 취득 자체가 헌법에 위반된다는 것이 아니라 통신자료 취득에 대한 사후통지절차를 마련하지 않은 것이 헌법에 위반된다는 것이므로, 이 사건 법률조항에 대하여 단순위헌 결정을 하게 되면 법적 공백이 발생하게 된다. 따라서 이 사건 법률조항에 대하여 잠정적용을 명하는 헌법불합치결정을 선고하되, 입법자는 늦어도 2023. 12. 31.까지 개선입법을 하여야 한다.

30

① 노동조합을 지배 · 개입하는 행위를 금지하는 노동조합 및 노동관계조정법 제81조 제4호 본문 중 '근로자가 노동조합을 조직 또는 운영하는 것을 지배하거나 이에 개입하는 행위' 부분은 죄형법정주의의 명확성원칙에 위배되지 않고, ② 노조전임자의 급여를 지원하는 행위를 금지하는 노동조합 및 노동관계조정법 제81조 제4호 본문 중 '노동조합의 전임자에게 급여를 지원하는 행위' 부분은 과잉금지원칙에 위배되지 않는다.(헌재 2022.5.26. 2019헌바341) [합헌]

04 정신적 자유권

31

공직선거법 제250조 제2항 허위사실공표죄 중 '후보자가 되고자 하는 자에 관하여 허위의 사실을 공표한 자'에 관한 부분은 헌법에 위반되지 아니하나, [합헌] **공직선거법 제251조 후보자비방죄 중 '후보자가 되고자 하는 자'에 관한 부분은 과잉금지원칙에 위배되어 정치적 표현의 자유를 침해하므로 헌법에 위반된다.** [위헌] (헌재 2024.6.27. 2023헌바78)

> [심판대상조항]
> **공직선거법(1997. 1. 13. 법률 제5262호로 개정된 것) 제250조(허위사실공표죄)** ② 당선되지 못하게 할 목적으로 연설·방송·신문·통신·잡지·벽보·선전문서 기타의 방법으로 후보자(참고로, 제250조 제1항에서, '후보자'는 '후보자가 되고자 하는 자를 포함한다'고 정하고 이하 제250조에서 같다고 규정하고 있다. 이 사건은 '후보자가 되고자 하는 자'에 관한 것이다.)에게 불리하도록 후보자, 그의 배우자 또는 직계존·비속이나 형제자매에 관하여 허위의 사실을 공표하거나 공표하게 한 자와 허위의 사실을 게재한 선전문서를 배포할 목적으로 소지한 자는 7년 이하의 징역 또는 500만 원 이상 3천만 원 이하의 벌금에 처한다.
> **공직선거법(1994. 3. 16. 법률 제4739호로 제정된 것) 제251조(후보자비방죄)** 당선되거나 되게 하거나 되지 못하게 할 목적으로 연설·방송·신문·통신·잡지·벽보·선전문서 기타의 방법으로 공연히 사실을 적시하여 후보자(후보자가 되고자 하는 자를 포함한다), 그의 배우자 또는 직계존·비속이나 형제자매를 비방한 자는 3년 이하의 징역 또는 500만 원 이하의 벌금에 처한다. 다만, 진실한 사실로서 공공의 이익에 관한 때에는 처벌하지 아니한다.

[1] 이 사건 허위사실공표금지 조항 [합헌]

[2] 이 사건 비방금지 조항 [위헌]

가. 이 사건 비방금지 조항은 죄형법정주의의 명확성원칙에 위배되지 아니한다.

나. 정치적 표현의 자유 침해 여부

○ 심사기준

선거운동 등에 대한 제한이 정치적 표현의 자유를 침해하는지 여부를 판단함에 있어서는 표현의 자유의 규제에 관한 판단기준으로서 엄격한 심사기준을 적용하여야 한다.

○ 목적의 정당성과 수단의 적합성

이 사건 비방금지 조항은 후보자가 되고자 하는 자의 인격과 명예를 보호하고 선거의 공정성을 보장하기 위한 것으로 목적의 정당성과 수단의 적합성은 인정된다.

○ 침해의 최소성

정치적 표현의 자유는 우리 헌법상 민주주의의 근간이 되는 핵심적 기본권이므로 최대한 보장되어야 하고, 이에 대한 제한은 입법목적을 달성하는 데에 필요 최소한으로 이루어져야 한다.

이 사건 비방금지 조항 단서에 "다만, 진실한 사실로서 공공의 이익에 관한 때에는 처벌하지 아니한다."라는 위법성 조각사유가 규정되어 있기는 하다. 그러나 공직후보자는 공적 인물이므로, 진실한 사실에 해당할 경우 공공의 이익에 관한 것인지 여부를 또다시 가릴 필요성이 낮다. 게다가 일단 이 사건 비방금지 조항의 구성요건에 해당되는 경우 그러한 사실을 표현한 사람은 수사나 형사재판에 소추될 위험성에 놓이게 되고, 수사기관 및 재판기관에서 어떠한 기준에 의하여 공익성이 입증되고 판단될 것인지 불확실하므로, 표현의 자유에 대한 위축효과가 발생할 수 있다.
'사실 적시 비방행위'를 형법상 사실 적시 명예훼손죄만으로 처벌하는 것이 충분하지 않고 공직선거법상의 특칙이 필요하다는 의견도 있을 수 있다. 그러나 이 사건 비방금지 조항의 법정형이 형법상 사실 적시 명예훼손죄보다 더 중하고, 공직선거법상 특칙이 적용되는 경우 위반자에게 더 큰 불이익이 부여되는 것인데, 이는 스스로 공론의 장에 뛰어든 사람의 명예를 일반인의 명예보다 더 두텁게 보호하는 것이다. 또한 공직선거법상 특별 규정들이 적용되지 않더라도 수사기관 및 재판기관이 선거결과와 관련이 있다는 점을 고려하여 수사와 재판을 신속하게 진행할 수도 있다. 따라서 이 사건 비방금지 조항은 침해의 최소성에 반한다.

32

① 대체복무요원의 복무기간을 '36개월'로 한 '대체역의 편입 및 복무 등에 관한 법률' 제18조 제1항, ② 대체복무요원으로 하여금 '합숙'하여 복무하도록 한 같은 법 제21조 제2항, ③ 대체복무기관을 '교정시설'로 한정한 같은 법 시행령 제18조에 대한 심판청구를 모두 기각하는 결정을 선고하였다.(헌재 2024.5.30. 2021헌마117) [기각]

"교도소장이 청구인이 합숙하는 대체복무요원 생활관 내부의 공용공간에 CCTV를 설치하여 촬영하는 행위"는 교정시설의 계호, 경비, 보안 등의 목적을 달성하기 위하여 불가피한 점이 있다는 등의 이유로, 전원일치 의견으로 청구인의 사생활의 비밀과 자유를 침해하지 않는다는 판단을 하였다. 복무기관조항, 기간조항 및 합숙조항에 대해서는 위 2021헌마117등 사건과 같이, 재판관 5:4의 의견으로 양심의 자유를 침해하지 않는다는 판단을 하였다.

33

한국방송공사로부터 수신료 징수업무를 위탁받은 자가 수신료를 징수할 때 그 고유업무와 관련된 고지행위와 결합하여 이를 행사하여서는 안 된다고 규정한 방송법 시행령 제43조 제2항은 청구인(한국방송공사)의 방송의 자유를 침해하지 아니하고, 위 시행령 조항 개정 과정에서의 입법예고기간 단축에 관한 심판청구는 각하한다.(헌재 2024.5.30. 2023헌마820) [기각, 각하]

수신료의 분리징수를 규정하는 심판대상조항이 법률유보원칙, 적법절차원칙, 신뢰보호원칙을 위반하지 않고, 입법재량의 한계를 일탈하지 않아 청구인(한국방송공사)의 방송운영의 자유를 침해하지 않는다고 판단하였다.

34

장교는 군무와 관련된 고충사항을 집단으로 진정 또는 서명하는 행위를 하여서는 아니된다고 규정한 군인의 지위 및 복무에 관한 기본법 제31조 제1항 제5호 중 '장교'에 관한 부분은 과잉금지원칙에 위반하여 청구인의 표현의 자유를 침해하지 아니한다.(헌재 2024.4.25. 2021헌마1258) [기각]
[장교의 집단 진정 또는 서명 행위 금지 사건]

● 제한되는 기본권
○ 심판대상조항은 군무와 관련된 고충사항을 집단으로 진정 또는 서명하는 행위를 금지하여 장교의 집단적인 표현행위를 제한하고 있다. 따라서 이 사건에서는 심판대상조항이 과잉금지원칙을 위반하여 장교인 청구인의 표현의 자유를 침해하는지 여부가 문제된다.

● 표현의 자유 침해 여부 – 소극
심판대상조항은 과잉금지원칙을 위반하여 청구인의 표현의 자유를 침해하지 않는다.

35

① 주민등록증에 지문을 수록하도록 한 구 주민등록법 조항, ② 주민등록증 발급신청서에 열 손가락의 지문을 찍도록 한 구 주민등록법 시행령 조항, ③ 시장 · 군수 · 구청장으로 하여금 주민등록증 발급신청서를 관할 경찰서의 지구대장 또는 파출소장에게 보내도록 한 구 주민등록법 시행규칙 조항 및 ④ 피청구인 경찰청장이 지문정보를 보관 · 전산화하고 이를 범죄수사목적에 이용하는 행위에 대한 심판청구를 모두 기각하였다.(헌재 2024.4.25. 2020헌마542) [기각]
[주민등록법상 지문날인제도 관련 사건]

36

감염병 예방 및 감염 전파의 차단을 위하여 감염병의심자 등에 관한 인적사항 수집을 허용하는 구 감염병의 예방 및 관리에 관한 법률 제76조의2 제1항 제1호는 개인정보자기결정권을 침해하지 않고, 질병관리본부장이 기지국 접속자 정보(날짜별 이름 및 전화번호)를 수집한 행위는 각하한다.(헌재 2024.4.25. 2020헌마1028) [기각, 각하]
[코로나19 관련 이태원 기지국 접속자 정보수집 사건]

이 사건 심판대상조항은 감염병이 유행하고 신속한 방역조치가 필요한 예외적인 상황에서 일시적이고 한시적으로 적용되는 점에서 개인정보자기결정권 제한의 효과가 제한적인 반면, 인적사항에 관한 정보를 이용한 적시적이고 효과적인 방역대책은 국민의 생명과 건강을 보호하기 위하여 필요할 뿐 아니라, 사회적 · 경제적인 손실 방지를 위하여도 필요한 것인 점에서 그 공익의 혜택 범위와 효과가 광범위하고 중대하다. 그러므로 이 사건 심판대상조항은 과잉금지원칙에 반하여 청구인의 개인정보자기결정권을 침해하지 않는다.

이 사건 정보수집행위의 정당성 여부는, 해당 사안의 구체적 사실관계에 따라 피청구인이 법률에 의하여 부여받은 권한 범위를 일탈하였는지 여부에 관한 것으로서 법률의 해석과 적용의 문제이고, 헌법적 해명이 필요한 사안이 아니라고 보아 판단하지 않았다.

37

의료인이 임신 32주 이전에 태아의 성별을 임부 등에게 알리는 것을 금지한 의료법 제20조 제2항은 헌법에 위반된다.(헌재 2024.2.28. 2022헌마356) [위헌]

심판대상조항은 의료인에게 임신 32주 이전에 태아의 성별고지를 금지하여 낙태, 특히 성별을 이유로 한 낙태를 방지함으로써 성비의 불균형을 해소하고 태아의 생명을 보호하기 위해 입법된 것이므로 그 목적의 정당성을 수긍할 수 있다.

부모가 태아의 성별을 알고자 하는 것은 본능적이고 자연스러운 욕구로 태아의 성별을 비롯하여 태아에 대한 모든 정보에 접근을 방해받지 않을 권리는 부모로서 누려야 할 마땅한 권리이다. 따라서 심판대상조항은 태아의 생명 보호라는 입법목적을 달성하기 위한 수단으로서 적합하지 아니하고, 부모가 태아의 성별 정보에 대한 접근을 방해받지 않을 권리를 필요 이상으로 제약하여 침해의 최소성에 반한다. 이에 따라 심판대상조항은 법익의 균형성도 상실하였고, 결국 과잉금지원칙을 위반하여 부모가 태아의 성별 정보에 대한 접근을 방해받지 않을 권리를 침해한다.

38

'가족관계등록부의 재작성에 관한 사무처리지침' 제2조 제1호 중 '혼인무효'에 관한 부분 및 제3조 제3항 중 제2조 제1호의 사유로 인한 가족관계등록부 재작성 신청시 '혼인무효가 한쪽 당사자나 제3자의 범죄행위로 인한 것임을 소명하는 서면 첨부'에 관한 부분에 대한 심판청구를 기각한다.(헌재 2024.1.25. 2020헌마65) [기각]

심판대상조항은 '당사자 사이에 혼인의사의 합의가 없음을 원인으로 하는 혼인무효판결에 의한 가족관계등록부 정정신청으로 해당 가족관계등록부가 정정된 때' 가운데 '그 혼인무효사유가 한쪽 당사자나 제3자의 범죄행위로 인한 경우'에 한정하여 등록부 재작성 신청권을 부여한 조항으로, 청구인과 같이 등록부 재작성 신청권이 인정되지 않는 경우에는 정정된 등록부가 보존되고, 그에 따라 청구인의 개인정보자기결정권이 제한된다. 그러나 심판대상조항은 과잉금지원칙을 위반하여 청구인의 개인정보자기결정권을 침해하지 않는다.

39

방송통신심의위원회가 2019.2.11. 주식회사 케이티 외 9개 정보통신서비스제공자 등에 대하여 895개 웹사이트에 대한 이용자들의 접속을 차단하도록 시정을 요구한 행위에 대한 심판청구를 기각한다.(헌재 2023.10.26. 2019헌마158) [기각]
[불법 인터넷 사이트 접속차단 사건]

이 사건 시정요구는 청구인들의 통신의 비밀과 자유 및 알 권리를 침해하지 아니한다.

40

① 반국가단체나 그 구성원 등의 활동을 찬양 · 고무 · 선전 · 동조한 사람을 처벌하도록 정하고 있는 국가보안법 제7조 제1항 중 '찬양 · 고무 · 선전 또는 이에 동조한 자'에 관한 부분 및 이적행위를 할 목적으로 문서 · 도화 기타의 표현물을 제작 · 운반 · 반포한 사람을 처벌하도록 정하고 있는 국가보안법 제7조 제5항 중 '제1항 가운데 찬양 · 고무 · 선전 또는 이에 동조할 목적으로 제작 · 운반 · 반포한 자'에 관한 부분은 헌법에 위반되지 아니하고, ② 이적행위를 할 목적으로 문서 · 도화 기타의 표현물을 소지 · 취득한 사람을 처벌하도록 정하고 있는 국가보안법 제7조 제5항 중 '제1항 가운데 찬양 · 고무 · 선전 또는 이에 동조할 목적으로 소지 · 취득한 자'에 관한 부분은 헌법에 위반되지 아니하며, ③ 일부 청구인의 심판청구 및 국가보안법 제2조 제1항, 국가보안법 제7조 제3항 중 '가입한 자'에 관한 부분에 대한 심판청구를 각하한다.(헌재 2023.9.26. 2017헌바42) [합헌, 각하]
[국가보안법상 이적행위 및 이적표현물 제작행위 등 처벌규정에 관한 사건]

41

북한 지역으로 전단 등 살포를 하여 국민의 생명 · 신체에 위해를 끼치거나 심각한 위험을 발생시키는 것을 금지하고, 이를 위반한 경우 처벌하는 남북관계 발전에 관한 법률 제24조 제1항 제3호 및 제25조 중 제24조 제1항 제3호에 관한 부분은 헌법에 위반된다.(헌재 2023.9.26. 2020헌마1724) [위헌]
[대북 전단 등의 살포 금지 · 처벌 사건]

● 재판관 이은애, 이종석, 이영진, 김형두의 위헌의견

○ 과잉금지원칙 위반 여부: ○

- 국가가 이러한 표현 내용을 규제하는 것은 원칙적으로 중대한 공익의 실현을 위하여 불가피한 경우에 한하여 허용되고, 특히 정치적 표현의 내용 중에서도 특정한 견해, 이념, 관점에 기초한 제한은 과잉금지원칙 준수 여부를 심사할 때 더 엄격한 기준이 적용되어야 한다.
- 심판대상조항은 국민의 생명 · 신체의 안전을 보장하고 남북 간 긴장을 완화하며 평화통일을 지향하여야 하는 국가의 책무를 달성하기 위한 것으로서 목적의 정당성이 인정되며, 심판대상조항은 입법목적 달성에 적합한 수단이 된다.

- 심판대상조항은 전단 등 살포를 금지하면서 미수범도 처벌하고, 징역형까지 두고 있는데, 이는 국가형벌권의 과도한 행사라 하지 않을 수 없는바, 심판대상조항은 침해의 최소성을 충족하지 못한다.
- 그렇다면 심판대상조항은 과잉금지원칙에 위배되어 청구인들의 표현의 자유를 침해한다.

○ 책임주의원칙 위반 여부: ○

- 국민의 생명·신체에 발생할 수 있는 위해나 심각한 위험은 전적으로 제3자인 북한의 도발로 초래된다는 점을 고려하면, 심판대상조항은 북한의 도발로 인한 책임을 전단 등 살포 행위자에게 전가하는 것이다.
- 법원이 구체적 사건에서 인과관계와 고의의 존부를 판단할 수 있다고 하더라도, 이러한 위해나 심각한 위험을 초래하는 북한에 대하여 행위자의 지배가능성이 인정되지 않는 이상, 비난가능성이 없는 자에게 형벌을 가하는 것과 다름이 없다.
- 따라서 심판대상조항은 책임주의원칙에도 위배되어 청구인들의 표현의 자유를 침해한다.

● 재판관 유남석, 이미선, 정정미의 위헌의견

○ 책임주의원칙 위반 여부: ×

- 심판대상조항이 비난가능성 있는 행위를 하지 않는 사람에게 책임을 물어 처벌하는 것이라고 볼 수 없으므로, 책임주의원칙 위반은 문제되지 아니한다.

○ 과잉금지원칙 위반 여부: ○

- 심판대상조항의 궁극적인 의도가 북한 주민을 상대로 한 북한 체제 비판 등의 내용을 담은 표현을 제한하는 데 있고, 심판대상조항이 그 효과에 있어서 주로 특정 관점에 대한 표현을 제한하는 결과를 가져오므로, 심판대상조항은 표현의 내용을 규제하는 것이다. 표현의 자유는 헌법상 민주주의의 근간이 되는 핵심적 기본권이므로, 공익을 위해 그 제한이 불가피한 경우라도 최소한에 그쳐야 하고, 표현된 관점을 근거로 한 제한은 중대한 공익의 실현을 위하여 불가피한 경우에 한하여 엄격한 요건하에 허용될 수 있다.
- 심판대상조항은 국민의 생명·신체의 안전보장과 남북 간 평화통일을 지향하여야 하는 국가의 책무 달성을 위한 것으로 그 입법목적은 정당하고, 심판대상조항은 이에 적합한 수단이 된다.
- 그런데 표현된 관점을 근거로 표현의 자유를 제한하고 형사처벌하는 것은 입법목적을 달성하는 데 반드시 필요한 경우로 한정되어야 한다. 심판대상조항이 추구하는 주된 목적인 국민, 특히 접경지역 주민의 생명·신체의 안전 보장을 위해서는 반드시 형벌권을 행사하지 않고도 경찰관 직무집행법 등에 따라 대응할 수 있으므로, 심판대상조항은 형벌의 보충성 및 최후수단성에 부합한다고 보기 어렵다.
- 외부로부터의 정보 유입과 내부의 정보 유통을 엄격히 통제하고 있는 북한의 특성상, 북한을 자극하여 도발을 일으킬 수 있을 만한 표현의 내용은 상당히 포괄적이므로, 심판대상조항에 의해 제한되는 표현 내용이 광범위하고, 그로 인하여 표현의 자유가 지나치게 제한된다.
- 행위자로서는 표현행위가 심판대상조항의 구성요건 중 일부인 '전단등 살포'에 해당되는 것이 확실한 이상, 표현행위로 수사·재판절차에 회부될 수 있다는 사실만으로도 매우 효과적인 위협 기제가 되므로, 심판대상조항이 초래하는 표현의 자유에 대한 위축효과가 결코 작다고 할 수 없다.
- 심판대상조항으로 달성하고자 하는 국민의 생명·신체의 안전 보장은 중대한 공익에 해당하고 국가는 남북 간 평화통일을 지향할 책무가 있으나, 표현행위자가 받게 되는 표현의 자유에 대한 제약은 그 표현의 의미와 역할의 중요성에 비해 매우 크다.
- 그렇다면 심판대상조항은 과잉금지원칙을 위반하여 청구인들의 표현의 자유를 침해한다.

42

집회 · 시위를 위한 인천애뜰 잔디마당의 사용허가를 예외 없이 제한하는 '인천애(愛)뜰의 사용 및 관리에 관한 조례' 제7조 제1항 제5호 가목은 헌법에 위반된다.(헌재 2023.9.26. 2019헌마1417) [위헌]

[집회·시위를 위한 인천애뜰 잔디마당의 사용을 제한하는 인천광역시 조례 조항에 관한 헌법소원 사건]

● 법률유보원칙 위반 여부에 대한 판단(소극)

심판대상조항은 법률의 위임 내지는 이에 근거하여 규정된 것이므로, 법률유보원칙에 위배되는 것으로 볼 수 없다.

● 과잉금지원칙 위반 여부에 대한 판단(적극)

입법목적은 정당하고, 집회·시위를 위한 잔디마당 사용허가를 전면적·일률적으로 제한하는 것은 이에 적합한 수단이다.

심판대상조항은 침해의 최소성 요건을 갖추지 못하였다.

그렇다면 심판대상조항은 과잉금지원칙에 위배되어 청구인들의 집회의 자유를 침해한다.

43

법률에 따라 국내에서 출원공개된 경우 신규성 상실의 예외를 제한하는 디자인보호법 제36조 제1항 단서 중 '법률에 따라 국내에서 출원공개된 경우'에 관한 부분은 헌법에 위반되지 아니한다.(헌재 2023.7.20. 2020헌바497) [합헌]

[신규성 상실의 예외를 제한하는 디자인보호법 조항에 관한 사건]

● 심판대상조항이 재산권을 제한하는지 여부(소극)

디자인보호법은 디자인권자에게 독점적 실시권을 부여하여 경제적 이익을 보장하고(제92조), 디자인권의 이전을 허용하므로(제96조), 디자인보호법상의 요건을 갖춰 등록을 마친 디자인권은 재산권에 포함된다. 그러나 이 사건 출원디자인은 디자인등록거절결정이 되었으므로 청구인은 이 사건 출원디자인에 관하여는 독점배타적인 디자인권을 취득한 사실이 없다. 그렇다면 심판대상조항은 청구인의 재산권을 제한하지 않으므로, 재산권 침해 여부에 관하여는 더 나아가 살펴보지 아니한다.

● 입법형성권의 한계를 일탈하였는지 여부(소극)

○ 헌법 제22조 제2항은 저작자·발명가·과학기술자와 예술가의 권리는 법률로써 보호한다고 규정하고 있으므로 이 사건에서는 그 위반 여부가 문제된다.

일반에 공개된 디자인은 공공의 영역에 놓인 것으로서 원칙적으로 누구나 자유롭게 이용할 수 있어야 한다는 점을 고려하면, 이미 출원공개된 디자인에 대하여 신규성 상실의 예외를 인정하지 않는 것에 합리적 이유가 없다고 볼 수 없다. 또한 디자인보호법상 디자인권의 효력, 관련디자인제도 등을 고려할 때 법률에 따라 국내에서 출원공개된 경우 신규성 상실의 예외를 인정하지 않는다고 하더라도 디자인 등록 출원인에게 가혹한 결과를 초래한다고 볼 수 없다. 그러므로 심판대상조항은 입법형성권의 한계를 일탈하였다고 보기 어렵다.

44

국회의장 공관 인근에서 집회를 금지하고 이를 위반하여 집회를 주최한 자를 처벌하는 ① 구 집회 및 시위에 관한 법률 제11조 제2호 중 '국회의장 공관'에 관한 부분 및 제23조 제3호 중 제11조 제2호 가운데 '국회의장 공관'에 관한 부분은 헌법에 합치되지 아니하고, 위 법률조항의 적용을 중지하며, ② 집회 및 시위에 관한 법률 제11조 제3호 중 '국회의장 공관'에 관한 부분 및 제23조 제3호 중 제11조 제3호 가운데 '국회의장 공관'에 관한 부분은 헌법에 합치되지 아니하고, 위 법률조항은 2024.5.31.을 시한으로 개정될 때까지 계속 적용된다는 결정을 선고하였다.(헌재 2023.3.23. 2021헌가1) [헌법불합치]

[국회의장 공관 인근 집회금지 사건]

입법목적은 정당하고, 국회의장 공관의 경계 지점으로부터 100미터 이내의 장소에서 일체의 집회를 하지 못하도록 하는 것은 입법목적 달성을 위한 적합한 수단이다. 그러나 심판대상조항은 국회의장 공관 인근 일대를 광범위하게 전면적인 집회 금지 장소로 설정하고 국회의장 공관의 기능과 안녕에 직접적인 위협을 초래할 가능성이 없는 집회까지도 예외 없이 금지하는데, 이는 입법목적 달성에 필요한 범위를 넘는 과도한 제한이다. 따라서 심판대상조항은 침해의 최소성과 법익의 균형성에 반하여 집회의 자유를 침해한다.

45

대한적십자사로부터 회비모금 목적으로 자료제공을 요청받은 국가와 지방자치단체는 특별한 사유가 없으면 그 자료를 제공하도록 하고, 대한적십자사가 요청할 수 있는 자료의 범위를 대통령령에 정하도록 위임한 대한적십자사 조직법 제8조 제2항 및 같은 조 제3항 중 같은 조 제1항의 '회비모금'에 관한 부분, 요청할 수 있는 자료에 주민등록법에 따른 세대주의 성명 및 주소를 규정한 같은 법 시행령 제2조 제1호 중 같은 법 제8조 제1항의 '회비모금'에 관한 부분에 대한 심판청구를 기각하고, 나머지 심판청구는 모두 각하한다.(헌재 2023.2.23. 2019헌마1404) [기각, 각하]

[대한적십자사 회비모금 목적의 자료제공 사건]

46

공공기관등으로 하여금 정보통신망 상에 게시판을 설치 · 운영하려면 게시판 이용자의 본인 확인을 위한 방법 및 절차의 마련 등 대통령령으로 정하는 필요한 조치를 하도록 규정한 정보통신망 이용촉진 및 정보보호 등에 관한 법률 제44조의5 제1항 제1호에 대한 심판청구를 기각한다.(헌재 2022.12.22. 2019헌마654) [기각]

[공공기관등 게시판 본인확인제 사건]

[1] 제한되는 기본권

○ 심판대상조항은 게시판 이용자로 하여금 게시판에 정보를 게시하려면 본인확인을 위한 정보를 제공하도록 함으로써 표현의 자유 중 게시판 이용자가 자신의 신원을 누구에게도 밝히지 아니한 채 익명으로 자신의 사상이나 견해를 표명하고 전파할 익명표현의 자유를 제한한다.

[2] 익명표현의 자유 침해 여부

가. 목적의 정당성 및 수단의 적합성

○ 공공기관등이 설치·운영하는 정보통신망 상의 게시판 이용자에 대한 본인확인조치는 정보통신망의 익명성 등에 따라 발생하는 부작용을 최소화하여 공공기관등의 게시판 이용에 대한 책임성을 확보·강화하고, 게시판 이용자로 하여금 언어폭력, 명예훼손, 불법정보의 유통 등의 행위를 자제하도록 함으로써 건전한 인터넷 문화를 조성하기 위한 것이다. 따라서 심판대상조항은 그 입법목적의 정당성과 수단의 적합성이 인정된다.

나. 침해의 최소성

○ 심판대상조항에 따른 본인확인조치 의무는 그 적용범위가 공공기관등이 설치·운영하는 게시판에 한정되어 있다. 심판대상조항이 규율하는 게시판은 그 성격상 대체로 공공성이 있는 사항이 논의되는 곳으로서 공공기관등이 아닌 주체가 설치·운영하는 게시판에 비하여 통상 누구나 이용할 수 있는 공간이므로, 공동체 구성원으로서의 책임이 더욱 강하게 요구되는 곳이라고 할 수 있다.

○ 따라서 심판대상조항은 침해의 최소성을 충족한다.

○ 심판대상조항은 과잉금지원칙을 준수하고 있으므로 청구인의 익명표현의 자유를 침해하지 않는다.

47

대통령 관저 인근에서 집회를 금지하고 이를 위반하여 집회를 주최한 자를 처벌하는 ① 구 집회 및 시위에 관한 법률 제11조 제2호 중 '대통령 관저(官邸)' 부분 및 제23조 제1호 중 제11조 제2호 가운데 '대통령 관저(官邸)'에 관한 부분은 헌법에 합치되지 아니하고, 위 법률조항의 적용을 중지하며, ② 집회 및 시위에 관한 법률 제11조 제3호 중 '대통령 관저(官邸)' 부분 및 제23조 제1호 중 제11조 제3호 가운데 '대통령 관저(官邸)'에 관한 부분은 헌법에 합치되지 아니하고, 위 법률조항은 2024. 5. 31.을 시한으로 개정될 때까지 계속 적용된다.(헌재 2022.12.22. 2018헌바48) [헌법불합치]

[대통령 관저 인근 집회금지 사건]

● 심판대상조항이 집회의 자유를 침해하는지 여부(적극)

○ 심판대상조항은 대통령과 그 가족의 신변 안전 및 주거 평온을 확보하고, 대통령 등이 자유롭게 대통령 관저에 출입할 수 있도록 하며, 경우에 따라서는 대통령의 원활한 직무수행을 보장함으로써, 궁극적으로는 대통령의 헌법적 기능 보호를 목적으로 한다. 이러한 심판대상조항의 입법목적은 정당하고, 대통령 관저 인근에 집회금지장소를 설정하는 것은 입법목적 달성을 위한 적합한 수단이다.

○ 심판대상조항은 대통령 관저 인근 일대를 광범위하게 집회금지장소로 설정함으로써, 집회가 금지될 필요가 없는 장소까지도 집회금지장소에 포함되게 한다. 대규모 집회 또는 시위로 확산될 우려가 없는 소규모 집회의 경우, 심판대상조항에 의하여 보호되는 법익에 대해 직접적인 위협이 발생할 가능성은 상대적으로 낮다. 나아가 '대통령 등의 안전이나 대통령 관저 출입과 직접적 관련이 없는 장소'에서 '소규모 집회'가 열릴 경우에는, 이러한 위험성은 더욱 낮아진다. 결국 심판대상조항은 법익에 대한 위험 상황이 구체적으로 존재하지 않는 집회까지도 예외 없이 금지하고 있다.

○ 집시법은 폭력적이고 불법적인 집회에 대처할 수 있도록, 공공의 안녕질서에 직접적인 위협을 끼칠 것이 명백한 집회의 주최 금지(제5조 제1항) 등 다양한 규제수단을 두고 있고, 집회 과정에서의 폭력행위 등은 형사법상의 범죄행위로서 처벌된다. 또한, '대통령 등의 경호에 관한 법률'은 경호구역의 지정(제5조 제1항) 등 이러한 상황에 대처할 수 있는 조항을 두고 있다. 그렇다면 대통령 관저 인근에서의 일부 집회를 예외적으로 허용한다고 하더라도, 위와 같은 수단들을 통하여 대통령의 헌법적 기능은 충분히 보호될 수 있다. 따라서 막연히 폭력·불법적이거나 돌발적인 상황이 발생할 위험이 있다는 가정만을 근거로 하여 대통령 관저 인근에서 열리는 모든 집회를 금지하는 것은 정당화되기 어렵다. 심판대상조항은 침해의 최소성에 위배된다.

○ 국민이 집회를 통해 대통령에게 의견을 표명하고자 하는 경우, 대통령 관저 인근은 그 의견이 가장 효과적으로 전달될 수 있는 장소이다. 따라서 대통령 관저 인근에서의 집회를 전면적·일률적으로 금지하는 것은 집회의 자유의 핵심적인 부분을 제한한다. 심판대상조항을 통한 대통령의 헌법적 기능 보호라는 목적과 집회의 자유에 대한 제약 정도를 비교할 때, 심판대상조항은 법익의 균형성에도 어긋난다.

○ 따라서 심판대상조항은 과잉금지원칙에 위배되어 집회의 자유를 침해한다.

48

피청구인 육군훈련소장이 2019.6.2. 청구인들에 대하여 육군훈련소 내 종교 시설에서 개최되는 개신교, 불교, 천주교, 원불교 종교행사 중 하나에 참석하도록 한 행위는 청구인들의 종교의 자유를 침해한다.(헌재 2022.11.24. 2019헌마941) [인용]

[1] 적법요건에 대한 판단

○ 이 사건 종교행사 참석조치는 피청구인 육군훈련소장이 우월적 지위에서 청구인들에게 일방적으로 강제한 행위로, 헌법소원심판의 대상이 되는 권력적 사실행위에 해당한다.

○ 이 사건 종교행사 참석조치는 이미 종료된 행위이나, 반복 가능성과 헌법적 해명의 중요성을 고려할 때 심판의 이익을 인정할 수 있다.

[2] 본안에 대한 판단

○ 이 사건 종교행사 참석조치는, 청구인들의 내심이나 신앙에 실제 변화가 있었는지 여부와는 무관하게, 청구인들의 종교의 자유를 제한하는 것이다.

- 타인에 대한 종교나 신앙의 강제는 결국 종교적 행위, 즉 신앙고백, 기도, 예배 참석 등 외적 행위를 통하여만 가능하다. 따라서 이 사건 종교행사 참석조치로 인하여 청구인들의 내심이나 신앙에 실제 변화가 있었는지 여부와는 무관하게, 종교시설에서 개최되는 종교행사에의 참석을 강제한 것만으로 청구인들이 신앙을 가지지 않을 자유와 종교적 집회에 참석하지 않을 자유를 제한하는 것이다.

○ 이 사건 종교행사 참석조치는 국가의 종교에 대한 중립성을 위반하고, 국가와 종교의 밀접한 결합을 초래하여 정교분리원칙에 위배된다.

- 이 사건 종교행사 참석조치는 피청구인 육군훈련소장이 위 4개 종교를 승인하고 장려한 것이자, 여타 종교 또는 무종교보다 이러한 4개 종교 중 하나를 가지는 것을 선호한다는 점을 표현한 것이라고 보여질 수 있으므로 국가의 종교에 대한 중립성을 위반하여 특정 종교를 우대하는 것이다.
- 또한, 이 사건 종교행사 참석조치는 국가가 종교를, 군사력 강화라는 목적을 달성하기 위한 수단으로 전락시키거나, 반대로 종교단체가 군대라는 국가권력에 개입하여 선교행위를 하는 등 영향력을 행사할 수 있는 기회를 제공하므로, 국가와 종교의 밀접한 결합을 초래한다는 점에서 정교분리원칙에 위배된다.

○ 이 사건 종교행사 참석조치는 과잉금지원칙에 위배되어 청구인들의 종교의 자유를 침해한다.

- 이 사건 종교행사 참석조치는 군에서 필요한 정신전력을 강화하는 데 기여하기보다 오히려 해당 종교와 군 생활에 대한 반감이나 불쾌감을 유발하여 역효과를 일으킬 소지가 크고, 훈련병들의 정신전력을 강화할 수 있는 방법으로 종교적 수단 이외에 일반적인 윤리교육 등 다른 대안도 택할 수 있으며, 종교는 개인의 인격을 형성하는 가장 핵심적인 신념일 수 있는 만큼 종교에 대한 국가의 강제는 심각한 기본권 침해에 해당하는 점을 고려할 때, 이 사건 종교행사 참석조치는 과잉금지원칙을 위반하여 청구인들의 종교의 자유를 침해한다.

49

신문의 편집인 · 발행인 또는 그 종사자, 방송사의 편집책임자, 그 기관장 또는 종사자, 그 밖의 출판물의 저작자와 발행인으로 하여금 아동보호사건에 관련된 '아동학대행위자'를 특정하여 파악할 수 있는 인적 사항이나 사진 등을 신문 등 출판물에 싣거나 방송매체를 통하여 방송할 수 없게 금지하는 아동학대범죄의 처벌 등에 관한 특례법 제35조 제2항 중 '아동학대행위자'에 관한 부분은 헌법에 위반되지 않는다.(헌재 2022.10.27. 2021헌가4) [합헌]

성인에 의한 학대로부터 아동을 특별히 보호하여 그들의 건강한 성장을 도모하는 것은 이 사회가 양보할 수 없는 중요한 법익이다.(헌재 2021.3.25. 2018헌바388) 이에는 아동학대 자체로부터의 보호뿐만 아니라 사건처리 과정에서 발생할 수 있는 사생활 노출 등 2차 피해로부터의 보호도 포함된다.

아동학대행위자의 대부분은 피해아동과 평소 밀접한 관계에 있으므로 행위자를 특정하여 파악할 수 있는 인적 사항 등을 신문의 편집인 등이 보도하는 것은 피해아동의 2차 피해로 이어질 가능성이 매우 높다.

50

① 변호사법 제23조 제2항 제7호의 위임을 받아 변호사 광고에 관한 구체적인 규제 사항 등을 정한 대한변호사협회의 변호사 광고에 관한 규정은 헌법소원심판의 대상이 되는 공권력의 행사에 해당한다. ② 이 사건 규정 제4조 제14호 중 '협회의 유권해석에 반하는 내용의 광고' 부분, 제8조 제2항 제4호 중 '협회의 유권해석에 위반되는 행위를 목적 또는 수단으로 하여 행하는 경우' 부분은 법률유보원칙에 위반되어 청구인들의 표현의 자유, 직업의 자유를 침해한다. ③ 변호사 또는 소비자로부터 대가를 받고 법률상담 또는 사건 등을 소개 · 알선 · 유인하기 위하여 변호사등을 광고 · 홍보 · 소개하는 행위를 금지하는 이 사건 규정 제5조 제2항 제1호 중 '변호사등을 광고 · 홍보 · 소개하는 행위' 부분(대가수수 광고금지규정)은 과잉금지원칙에 위반되어 청구인들의 표현의 자유, 직업의 자유를 침해한다.(헌재 2022.5.26. 2021헌마619) [변호사 광고에 관한 규정 제3조 제2항 등 위헌확인]

[1] 유권해석위반 광고금지규정은 변호사가 변협의 유권해석에 위반되는 광고를 할 수 없도록 금지하고 있다. 위 규정은 '협회의 유권해석에 위반되는'이라는 표지만을 두고 그에 따라 금지되는 광고의 내용 또는 방법 등을 한정하지 않고 있고, 이에 해당하는 내용이 무엇인지 변호사법이나 관련 회규를 살펴보더라도 알기 어렵다. 유권해석위반 광고금지규정 위반이 징계사유가 될 수 있음을 고려하면 적어도 수범자인 변호사는 유권해석을 통해 금지될 수 있는 내용들의 대강을 알 수 있어야 함에도, 규율의 예측가능성이 현저히 떨어지고 법집행기관의 자의적인 해석을 배제할 수 없는 문제가 있다.
따라서 위 규정은 수권법률로부터 위임된 범위 내에서 명확하게 규율 범위를 정하고 있다고 보기 어려우므로, 법률유보원칙에 위반되어 청구인들의 표현의 자유, 직업의 자유를 침해한다.

[2] 법률상담 또는 사건 등을 소개하거나 유인할 목적으로 불특정 다수의 변호사를 동시에 광고·홍보·소개하는 행위도 대가수수 광고금지규정에 따라 금지되는 범위에 포함된다고 해석된다. 변호사광고에 대한 합리적 규제는 필요하지만, 광고표현이 지닌 기본권적 성질을 고려할 때 광고의 내용이나 방법적 측면에서 꼭 필요한 한계 외에는 폭넓게 광고를 허용하는 것이 바람직하다. 각종 매체를 통한 변호사 광고를 원칙적으로 허용하는 변호사법 제23조 제1항의 취지에 비추어 볼 때, 변호사등이 다양한 매체의 광고업자에게 광고비를 지급하고 광고하는 것은 허용된다고 할 것인데, 이러한 행위를 일률적으로 금지하는 대가수수 광고금지규정은 수단의 적합성을 인정하기 어렵다.

05 재산권

51

의료급여기관이 의료법 제33조 제2항을 위반하였다는 사실을 수사기관의 수사 결과로 확인한 경우 시장 · 군수 · 구청장으로 하여금 의료급여비용의 지급을 보류할 수 있도록 규정한 의료급여법 제11조의5 제1항 중 '의료법 제33조 제2항'에 관한 부분은 헌법에 합치되지 아니한다.(헌재 2024.6.27. 2021헌가19) [헌법불합치(계속적용)]

> **[관련대상조항]**
> **의료법 제33조(개설 등)** ②다음 각 호의 어느 하나에 해당하는 자가 아니면 의료기관을 개설할 수 없다. 이 경우 의사는 종합병원·병원·요양병원·정신병원 또는 의원을, 치과의사는 치과병원 또는 치과의원을, 한의사는 한방병원·요양병원 또는 한의원을, 조산사는 조산원만을 개설할 수 있다.
> 1. 의사, 치과의사, 한의사 또는 조산사
> 2. 국가나 지방자치단체
> 3. 의료업을 목적으로 설립된 법인(이하 "의료법인"이라 한다)
> 4. 「민법」이나 특별법에 따라 설립된 비영리법인
> 5. 「공공기관의 운영에 관한 법률」에 따른 준정부기관, 「지방의료원의 설립 및 운영에 관한 법률」에 따른 지방의료원, 「한국보훈복지의료공단법」에 따른 한국보훈복지의료공단

[1] 무죄추정원칙 위반 여부

심판대상조항은 사후적인 부당이득 환수절차의 한계를 보완하고, 의료급여기금의 재정 건전성이 악화될 위험을 방지하고자 마련된 조항이다. 따라서 심판대상조항은 무죄추정의 원칙에 위반된다고 볼 수 없다.

[2] 과잉금지원칙 위반 여부

무죄판결이 확정되기 전이라도 하급심 법원에서 무죄판결이 선고되는 경우에는 그때부터 일정 부분에 대하여 의료급여비용을 지급하도록 할 필요가 있다. 나아가, 사정변경사유가 발생할 경우 지급보류처분이 취소될 수 있도록 한다면, 이와 함께 지급보류기간동안 의료기관의 개설자가 수인해야 했던 재산권 제한상황에 대한 적절하고 상당한 보상으로서의 이자 내지 지연손해금의 비율에 대해서도 규율이 필요하다.

이러한 사항들은, 심판대상조항으로 인한 기본권 제한이 입법목적 달성에 필요한 최소한도에 그치기 위해 필요한 조치들이지만, 현재 이에 대한 어떠한 입법적 규율도 없다. 이러한 점을 종합하면, 심판대상조항은 과잉금지원칙에 반하여 의료급여기관 개설자의 재산권을 침해한다.

52

2020년 귀속 종합부동산세의 납세의무자, 과세표준, 세율 및 세액, 세부담 상한 등에 관한 구 종합부동산세법 제7조 제1항, 제8조 제1항, 제9조 제1항, 종합부동산세법 제9조 제3항, 구 종합부동산세법 제9조 제4항 내지 제7항, 제10조, 종합부동산세법 제13조 제1항, 제2항, 제14조 제1항, 제3항, 제4항, 제6항, 구 종합부동산세법 제14조 제7항, 제15조 제1항, 제2항은 모두 헌법에 위반되지 아니한다.(헌재 2024.5.30. 2022헌바189) [합헌]

53

살처분된 가축의 소유자가 축산계열화사업자인 경우에는 수급권 보호를 위하여 보상금을 계약사육농가에 지급한다고 규정한 가축전염병 예방법 제48조 제1항 제3호 단서는 헌법에 합치되지 아니한다.(헌재 2024.5.30. 2021헌가3) [계속적용 헌법불합치]

가축의 살처분으로 인한 재산권의 제약은 가축의 소유자가 수인해야 하는 사회적 제약의 범위에 속한다. 그러나 헌법 제23조 제1항 및 제2항에 따라 재산권의 사회적 제약을 구체화하는 법률조항이라 하더라도 권리자에게 수인의 한계를 넘어 가혹한 부담이 발생하는 예외적인 경우에는 이를 완화하는 보상규정을 두어야 한다.

양돈업을 영위하는 축산계열화사업자는 양계업처럼 다수의 계약사육농가와 위탁사육계약을 맺은 대기업이 아닌 영세업체인 경우도 많아, 계약사육농가에 비해 우월한 교섭력을 행사한다고 보기 어려운 경우도 많다. 그뿐만 아니라 경우에 따라서는 당해 사건에서와 같이 살처분된 가축에 대한 사육수수료는 계약사육농가에게 전부 지급되었던 상황임에도 축산계열화사업자는 살처분 보상금을 지급받지 못하는 사례도 있다.

따라서 심판대상조항은 조정적 보상조치에 관하여 인정되는 입법형성의 한계를 벗어나 가축의 소유자인 축산계열화사업자의 재산권을 침해한다.

54

① 피상속인의 형제자매의 유류분을 규정한 민법 제1112조 제4호를 단순위헌으로 결정하고, ② 유류분상실사유를 별도로 규정하지 아니한 민법 제1112조 제1호부터 제3호 및 기여분에 관한 민법 제1008조의2를 준용하는 규정을 두지 아니한 민법 제1118조는 모두 헌법에 합치되지 아니하고 2025.12.31.을 시한으로 입법자가 개정할 때까지 계속 적용된다는 결정을 선고하였다.(헌재 2024.4.25. 2020헌가4) [위헌 및 헌법불합치] [유류분에 관한 위헌제청 및 헌법소원 사건]

○ 유류분제도 자체의 입법목적의 정당성은 인정된다.

○ 민법 제1112조: ① 유류분권리자와 각 유류분을 획일적으로 정한 부분 ☞ 합헌 ② 유류분상실사유를 별도로 정하고 있지 않는 부분(제1호부터 제3호) ☞ 합헌 ③ 피상속인의 형제자매를 유류분권리자에 포함시키는 부분(제4호) ☞ 헌법 제37조 제2항의 기본권제한의 입법한계를 일탈하여 재산권을 침해하므로 위헌

○ 민법 제1118조: ① 민법 제1118조가 대습상속에 관한 제1001조 및 제1010조와 공동상속인 중 특별수익자의 상속분에 관한 제1008조를 유류분에 준용하는 부분 ☞ 합헌

○ 기여분에 관한 민법 제1008조의2를 유류분에 준용하는 규정을 두지 아니한 민법 제1118조 ☞ 헌법 제37조 제2항의 기본권제한의 입법한계를 일탈하여 재산권을 침해하므로 위헌

○ **그 외 조항들:** ① 유류분 산정 기초재산을 규정하고 조건부권리 또는 불확정한 권리에 대한 가격을 감정인이 정하도록 한 민법 제1113조, ② 유류분 산정 기초재산에 산입되는 증여의 범위를 피상속인이 상속개시 전 1년간에 행한 증여로 한정하면서 예외적으로 당사자 쌍방이 해의를 가지고 증여한 경우에는 상속개시 1년 전에 행한 증여도 유류분 산정 기초재산에 산입하도록 하는 민법 제1114조, ③ 유류분 부족분을 원물로 반환하도록 하고 증여 및 유증을 받은 자가 수인인 경우 각자가 얻은 각각의 가액에 비례하여 유류분을 반환하도록 한 민법 제1115조 및 ④ 유류분반환시 유증을 증여보다 먼저 반환하도록 한 민법 제1116조 ☞ 모두 헌법 제37조 제2항에 따른 기본권제한의 입법한계를 일탈하지 아니하므로 합헌

○ 피상속인의 형제자매의 유류분을 규정한 민법 제1112조 제4호는 피상속인 및 유류분반환청구의 상대방인 수증자 및 수유자의 재산권을 침해하므로 헌법에 위반된다. 따라서 민법 제1112조 제4호는 위헌선언을 통하여 재산권에 대한 침해를 제거함으로써 합헌성이 회복될 수 있다. ☞ 단순위헌 결정

○ 민법 제1112조 제1호부터 제3호는 유류분의 핵심적 사항을 규정하고 있고, 민법 제1118조는 기본적인 사항을 규정하고 있다. 따라서 위 조항들에 대하여 위헌결정을 선고하여 효력을 상실시키면, 법적 혼란이나 공백이 발생할 우려가 있을 뿐 아니라, 심판대상조항에 따른 유류분제도 자체가 헌법에 위반된다는 것이 아니라 이를 구성하는 유류분 조항들 중 일부의 내용이 헌법에 위반된다는 이 사건 결정의 취지에도 반하게 된다. ☞ (계속적용) 헌법불합치 결정

55

군인연금법상 퇴역연금 수급자가 지방의회의원에 취임한 경우, 퇴역연금 전부의 지급을 정지하도록 규정한 구 군인연금법 제27조 제1항 제2호 중 '지방의회의원'에 관한 부분은 과잉금지원칙에 위반되어 지방의회의원으로 취임한 퇴역연금 수급자의 재산권을 침해하므로 헌법에 합치하지 아니한다.(헌재 2024.4.25. 2022헌가33) [헌법불합치]

56

① 사실혼 배우자의 상속권을 인정하지 않은 민법 제1003조 제1항 중 '배우자' 부분은 헌법에 위반되지 아니하고, [합헌] **② 재산분할청구권에 관한 민법 제839조의2 제1항, 제2항, 제843조 중 제839조의2 제1항, 제2항에 관한 부분에 대한 심판청구는 부적법하다.** [각하] (헌재 2024.3.28. 2020헌바494)

○ 재산분할청구권조항에 대한 심판청구 – 부적법(진정입법부작위)

– 민법은 혼인관계가 '일방 당사자의 사망으로 종료된 경우'에는 생존 배우자도 다른 상속인들과 마찬가지로 상속제도의 규율을 받도록 정하고, 혼인관계가 '쌍방 생전에 해소된 경우'에는 재산분할제도의 규율을 받도록 정하여 그 체계를 달리하고 있다. 그러므로 입법자는 이혼과 같이 쌍방 생존 중 혼인이 해소된 경우의 재산분할제도만을 재산분할청구권조항의 입법사항으로 하였다고 봄이 타당하다. 그렇다면 청구인이 문제삼는 '일방의 사망으로 사실혼이 종료된 경우 생존 사실혼 배우자에게 재산분할청구권을 부여하는 규정을 두지 않은 부작위'는, 입법자가 애당초 그러한 입법적 규율 자체를 전혀 하지 않은 경우에 해당한다.

따라서 이 부분 심판청구는 외형상 특정 법률조항을 심판대상으로 삼아 제기되었으나 실질적으로는 헌법재판소법 제68조 제2항에 의한 헌법소원에서 허용되지 아니하는 진정입법부작위를 다투는 것이므로 그 자체로 부적법하다.

57

주택 임차인이 계약갱신요구를 할 경우 임대인이 정당한 사유 없이 거절하지 못하도록 하고, 임대인이 실제 거주를 이유로 갱신을 거절한 후 정당한 사유 없이 제3자에게 임대한 경우 손해배상책임을 부담시키는 주택임대차보호법 제6조의3 제1항, 제3항 본문, 제5항, 제6항, 계약갱신시 차임이나 보증금 증액청구의 상한을 제한하는 제6조의3 제3항 단서 중 제7조 제2항에 관한 부분, 보증금을 월 단위 차임으로 전환하는 경우 그 산정률을 정한 제7조의2, 개정 법 시행 당시 존속 중인 임대차에도 개정조항을 적용하도록 한 부칙 제2조는 헌법에 위반되지 않고, [합헌, 기각] **개정 주택임대차보호법 해설집의 발간 · 배포행위에 대한 심판청구는 부적법하다.** [각하] (헌재 2024.2.28. 2020헌마1343)

차임증액한도 조항과 손해배상 조항 중 제6조의3 제5항은 명확성원칙에 반하지 아니한다. 계약갱신요구 조항, 차임증액한도 조항, 손해배상 조항은 과잉금지원칙에 반하여 청구인들의 계약의 자유와 재산권을 침해한다고 볼 수 없다.

58

감염병의 예방 및 관리에 관한 법률상 집합제한 조치로 발생한 손실을 보상하는 규정을 두지 않은 감염병의 예방 및 관리에 법률 조항은 기본권을 침해하지 아니한다.(헌재 2023.6.29. 2020헌마1669) [기각]
[집합제한 조치로 발생한 손실을 보상하는 규정을 두지 않은 감염병의 예방 및 관리에 관한 법률 조항에 관한 사건]

● 심판대상조항이 재산권을 제한하는지 여부(소극)

○ 헌법 제23조에서 보장하는 재산권은 사적 유용성 및 그에 대한 원칙적 처분권을 내포하는 재산가치 있는 구체적 권리이므로, 구체적인 권리가 아닌 단순한 이익이나 재화의 획득에 관한 기회 또는 기업활동의 사실적·법적 여건 등은 재산권보장의 대상에 포함되지 아니한다(헌재 1996. 8. 29. 95헌바36; 헌재 1997. 11. 27. 97헌바10 참조). 감염병예방법 제49조 제1항 제2호에 근거한 집합제한 조치로 인하여 청구인들의 일반음식점 영업이 제한되어 영업이익이 감소되었다 하더라도, 청구인들이 소유하는 영업 시설·장비 등에 대한 구체적인 사용·수익 및 처분권한을 제한받는 것은 아니므로, 보상규정의 부재가 청구인들의 재산권을 제한한다고 볼 수 없다.

● 심판대상조항이 평등권을 침해하는지 여부(소극)

코로나19 유행 전보다 영업 매출이 감소하였더라도, 집합제한 조치는 공동체 전체를 위하여 코로나19의 확산을 방지하기 위한 것이므로 사회구성원 모두가 그 부담을 나누어 질 필요가 있고, 그러한 매출 감소는 코로나19 감염을 피하기 위하여 사람들이 자발적으로 음식점 방문을 자제한 것에 기인하는 측면도 있다. 한편, 비수도권에서 음식점을 영업하는 청구인들은 영업시간 제한을 받은 기간이 짧고, 영업이 제한된 시간 이외에는 정상적으로 영업이 가능하였으며 영업이 제한된 시간 동안에도 포장·배달을 통한 영업은 가능하였다. 그러므로 심판대상조항이 감염병의 예방을 위하여 집합제한 조치를 받은 영업장의 손실을 보상하는 규정을 두고 있지 않다고 하더라도 청구인들의 평등권을 침해한다고 할 수 없다.

59

임차인이 3기의 차임액에 해당하는 금액에 이르도록 차임을 연체한 사실이 있는 경우 임대인의 권리금 회수기회 보호의무가 발생하지 않는 것으로 규정한 상가건물 임대차보호법 제10조의4 제1항 단서 중 제10조 제1항 단서 제1호에 관한 부분은 헌법에 위반되지 아니한다.(헌재 2023.6.29. 2021헌바264) [합헌]

[상가임차인의 권리금 회수기회 보호의 예외사유에 관한 사건]

심판대상조항은 임차인이 차임을 단순히 3회 연체하는 경우가 아니라 3기의 차임액에 해당하는 금액에 이르도록 차임을 연체하였을 경우에 한하여 임대인의 권리금 회수기회 보호의무가 발생되지 않도록 규정하고 있는 점 등도 고려해 볼 때, 심판대상조항이 3기 이상의 차임 연체에 임차인의 귀책사유가 있는지 여부를 불문하고 임대인의 권리금 회수기회 보호의무가 발생하지 않는 것으로 정하였다고 해서 임차인에게 일방적으로 가혹하다고 할 수는 없다. 이와 같은 점들을 종합하여보면, 심판대상조항은 임차인의 재산권을 침해한다고 할 수 없으므로 헌법에 위반되지 아니한다.

60

요양기관이 의료법 제33조 제2항을 위반하였다는 사실을 수사기관의 수사 결과로 확인한 경우 국민건강보험공단으로 하여금 요양급여비용의 지급을 보류할 수 있도록 규정한 구 국민건강보험법 제47조의2 제1항 중 '의료법 제33조 제2항'에 관한 부분은 헌법에 합치되지 아니하고, 위 법률조항의 적용을 중지하며, 국민건강보험법 제47조의2 제1항 전문 중 '의료법 제33조 제2항'에 관한 부분이 헌법에 합치되지 아니한다.

(헌재 2023.3.23. 2018헌바433) [잠정적용 헌법불합치]

> **[관련대상조항]**
> **의료법 제33조(개설 등)** ② 다음 각 호의 어느 하나에 해당하는 자가 아니면 의료기관을 개설할 수 없다. 이 경우 의사는 종합병원·병원·요양병원·정신병원 또는 의원을, 치과의사는 치과병원 또는 치과의원을, 한의사는 한방병원·요양병원 또는 한의원을, 조산사는 조산원만을 개설할 수 있다.
> 1. 의사, 치과의사, 한의사 또는 조산사
> 2. 국가나 지방자치단체
> 3. 의료업을 목적으로 설립된 법인(이하 "의료법인"이라 한다)
> 4. 「민법」이나 특별법에 따라 설립된 비영리법인
> 5. 「공공기관의 운영에 관한 법률」에 따른 준정부기관, 「지방의료원의 설립 및 운영에 관한 법률」에 따른 지방의료원, 「한국보훈복지의료공단법」에 따른 한국보훈복지의료공단

[수사기관의 수사결과 사무장병원으로 확인된 의료기관에 대한 요양급여비용 지급보류 사건]

[1] 이 사건 지급보류조항은 사후적인 부당이득 환수절차의 한계를 보완하고, 건강보험의 재정 건전성이 악화될 위험을 방지하고자 마련된 조항이다. 그렇다면 사무장병원일 가능성이 있는 요양기관이 일정 기간 동안 요양급여비용을 지급받지 못하는 불이익을 받더라도 이를 두고 유죄의 판결이 확정되기 전에 죄 있는 자에 준하여 취급하는 것이라고 보기 어렵다. 따라서 이 사건 지급보류조항은 무죄추정의 원칙에 위반된다고 볼 수 없다.

[2] 이 사건 지급보류조항은 사무장병원의 개설·운영을 보다 효과적으로 규제하여 건강보험 재정의 건전성을 확보하기 위한 것이다. 이러한 점을 고려하면, 지급보류처분의 요건이 상당히 완화되어 있는 것 자체는 일응 수긍이 가는 측면이 있다. 그런데 지급보류처분은 잠정적 처분이고, 그 처분 이후 사무장병원에 해당하지 않는다는 사실이 밝혀져서 무죄판결의 확정 등 사정변경이 발생할 수 있으며, 이러한 사정변경사유는 그것이 발생하기까지 상당히 긴 시간이 소요될 수 있다. 이러한 점을 고려하면, 지급보류처분의 '처분요건'뿐만 아니라 위와 같은 사정변경이 발생할 경우 잠정적인 지급보류상태에서 벗어날 수 있는 '지급보류처분의 취소'에 관하여도 명시적인 규율이 필요하고, 그 '취소사유'는 '처분요건'과 균형이 맞도록 규정되어야 한다. 또한 무죄판결이 확정되기 전이라도 하급심 법원에서 무죄판결이 선고되는 경우에는 그때부터 일정 부분에 대하여 요양급여비용을 지급하도록 할 필요가 있다. 나아가, 앞서 본 사정변경사유가 발생할 경우 지급보류처분이 취소될 수 있도록 한다면, 이와 함께 지급보류기간 동안 의료기관의 개설자가 수인해야 했던 재산권 제한상황에 대한 적절하고 상당한 보상으로서의 이자 내지 지연손해금의 비율에 대해서도 규율이 필요하다. 이러한 사항들은, 이 사건 지급보류조항으로 인한 기본권 제한이 입법목적 달성에 필요한 최소한도에 그치기 위해 필요한 조치들이지만, 현재 이에 대한 어떠한 입법적 규율도 없다. 이러한 점을 종합하면, 이 사건 지급보류조항은 과잉금지원칙에 반하여 요양기관 개설자의 재산권을 침해한다.

61

금융위원회위원장이 2019.12.16. 시중 은행을 상대로 '투기지역 · 투기과열지구 내 초고가 아파트(시가 15억 원 초과)에 대한 주택구입용 주택담보대출을 2019.12.17.부터 금지한 조치'는 청구인의 재산권 및 계약의 자유를 침해하지 않는다.(헌재 2023.3.23. 2019헌마1399) [기각]

[초고가 아파트 구입용 주택담보대출 금지 사건]

62

① 의료사고 피해구제 및 의료분쟁 조정 등에 관한 법률 제47조 제2항 후단 중 '그 금액' 부분이 헌법에 합치되지 아니한다.[헌법불합치] **② 의료사고 피해구제 및 의료분쟁 조정 등에 관한 법률 제47조 제2항 전단, 같은 항 후단 중 '납부방법 및 관리 등' 부분, 의료사고 피해구제 및 의료분쟁 조정 등에 관한 법률 제47조 제4항은 각 헌법에 위반되지 아니한다.**[합헌](헌재 2022.7.21. 2018헌바504)

[심판대상조항]

의료사고 피해구제 및 의료분쟁 조정 등에 관한 법률(2011. 4. 7. 법률 제10566호로 제정된 것) 제47조(손해배상금 대불) ② 보건의료기관개설자는 제1항에 따른 손해배상금의 대불에 필요한 비용을 부담하여야 하고, 그 금액과 납부방법 및 관리 등에 관하여 필요한 사항은 대통령령으로 정한다.

④ 제2항에 따라 보건의료기관개설자가 부담하는 비용은 「국민건강보험법」 제47조 제3항에도 불구하고 국민건강보험공단이 요양기관에 지급하여야 할 요양급여비용의 일부를 조정중재원에 지급하는 방법으로 할 수 있다. 이 경우 국민건강보험공단은 요양기관에 지급하여야 할 요양급여비용의 일부를 지급하지 아니하고 이를 조정중재원에 지급하여야 한다.

[보건의료기관개설자에 대한 대불비용 부담금 부과 사건]

● 이 사건 위임조항 중 '그 금액' 부분 – 헌법불합치

○ 다음과 같은 이유에서 이 사건 위임조항 중 '그 금액' 부분은 포괄위임금지원칙에 위배된다.

–선례는 보건의료기관개설자들에 추가로 징수할 대불비용 부담금은 결손을 보충하는 정도에 불과하여 대불비용 부담금을 정기적·장기적으로 징수할 가능성이 없다고 보았다. 일단 대불비용으로 적립된 금액은 결손이 발생하지 않는 한 어느 정도 수준으로 유지될 것이며, 그 후의 추가적인 부담은 대불이 필요한 손해배상금의 총액이 증가하는 정도와 결손이 발생하는 정도를 고려하여 정해질 것임을 예측할 수 있다고 보았다. 그런데 의료사고 피해자의 손해배상금 대불청구가 점차 증가하였고, 대불금 구상 실적은 극히 저조하여 적립된 재원은 빠르게 고갈되었다. 이에 따라 선례의 예측과는 달리 대불비용 부담금의 추가 징수가 여러 차례 반복되었다.

–그럼에도 이 사건 위임조항은 부담금의 액수를 어떻게 산정하고 이를 어떤 요건 하에 추가로 징수하는지에 관하여 그 대강조차도 정하지 않고 있고, 관련조항 등을 살펴보더라도 이를 예측할 만한 단서를 찾을 수 없다.

–반복적인 부담금 추가 징수가 예상되는 상황임에도 대불비용 부담금이 '부담금관리 기본법'의 규율대상에서 제외되는 등 입법자의 관여가 배제되어 있다는 점도 문제가 있다.

–입법자로서는 대불비용 부담금액 산정의 중요한 고려요소가 무엇인지를 이 사건 위임조항에 명시하는 방식으로 구체화하는 것이 가능하다. 또한, 어떤 요건 하에 추가로 대불비용 부담금을 부과할 수 있는지에 관하여는 법률로 정하기 어려운 것이 아니다.

63

통일부장관이 2010.5.24. 발표한 북한에 대한 신규투자 불허 및 진행 중인 사업의 투자확대 금지 등을 내용으로 하는 대북조치는 헌법 제23조 제3항 소정의 재산권의 공용제한에 해당하지 않는다. 2010.5.24.자 대북조치로 인하여 재산상 손실을 입은 자에 대한 보상입법을 마련하지 아니한 입법부작위에 대한 심판청구는 부적법하다.(헌재 2022.5.26. 2016헌마95)

[입법부작위 위헌확인]

2010.5.24.자 대북조치가 개성공단에서의 신규투자와 투자확대를 불허함에 따라 청구인이 보유한 개성공단 내의 토지이용권을 사용·수익하지 못하게 되는 제한이 발생하기는 하였으나, 이는 개성공단이라는 특수한 지역에 위치한 사업용 재산이 받는 사회적 제약이 구체화된 것일 뿐이므로, 공익목적을 위해 이미 형성된 구체적 재산권을 개별적, 구체적으로 제한하는 헌법 제23조 제3항 소정의 공용 제한과는 구별된다. 그렇다면 2010. 5. 24.자 대북조치로 인한 토지이용권의 제한은 헌법 제23조 제1항, 제2항에 따라 재산권의 내용과 한계를 정한 것인 동시에 재산권의 사회적 제약을 구체화하는 것으로 볼 수 있다.

THEME

06 직업선택의 자유

64

국민권익위원회 심사보호국 소속 5급 이하 7급 이상의 일반직공무원에 대하여 퇴직일부터 3년간 취업을 제한한 공직자윤리법 제17조 제1항 중 '대통령령으로 정하는 공무원'에 관한 부분 및 공직자윤리법 시행령 제31조 제1항 제7호 중 '국민권익위원회 심사보호국 소속 5급 이하 7급 이상의 일반직공무원'에 관한 부분은 헌법에 위반되지 않는다.(헌재 2024.3.28. 2020헌마1527) [기각]

심사보호국 업무의 공정성과 투명성을 확보하기 위하여서는 소속 공무원들이 일정 기간 취업심사대상기관에 취업하는 것을 원칙적으로 제한할 필요가 있다. 따라서 심판대상조항은 과잉금지원칙에 위반되어 청구인의 직업선택의 자유를 침해하지 아니한다.

65

안경사가 전자상거래 등을 통해 콘택트렌즈를 판매하는 행위를 금지하고 있는 의료기사 등에 관한 법률 제12조 제5항 제1호 중 '안경사의 콘택트렌즈 판매'에 관한 부분은 헌법에 위반되지 아니한다.(헌재 2024.3.28. 2020헌가10) [합헌]

[1] 제한되는 기본권

○ 심판대상조항은 안경사가 콘택트렌즈를 '전자상거래 등에서의 소비자보호에 관한 법률' 제2조에 따른 전자상거래 등의 방법으로 판매하는 것을 금지하고 있는바, 이는 안경사의 직업수행의 자유를 제한한다.

[2] 심사기준

○ 헌법 제36조 제3항은 "모든 국민은 보건에 관하여 국가의 보호를 받는다."라고 규정하고 있다. 그런데 심판대상조항은 국민의 건강에 직접적인 영향을 미칠 수 있는 보건의료 분야를 규율하고 있는바, 이 분야의 업무는 내재된 위험이 현실화되기 전까지 그 위험의 존재와 정도가 불확실한 반면, 현실화되고 나서는 회복하기 어려운 성격을 지닌다. 따라서 입법자로서는 예측판단에 기초하여 가능한 한 위험의 현실화를 최소화시키는 조치를 취할 수 있고, 이러한 점은 과잉금지원칙 위반 여부 심사 과정에서도 고려되어야 한다.

[3] 직업 수행의 자유 침해 여부

가. 목적의 정당성 및 수단의 적합성

○ 콘택트렌즈는 손상되기 쉬운 부위인 각막에 직접 부착하여 사용하는 물품이므로, 콘택트렌즈의 유통 과정에서 변질·오염이 발생할 경우 콘택트렌즈의 착용자는 심각한 건강상 위험에 처할 수 있다. 콘택트렌즈 착용자가 정확한 사용 및 관리방법을 안내받지 못하는 경우에도 마찬가지 위험성이 있다.

○ 심판대상조항은 이와 같은 콘택트렌즈의 위험성을 고려하여, 안경사가 소비자를 직접 대면하여 콘택트렌즈의 사용 및 관리 방법을 충실히 안내할 수 있도록 하고, 보관과 유통과정에서의 변질·오염 가능성을 사전에 차단하며, 콘택트렌즈의 직접 전달을 통하여 변질·오염 시 책임소재를 분명하게 함으로써, 궁극적으로는 국민보건을 향상·증진시키기 위한 것인바, 이러한 입법목적은 정당하다.

○ 안경사가 직접 대면하여 콘택트렌즈를 판매·전달하는 경우 콘택트렌즈의 사용 및 관리 방법을 보다 충실히 안내할 수 있다. 또한 콘택트렌즈가 우편이나 택배 등 중간 매개를 거치지 않고 바로 소비자에게 전달될 수 있으므로, 배송과정에서 적정한 보관상태가 유지되지 못하여 부패되거나 봉함이 훼손되어 공기 중의 오염물질에 노출될 가능성이 적어지며, 콘택트렌즈가 안경사로부터 소비자에게 직접 전달되므로 콘택트렌즈 변질·오염사고가 발생하더라도 책임의 소재가 명확해진다. 따라서 심판대상조항과 같이 안경사가 전자상거래 등을 통해 콘택트렌즈를 판매하는 행위를 금지하는 것은 입법목적 달성을 위한 적합한 수단이다.

나. 침해의 최소성

○ 콘택트렌즈는 각막에 직접 부착되는 의료기기에 해당하므로(의료기기법 제2조 제1항 제1호), 콘택트렌즈의 사용에 관한 결정은 착용자의 시력 및 눈 건강상태를 면밀히 고려하여 이뤄질 필요성이 크다. 그런데 사람의 시력과 눈 건강상태는 시간의 경과에 따라 변화할 수 있는 것이므로, 콘택트렌즈 착용자는 주기적으로 시력과 눈 건강상태에 대한 점검을 받아야 하는데, 전자상거래 등으로 콘택트렌즈가 판매된다면 착용자의 시력 및 눈 건강상태를 고려하지 않은 무분별한 콘택트렌즈 착용이 이뤄질 가능성이 있다고 할 것이므로, 국민보건의 향상·증진이라는 심판대상조항의 입법목적이 달성되기 어려울 수 있다.

○ 만일 안경사가 콘택트렌즈를 전자상거래 등을 통해 판매할 수 있다면, 안경사가 개설할 수 있는 안경업소의 수를 1개로 제한하는 의료기사법 제12조 제2항의 취지에 어긋나게 되고, 안경사 아닌 자에 의한 콘택트렌즈 판매행위를 규제하기 사실상 어려워지며, 안경사가 콘택트렌즈 판매 시 콘택트렌즈의 사용방법 등에 관한 정보를 제공하도록 한 의료기사법 제12조 제7항의 취지가 관철되기 어려워지게 된다.

○ 우리나라의 인구 만 명당 안경업소 수 및 안경사 수, 국가 면적당(1,000㎢) 안경업소 수 모두 높은 수준이므로, 소비자의 안경업소 및 안경사에 대한 접근권이 상당히 보장되어 있다고 볼 수 있어, 소비자가 안경업소에 방문하여 콘택트렌즈를 구매하는 것이 용이하므로, 심판대상조항으로 인한 소비자의 불편이 과도하다고 보기도 어렵다.

○ 따라서 심판대상조항에 따른 직업 수행의 자유 제한이 그 입법목적 달성을 위하여 필요한 정도를 넘어선 과도한 제한이라 보기는 어렵다.

다. 법익의 균형성

○ 심판대상조항에 의하여 제한되는 사익은 안경사가 전자상거래 등 방법으로 콘택트렌즈를 판매할 수 없게 됨에 따른 일정한 영업상 불이익과 소비자들의 다소간의 불편함에 불과하다. 반면, 심판대상조항이 달성하고자 하는 국민보건의 향상이라는 공익은 매우 크다. 따라서 심판대상조항은 법익의 균형성에 위반되지 않는다.

66

아파트 장기일반민간임대주택과 단기민간임대주택의 임대의무기간이 종료한 날 그 등록이 말소되도록 하는 구 민간임대주택에 관한 특별법 제6조 제5항이 임대사업자인 청구인들의 기본권을 침해하지 아니하며, [기각] **2020.7.11. 이후 장기일반민간임대주택으로 변경 신고한 주택을 세제혜택 대상에서 제외하는 종합부동산세법 시행령과 소득세법 시행령상 해당 조항들에 대한 심판청구는 부적법하다.** [각하] (헌재 2024.2.28. 2020헌마1482)

청구인들의 신뢰가 침해받는 정도는 임대주택제도의 개편 필요성, 주택시장 안정화 및 임차인의 장기적이고 안정적인 주거 환경 보장과 같은 공익에 비하여 크다고 할 수 없으므로 등록말소조항은 신뢰보호원칙에 반하여 청구인들의 직업의 자유를 침해하지 아니한다.

67

사업주로부터 위임을 받아 고용보험 및 산업재해보상보험에 관한 보험사무를 대행할 수 있는 기관의 자격을 일정한 기준을 충족하는 단체 또는 법인, 공인노무사 또는 세무사로 한정한 고용보험 및 산업재해보상보험의 보험료징수 등에 관한 법률 제33조 제1항 전문 및 같은 법 시행령 제44조는 과잉금지원칙에 위배되어 공인회계사인 청구인들의 직업수행의 자유를 침해하지 아니한다.(헌재 2024.2.28. 2020헌마139) [기각]

심판대상조항은 청구인들의 직업수행의 자유를 제한한다. 심판대상조항은 과잉금지원칙에 위배되어 청구인들의 직업수행의 자유를 침해한다고 볼 수 없다.

68

주 52시간 상한제를 정한 근로기준법 제53조 제1항은 계약의 자유와 직업의 자유를 침해하지 않는다.(헌재 2024.2.28. 2019헌마500) [기각, 각하]

주 52시간 상한제조항은 연장근로시간에 관한 사용자와 근로자 간의 계약내용을 제한한다는 측면에서 사용자와 근로자의 계약의 자유를 제한하고, 사용자의 활동을 제한한다는 측면에서 직업의 자유를 제한한다. 그러나 주 52시간 상한제조항은 과잉금지원칙에 반하여 직업의 자유를 침해하지 않는다.

69

생활폐기물 수집 · 운반 대행계약과 관련하여 뇌물공여, 사기 등 범죄를 범하여 일정한 형을 선고받은 자를 3년 간 위 대행계약 대상에서 제외하도록 규정한 폐기물관리법 제14조 제8항 제7호는 헌법에 위반되지 아니한다.(헌재 2024.1.25. 2020헌바189) [합헌]

심판대상조항은 과잉금지원칙에 위배되어 청구인의 직업수행의 자유를 침해한다고 볼 수 없다.

70

간행물 판매자에게 정가 판매 의무를 부과하고, 가격할인의 범위를 가격할인과 경제상의 이익을 합하여 정가의 15퍼센트 이하로 제한하는 출판문화산업 진흥법 제22조 제4항 및 제5항은 청구인의 직업의 자유를 침해한다고 할 수 없다.(헌재 2023.7.20. 2020헌마104) [기각]

[도서정가제 사건]

○ 이 사건의 쟁점은 이 사건 심판대상조항이 간행물 판매자인 청구인의 직업의 자유를 침해하는지 여부이다.

○ 지식문화 상품인 간행물에 관한 소비자의 후생이 단순히 저렴한 가격에 상품을 구입함으로써 얻는 경제적 이득에만 한정되지는 않고 다양한 관점의 간행물을 선택할 권리 및 간행물을 선택함에 있어 필요한 지식 및 정보를 용이하게 제공받을 권리도 포괄하므로, 이 사건 심판대상조항으로 인하여 전체적인 소비자후생이 제한되는 정도는 크지 않다.

71

동물약국 개설자가 수의사 또는 수산질병관리사의 처방전 없이 판매할 수 없는 동물용의약품을 규정한 '처방대상 동물용의약품 지정에 관한 규정' 제3조에 대한 동물보호자인 청구인들의 심판청구를 모두 각하하고, 동물약국 개설자인 청구인들의 심판청구를 모두 기각하였다.(헌재 2023.6.29. 2021헌마199) [각하, 기각]

[수의사 등 처방대상 동물용의약품 사건]

[1] 적법요건에 대한 판단

○ 동물보호자인 청구인들의 심판청구 – 부적법

– 심판대상조항은 '동물약국 개설자'를 그 직접적인 규율대상으로 하고 있으며, 동물보호자인 청구인들과 같은 동물용의약품 소비자는 직접적인 규율대상이 아닌 제3자에 불과하다.

– 심판대상조항으로 인해 동물보호자인 청구인들은 수의사 또는 수산질병관리사의 처방전 없이는 '동물약국 개설자'로부터 심판대상조항이 규정한 동물용의약품을 구매할 수 없게 되었는바, 이로 인한 불편함이나 경제적 부담은 간접적 · 사실적 · 경제적인 것에 지나지 않는다. 따라서 동물보호자인 청구인들의 심판청구는 기본권 침해의 자기관련성이 인정되지 아니하여 부적법하다.

[2] 본안에 대한 판단

○ 동물약국 개설자인 청구인들의 직업수행의 자유 침해 여부 – 소극

심판대상조항의 입법목적은 수의사 등의 동물용의약품에 대한 전문지식을 통해 동물용의약품 오 · 남용 및 그로 인한 부작용 피해를 방지하여 동물복지의 향상을 도모함은 물론, 이를 통해 동물용의약품 오 · 남용에 따른 내성균 출현과 축산물의 약품 잔류 등을 예방하여 국민건강의 증진을 이루고자 함에 있으며 이러한 입법목적은 정당하다.

72

① 문화체육관광부장관이 정부광고 업무를 대통령령으로 정하는 기관이나 단체에 위탁할 수 있도록 한 정부기관 및 공공법인 등의 광고시행에 관한 법률 제10조 제1항에 대한 광고대행업을 영위하는 법인 및 그 대표이사의 심판청구는 기본권 침해의 직접성 요건을 갖추지 못하여 부적법하고, ② 문화체육관광부장관이 정부광고 업무를 한국언론진흥재단에 위탁하도록 한 위 법률 시행령 제6조 제1항은 광고대행업에 종사하는 청구인들의 직업수행의 자유를 침해하지 아니한다.(헌재 2023.6.29. 2019헌마227) [각하, 기각]

[정부광고 업무 한국언론진흥재단 위탁 사건]

[1] 이 사건 법률조항에 대한 판단

청구인들(광고대행업을 영위하는 법인 및 그 대표이사)이 주장하는 기본권 침해는 이 사건 시행령조항에 의하여 비로소 발생하는 것이지 이 사건 법률조항에 의하여 곧바로 발생하는 것이 아니므로, 이 사건 법률조항에 대한 심판청구는 기본권 침해의 직접성 요건을 갖추지 못하여 부적법하다.

[2] 이 사건 시행령조항에 대한 판단

한국언론진흥재단은 정부광고에 특화된 경험을 가진 전문인력들과 정부광고 업무 지원에 필요한 시스템 등을 보유하고 있고, 민간 광고대행사에 비하여 낮은 수수료율을 적용하고 있으며, 위 재단이 수수하는 수수료는 언론 진흥과 방송·광고 진흥을 위한 지원 등 공익 목적에 전액 사용되고 있다. 따라서 한국언론진흥재단에 정부광고 업무를 위탁한 것이 불합리하다고 보기는 어렵다. 따라서 이 사건 시행령조항은 과잉금지원칙에 위배되어 청구인들의 직업수행의 자유를 침해한다고 볼 수 없다.

73

아동학대관련범죄로 처벌을 받은 어린이집 원장 또는 보육교사에 대하여 행정청이 재량으로 자격을 취소할 수 있도록 한 영유아보육법 제48조 제1항 제3호 중 '아동복지법 제17조 제5호를 위반하여 아동복지법 제71조 제1항 제2호에 따라 처벌받은 경우'에 관한 부분은 헌법에 위반되지 않는다.(헌재 2023.5.25. 2021헌바234) [합헌]

[어린이집 원장 및 보육교사 자격취소 사건]

● 제한되는 기본권 및 심사기준

아동학대관련범죄로 처벌받은 어린이집 원장 또는 보육교사는 심판대상조항으로 인하여 행정청으로부터 어린이집 원장 또는 보육교사 자격을 취소당할 가능성이 있고, 이 경우 자격 재교부 기한이 경과하기 전에는 어린이집에서 근무할 수 없으므로, 심판대상조항이 과잉금지원칙에 반하여 직업선택의 자유를 침해하는지 여부가 문제이다.

● 직업선택의 자유 침해 여부

심판대상조항은 과잉금지원칙에 반하여 직업선택의 자유를 침해하지 않는다.

74

허가된 어업의 어획효과를 높이기 위하여 다른 어업의 도움을 받아 조업활동을 하는 행위를 금지한 수산자원관리법 제22조 제2호는 헌법에 위반되지 아니한다.(헌재 2023.5.25. 2020헌바604) [합헌]
[공조조업 금지 사건]

○ 심판대상조항은 수산자원의 남획을 방지함으로써 지속가능한 어업이 이루어지도록 하고, 다른 어업인과의 분쟁을 감소시켜 어업질서를 유지하기 위한 것으로 그 입법목적이 정당하다. 심판대상조항이 공조조업을 금지하는 것은 위와 같은 입법목적의 달성에 기여하는 적합한 수단이다.

○ 심판대상조항이 신설된 때로부터 30년이 지났음에도 여전히 지속적·반복적으로 위반행위를 한 사례들이 다수 적발되고 있는 점을 고려할 때, 심판대상조항을 위반한 경우 형사처벌 및 몰수·추징할 수 있도록 한 것이 과도한 제한이라고 보기 어렵다. 따라서 심판대상조항은 침해의 최소성을 충족한다.

75

시설경비업을 허가받은 경비업자로 하여금 허가받은 경비업무 외의 업무에 경비원을 종사하게 하는 것을 금지하고, 이를 위반한 경비업자에 대한 허가를 취소하도록 정하고 있는 경비업법 제7조 제5항 중 '시설경비업무'에 관한 부분과 경비업법 제19조 제1항 제2호 중 '시설경비업무'에 관한 부분은 헌법에 합치되지 아니한다.(헌재 2023.3.23. 2020헌가19) [적용중지 헌법불합치]
[경비원의 비경비업무 수행 금지 및 위반시 경비업 허가 취소 사건]

[1] 시설경비업을 수행하는 경비업자의 직업의 자유를 침해한다.

○ 심판대상조항은 시설경비업을 허가받은 경비업자로 하여금 허가받은 경비업무 외의 업무에 경비원을 종사하게 하는 것을 금지하고, 이를 위반한 경비업자에 대한 허가를 취소함으로써 시설경비업무에 종사하는 경비원으로 하여금 경비업무에 전념하게 하여 국민의 생명·신체 또는 재산에 대한 위험을 방지하고자 하는 것으로 입법목적의 정당성 및 수단의 적합성은 인정된다. 다만 비경비업무의 수행이 경비업무의 전념성을 직접적으로 해하지 아니하는 경우가 있음에도 불구하고, 심판대상조항은 경비업무의 전념성이 훼손되는 정도를 고려하지 아니한 채 경비업자가 경비원으로 하여금 비경비업무에 종사하도록 하는 것을 일률적·전면적으로 금지하고 있는 점, 경비업자가 허가받은 시설경비업무 외의 업무에 경비원을 종사하게 한 때에는 필요적으로 경비업의 허가를 취소하도록 규정하고 있는 점, 누구든지 경비원으로 하여금 경비업무의 범위를 벗어난 행위를 하게 하여서는 아니된다며 이에 대한 제재를 규정하고 있는 경비업법 제15조의2 제2항, 제19조 제1항 제7호 등을 통해서도 경비업무의 전념성을 충분히 확보할 수 있는 점 등에 비추어 볼 때, 심판대상조항은 침해의 최소성에 위배된다.

○ 또한 경비업무의 전념성을 중대하게 훼손하지 않는 경우에조차 경비원에게 비경비업무를 수행하도록 하기만 하면 허가받은 경비업 전체를 취소하도록 하여 경비업을 전부 영위할 수 없도록 하는 것은 법익의 균형성에도 반한다. 따라서 심판대상조항은 과잉금지원칙에 위반하여 시설경비업을 수행하는 경비업자의 직업의 자유를 침해한다.

76

의료기관의 장으로 하여금 보건복지부장관에게 비급여 진료비용에 관한 사항을 보고하도록 한 의료법 제45조의2 제1항 중 '비급여 진료비용'에 관한 부분 및 의원급 의료기관의 비급여 진료비용에 관한 현황조사 · 분석 결과를 공개하도록 한 '비급여 진료비용 등의 공개에 관한 기준' 제3조 중 '의료법 제3조 제2항 제1호에 따른 의료기관'의 '비급여 진료비용'에 관한 부분은 헌법에 위반되지 않는다.(헌재 2023.2.23. 2021헌마374) [기각, 각하]

[비급여 진료비용의 보고 및 공개에 관한 사건]

77

'2021학년도 강원도 공 · 사립 중등학교 교사 임용후보자 선정경쟁 제1차 시험 합격자 및 제2차 시험 시행계획 공고' 중 ① 코로나19 확진자의 응시를 금지한 부분은 심판의 이익이 인정되지 않고, ② 자가격리자에 대하여 시험응시 가능 여부를 정하면서 이의제기를 제한한 부분 및 시험장에서 확진자와 접촉한 응시자에 대하여 다음날 시험을 별도시험장 · 별도시험실에서의 비대면 평가로 응시하도록 조치할 수 있다고 정하면서 이의제기를 제한한 부분은 기본권 침해가능성이 인정되지 않아, 청구인들의 심판청구가 모두 부적법하다.(헌재 2023.2.23. 2021헌마48) [각하]

[중등교사 임용시험에서 코로나19 확진자의 응시를 금지하고, 자가격리자 및 접촉자의 응시를 제한한 강원도교육청 공고에 관한 사건]

피청구인은 이 사건 공고를 통해 코로나19 확진자의 응시를 금지하였으나 헌법재판소의 가처분결정(2020헌사1304)을 계기로 보건당국과 교육부가 확진자의 응시를 허용하는 방향으로 지침을 변경함에 따라 이 사건 제2차 시험 시행 전인 2021. 1. 13. '코로나19 확진자 등 시험응시 변경사항 안내'를 통해 확진자의 응시를 허용하였다. 따라서 이 사건 헌법소원심판청구 중 이 사건 확진자 응시금지에 관한 부분은 주관적 권리보호의 이익이 존재하지 않고, 헌법적 해명을 위한 예외적인 심판의 이익도 인정되지 아니하므로 부적법하다.

78

택시운전근로자의 최저임금에 산입되는 범위를 정한 최저임금법 제6조 제5항 중 '생산고에 따른 임금을 제외한' 부분은 헌법에 위반되지 아니한다.(헌재 2023.2.23. 2020헌바11) [합헌]

[택시운전근로자 최저임금산입 특례조항 사건]

> **[심판대상조항]**
> **최저임금법(2008. 3. 21. 법률 제8964호로 개정된 것) 제6조(최저임금의 효력)** ⑤ 제4항에도 불구하고「여객자동차 운수사업법」제3조 및 같은 법 시행령 제3조 제2호 다목에 따른 일반택시운송사업에서 운전업무에 종사하는 근로자의 최저임금에 산입되는 임금의 범위는 생산고에 따른 임금을 제외한 대통령령으로 정하는 임금으로 한다.

'생산고(生産高)'란 '생산액' 내지 '생산량'과 같은 말로서, '생산고에 따른 임금'이란 생산량에 따라 받는 임금을 말하는데, 택시운전근로자의 경우 고정급을 제외한 초과운송수입금 등을 의미한다. 심판대상조항에 의하면 일반택시운송사업자(법인택시회사)는 생산고에 따른 임금을 제외하고 고정급으로만 최저임금액 이상을 지급하여야 하는바, 이는 택시운송사업자의 계약의 자유, 직업의 자유 등을 침해하지 아니한다.

79

'변호사시험 일시 · 장소 및 응시자준수사항 공고' 및 '코로나19 관련 제10회 변호사시험 응시자 유의사항 등 알림' 중 코로나19 확진환자의 응시를 금지하고, 자가격리자 및 고위험자의 응시를 제한한 부분은 청구인들의 직업선택의 자유를 침해하여 헌법에 위반된다.(헌재 2023.2.23. 2020헌마1736) [위헌확인]

[변호사시험에서 코로나19 확진환자의 응시를 금지하고, 자가격리자 및 고위험자의 응시를 제한한 법무부 공고에 관한 사건]

○ 코로나19 확진환자가 시험장 이외에 의료기관이나 생활치료센터 등 입원치료를 받거나 격리 중인 곳에서 이 사건 변호사시험을 치를 수 있도록 한다면 감염병 확산 방지라는 목적을 동일하게 달성하면서도 확진환자의 시험 응시 기회를 보장할 수 있다.

○ 변호사시험은 법학전문대학원의 석사학위를 취득한 달의 말일부터 5년 내에만 응시할 수 있고 질병 등으로 인한 예외가 인정되지 않는데, 이 사건 응시제한으로 인해 확진환자 등은 적어도 1년간 변호사시험에 응시조차 할 수 없게 되므로 그에 따라 입게 되는 불이익은 매우 중대하다.

○ 그러므로 이 사건 응시제한은 과잉금지원칙을 위반하여 청구인들의 직업선택의 자유를 침해한다.

80

① 의료인이 아닌 사람도 문신시술을 업으로 행할 수 있도록 그 자격 및 요건을 법률로 정할 입법의무는 인정되지 않으므로 의료인이 아닌 사람도 문신시술을 업으로 행할 수 있도록 그 자격 및 요건을 법률로 정하지 아니한 입법부작위에 대한 심판청구는 각하하고, ② 의료인이 아닌 자의 문신시술업을 금지하고 처벌하는 의료법 제27조 제1항 본문 전단과 보건범죄 단속에 관한 특별조치법 제5조 제1호 중 의료법 제27조 제1항 본문 전단에 관한 부분은 청구인들의 직업선택의 자유를 침해하지 않으므로 기각한다.(헌재 2022.3.31. 2021헌마1213, 1385)

THEME

07 선거권과 선거제도

81

종교단체 내에서의 직무상 행위를 이용한 선거운동을 금지하는 공직선거법 제85조 제3항 중 '누구든지 종교적인 기관 · 단체 등의 조직내에서의 직무상 행위를 이용하여 그 구성원에 대하여 선거운동을 하거나 하게 할 수 없다' 부분, 이를 위반한 경우 처벌하는 같은 법 제255조 제1항 제9호 중 위 금지조항에 관한 부분은 헌법에 위반되지 아니하고, 선거운동기간 전에 같은 법에 규정된 방법을 제외하고 선거운동을 한 자를 처벌하는 공직선거법 제254조 제2항에 대한 심판청구는 각하한다.(헌재 2024.1.25. 2021헌바233) [합헌, 각하]

직무이용 금지조항 중 '직무상 행위를 이용하여' 부분은 죄형법정주의의 명확성원칙에 위배되지 않는다.

82

지방공사 상근직원의 선거운동을 금지하고, 이를 위반한 자를 처벌하는 구 공직선거법 조항들은 헌법에 위반된다.(헌재 2024.1.25. 2021헌가14) [위헌]

● 제한되는 기본권 및 심사기준

○ 심판대상조항은 지방공사 상근직원에 대하여 공직선거와 관련한 선거운동을 원칙적으로 금지하고 이에 위반한 행위를 처벌함으로써 지방공사 상근직원의 선거운동의 자유를 제한한다.

○ 선거운동은 국민주권 행사의 일환일 뿐 아니라 정치적 표현의 자유의 한 형태로서 민주사회를 구성하고 움직이게 하는 요소이므로, 그 제한입법의 위헌 여부에 대하여는 엄격한 심사기준이 적용되어야 한다.

● 선거운동의 자유 침해 여부

○ 심판대상조항은 지방공사 상근직원이 그 지위와 권한을 선거운동에 남용하는 것을 방지함으로써 선거의 형평성과 공정성을 확보하려는 것이므로 입법목적의 정당성이 인정된다.

○ 지방공사 상근직원에 대하여 원칙적으로 모든 선거운동을 할 수 없도록 하고 이를 위반한 행위를 처벌하는 것은 입법목적을 달성하기 위한 적합한 수단이다.

○ 심판대상조항은 침해의 최소성과 법익균형성을 충족하지 못하였다.

참고

헌법재판소는 한국철도공사 상근직원의 선거운동을 금지·처벌하는 구 공직선거법 조항들이 헌법에 위반된다고 결정하였다.(헌재 2018.2.22. 2015헌바124) 공직선거법은 위 결정의 취지를 고려하여 2020. 3. 25. 법률 제17127호로 개정되어, 선거운동이 원칙적으로 금지되던, 정부가 100분의 50 이상의 지분을 가지고 있는 공공기관의 상근직원이 선거운동 금지 대상자에서 제외되었다.

그리고 헌법재판소는 광주광역시 광산구 시설관리공단, 서울교통공사 및 안성시시설관리공단의 상근직원이 당원이 아닌 자에게도 투표권을 부여하는 당내경선에서 경선운동을 할 수 없도록 금지·처벌하는 공직선거법 조항들이 헌법에 위반된다고 각각 결정한 바 있다(헌재 2021.4.29. 2019헌가11; 2022.6.30. 2021헌가24; 2022.12.22. 2021헌가36). 공직선거법은 위 헌법재판소 결정들의 취지를 고려하여 2023. 8. 30. 법률 제19696호로 개정되어, 지방공사와 지방공단의 상근직원이 당내경선에서의 경선운동 금지 대상자에서 제외되었다.

83

① ㉮ 큐알(QR) 코드가 표기된 사전투표용지 발급행위에 대한 심판청구를 각하하고, ㉯ 사전투표관리관이 사전투표용지의 일련번호를 떼지 않고 선거인에게 교부하도록 정한 공직선거법 제158조 제3항 중 '일련번호를 떼지 아니하고' 부분에 대한 심판청구는 기각하고, ② 사전투표관리관이 투표용지에 자신의 도장을 찍는 경우 도장의 날인은 인쇄날인으로 갈음할 수 있도록 정한 공직선거관리규칙 제84조 제3항 중 '사전투표관리관이 투표용지에 자신의 도장을 찍는 경우 도장의 날인은 인쇄날인으로 갈음할 수 있다' 부분에 대한 심판청구를 기각한다.(헌재 2023.10.26. 2022헌마231 등)

84

준연동형 비례대표제를 규정한 공직선거법 제189조 제2항에 대한 심판청구를 모두 기각하고, 나머지 심판청구를 모두 각하한다.(헌재 2023.7.20. 2019헌마1443 등) [기각, 각하]

[준연동형 비례대표제 사건]

○ 선거제도와 입법형성권의 한계

국회의원 선거제도는 법률이 정하는 바에 의하여 구체적으로 결정되는 것이므로, 입법형성권을 갖고 있는 입법자는 우리나라 선거제도와 정당의 역사성, 우리나라 선거 및 정치문화의 특수성, 정치적·경제적·사회적 환경, 선거와 관련된 국민의식의 정도와 법 감정을 종합하여 국회의원 선거제도를 합리적으로 입법할 수 있다. 입법자가 국회의원 선거제도를 형성함에 있어 헌법 제41조 제1항에 명시된 보통·평등·직접·비밀선거의 원칙과 자유선거 등 국민의 선거권이 부당하게 제한되지 않는 한 헌법에 위반된다고 할 수 없다.

85

공직선거법 제90조 제1항 제1호 중 '화환 설치'에 관한 부분 및 공직선거법 제256조 제3항 제1호 아목 중 '제90조 제1항 제1호의 화환 설치'에 관한 부분은 모두 헌법에 합치되지 아니하고, 위 조항들에 대하여 2024.5.31.을 시한으로 입법자가 개정할 때까지 계속 적용되도록 하는 결정을 선고하였다.(헌재 2023.6.29. 2023헌가12) [헌법불합치]

> [심판대상조항]
> **공직선거법(2010. 1. 25. 법률 제9974호로 개정된 것) 제90조(시설물설치 등의 금지)** ① 누구든지 선거일 전 180일(보궐선거등에서는 그 선거의 실시사유가 확정된 때)부터 선거일까지 선거에 영향을 미치게 하기 위하여 이 법의 규정에 의한 것을 제외하고는 다음 각 호의 어느 하나에 해당하는 행위를 할 수 없다. 이 경우 정당(창당준비위원회를 포함한다)의 명칭이나 후보자(후보자가 되려는 사람을 포함한다. 이하 이 조에서 같다)의 성명·사진 또는 그 명칭·성명을 유추할 수 있는 내용을 명시한 것은 선거에 영향을 미치게 하기 위한 것으로 본다.
> 1. 화환·풍선·간판·현수막·애드벌룬·기구류 또는 선전탑, 그 밖의 광고물이나 광고시설을 설치·진열·게시·배부하는 행위

[화환 설치를 금지하는 공직선거법 조항 사건]

심판대상조항은 선거일 전 180일부터 선거일까지라는 장기간 동안 선거와 관련한 정치적 표현의 자유를 광범위하게 제한하고 있다.

화환의 설치는 경제적 차이로 인한 선거 기회 불균형을 야기할 수 있으나, 그러한 우려가 있다고 하더라도 공직선거법상 선거비용 규제 등을 통해서 해결할 수 있다. 또한 공직선거법상 후보자 비방 금지 규정 등을 통해 무분별한 흑색선전 등의 방지도 가능하다.

이러한 점들을 종합하면, 심판대상조항은 목적 달성에 필요한 범위를 넘어 장기간 동안 선거에 영향을 미치게 하기 위한 화환의 설치를 금지하는 것으로, 과잉금지원칙에 위반되어 정치적 표현의 자유를 침해한다.

86

공직선거법 제93조 제1항 본문 중 '인쇄물 살포'에 관한 부분 및 제255조 제2항 제5호 중 '제93조 제1항 본문의 인쇄물 살포'에 관한 부분은 모두 과잉금지원칙에 반하여 정치적 표현의 자유를 침해한다.(헌재 2023.3.23. 2023헌가4) [잠정적용 헌법불합치]

[인쇄물 살포를 금지하는 공직선거법 조항 사건]

심판대상조항은 선거일 전 180일부터 선거일까지 선거에 영향을 미치게 하기 위한 인쇄물의 살포행위를 금지·처벌하고 있다. 심판대상조항은 선거에서의 균등한 기회를 보장하고(헌법 제116조 제1항), 선거의 공정성을 확보하기 위한 것으로서 정당한 입법목적 달성을 위한 적합한 수단에 해당한다. … 그러나 이상과 같은 점들을 종합하면, 심판대상조항은 목적 달성에 필요한 범위를 넘어 인쇄물 살포 행위와 같은 정치적 표현을 장기간 동안 포괄적으로 금지·처벌하는 것으로서 침해의 최소성을 충족하지 못한다.

87

국회의원을 후원회지정권자로 정하면서 지방자치법 제2조 제1항 제1호의 '도'의회의원과 같은 항 제2호의 '시'의회의원을 후원회지정권자에서 제외하고 있는 정치자금법 제6조 제2호는 지방의회의원인 청구인들의 평등권을 침해한다.(헌재 2022.11.24. 2019헌마528) [헌법불합치]

[지방의회의원의 후원회지정 금지 사건]

● 심판대상조항이 평등권을 침해하는지 여부(적극)

○ 후원회 제도는 유권자 스스로 정치인을 후원하도록 함으로써 정치에 대한 신뢰감을 높이고 후원회 활동을 통해 후원회 또는 후원회원이 지향하는 정책적 의지가 보다 효율적으로 구현되도록 하며 정치자금의 투명성을 확보하기 위한 제도이다.

○ 1980년 '정치자금에 관한 법률'이 전부개정되면서 후원회 제도가 도입된 이래 후원회지정권자의 범위는 계속 확대되어왔고, 그에 따라 정치자금의 투명성도 크게 제고되었다.

○ 또한, 지방의회제도가 발전함에 따라 지방의회의원의 역할도 증대되었는데, 지방의회의원의 전문성을 확보하고 원활한 의정활동을 지원하기 위해서는 지방의회의원들에게도 후원회를 허용하여 정치자금을 합법적으로 확보할 수 있는 방안을 마련해 줄 필요가 있다.

○ 지방의회의원은 주민의 대표자이자 지방의회의 구성원으로서 주민들의 다양한 의사와 이해관계를 통합하여 지방자치단체의 의사를 형성하는 역할을 하므로, 이들에게 후원회를 허용하는 것은 후원회 제도의 입법목적과 철학적 기초에 부합한다.

○ 정치자금법은 후원회의 투명한 운영을 위한 상세한 규정을 두고 있으므로, 지방의회의원의 염결성은 이러한 규정을 통하여 충분히 달성할 수 있다. 국회의원과 소요되는 정치자금의 차이도 후원 한도를 제한하는 등의 방법으로 규제할 수 있다. 그럼에도 후원회 지정 자체를 금지하는 것은 오히려 지방의회의원의 정치자금 모금을 음성화시킬 우려가 있다.

○ 현재 지방자치법에 따라 지방의회의원에게 지급되는 의정활동비 등은 의정활동에 전념하기에 충분하지 않다. 또한, 지방의회는 유능한 신인정치인의 유입 통로가 되므로, 지방의회의원에게 후원회를 지정할 수 없도록 하는 것은 경제력을 갖추지 못한 사람의 정치입문을 저해할 수도 있다.

○ 따라서 이러한 사정들을 종합하여 보면, 심판대상조항이 국회의원과 달리 지방의회의원을 후원회지정권자에서 제외하고 있는 것은 불합리한 차별로서 청구인들의 평등권을 침해한다.

88

① 선거운동을 정의한 공직선거법 제58조 제1항 본문 및 단서 제1호는 헌법에 위반되지 아니하고, [합헌] **② 선거운동기간 전에 공직선거법에 의하지 않은 선전시설물 · 용구를 이용한 선거운동을 금지하고, 이에 위반한 경우 처벌하도록 한 공직선거법 제254조 제2항 중 '선전시설물 · 용구'에 관한 부분은 헌법에 위반되지 아니하고,** [합헌] **③ 누구든지 선거운동기간 전부터 일정한 기간 동안 선거에 영향을 미치게 하기 위하여 그 밖의 광고물게시를 할 수 없도록 하고, 이에 위반한 경우 처벌하도록 한 공직선거법 제256조 제3항 제1호 아목 중 '제90조 제1항 제1호의 그 밖의 광고물 게시'에 관한 부분은 모두 헌법에 합치되지 아니함을 확인한다.** [헌법불합치 확인] (헌재 2022.11.24. 2021헌바301)

[선거에 영향을 미치게 하기 위한 광고물게시 등 금지 사건]

89

① ❶ **공직선거법 제103조 제3항 중 '누구든지 선거기간 중 선거에 영향을 미치게 하기 위하여 그 밖의 집회나 모임을 개최할 수 없다' 부분, ❷ 공직선거법 제256조 제3항 제1호 카목 가운데 ❶ 조항 부분은, 집회의 자유, 정치적 표현의 자유를 침해하여 헌법에 위반된다.** [위헌] ② ❶ **공직선거법 제90조 제1항 제1호 중 '현수막, 그 밖의 광고물 게시'에 관한 부분, 공직선거법 제256조 제3항 제1호 아목 중 '제90조 제1항 제1호의 현수막, 그 밖의 광고물 게시'에 관한 부분,** ❷ **공직선거법 제93조 제1항 본문 중 '광고, 문서 · 도화 첩부 · 게시'에 관한 부분 및 제255조 제2항 제5호 중 '제93조 제1항 본문의 광고, 문서 · 도화 첩부 · 게시'에 관한 부분은 모두 헌법에 합치되지 아니하고,** ❸ **공직선거법 규정에 의한 공개장소에서의 연설 · 대담장소 또는 대담 · 토론회장에서 연설 · 대담 · 토론용으로 사용하는 경우를 제외하고는 선거운동을 위하여 확성장치를 사용할 수 없도록 하고, 이를 위반할 경우 처벌하도록 한 공직선거법 제91조 제1항 및 구 공직선거법 제255조 제2항 제4호 중'제91조 제1항의 규정에 위반하여 확성장치를 사용하여 선거운동을 한 자'부분은 헌법에 위반되지 않는다.** [헌법불합치, 합헌] (헌재 2022.7.21. 2018헌바357)

[집회나 모임(향우회·종친회·동창회·단합대회·야유회가 아닌 것에 한정) 개최, 현수막 그 밖의 광고물 게시, 광고, 문서·도화 첩부·게시, 확성장치사용을 금지하는 공직선거법 조항 사건]

● 집회개최 금지조항에 대한 판단

집회개최 금지조항은 선거의 공정과 평온의 확보라는 입법목적 달성을 위하여 반드시 필요한 최소한의 범위를 넘어서 선거기간 중의 선거에 영향을 미치게 하기 위한 일반 유권자의 집회나 모임을 일률적·전면적으로 금지하고 있으므로 침해의 최소성에 반한다.

○ 집회개최 금지조항은 선거에서의 기회 균등 및 선거의 공정성을 해치는 것이 명백하다고 볼 수 없는 집회나 모임의 개최, 정치적 표현까지 금지·처벌하고 있고, 이러한 범위 내에서 집회개최 금지조항으로 인하여 달성할 수 있는 공익의 정도가 중대하다고 볼 수 없다. 반면 집회개최 금지조항이 일반 유권자가 선거에 영향을 미치게 하기 위한 집회나 모임을 개최하는 것을 전면적으로 금지함에 따라 일반 유권자가 받게 되는 집회의 자유, 정치적 표현의 자유에 대한 제한 정도는 매우 중대하므로, 집회개최 금지조항은 법익의 균형성에도 위배된다.

○ 그렇다면 집회개최 금지조항은 과잉금지원칙에 반하여 집회의 자유, 정치적 표현의 자유를 침해한다.

● 시설물설치 등 금지조항에 대한 판단

○ 시설물설치 등 금지조항은 선거의 공정성을 해치는 것이 명백하다고 볼 수 없는 정치적 표현까지 금지·처벌하고 있고, 그로 인하여 유권자나 후보자가 받게 되는 정치적 표현의 자유에 대한 제약은 매우 크다. 한편, 이러한 범위 내에서 시설물설치 등 금지조항으로 인하여 달성되는 공익이 그보다 중대하다고 볼 수 없으므로, 시설물설치 등 금지조항은 법익의 균형성에도 위배된다.

○ 그렇다면 시설물설치 등 금지조항은 과잉금지원칙에 반하여 정치적 표현의 자유를 침해한다.

● 문서·도화게시 등 금지조항에 대한 판단

○ 문서·도화게시 등 금지조항은 선거에서의 균등한 기회를 보장하고(헌법 제116조 제1항), 선거의 공정성을 확보하기 위한 것으로서 정당한 입법목적 달성을 위한 적합한 수단에 해당한다.

○ 문서·도화게시 등 금지조항은 목적 달성에 필요한 범위를 넘어 광고, 문서·도화의 첩부·게시를 통한 정치적 표현을 장기간 동안 포괄적으로 금지·처벌하고 있으므로 침해의 최소성에 반한다.

○ 문서·도화게시 등 금지조항은 선거의 공정성을 해치는 것이 명백하다고 볼 수 없는 정치적 표현까지 금지·처벌하고 있고, 그로 인하여 유권자나 후보자가 받게 되는 정치적 표현의 자유에 대한 제약은 매우 크다. 한편, 이러한 범위 내에서 문서·도화게시 등 금지조항으로 인하여 달성되는 공익이 그보다 중대하다고 볼 수 없으므로, 문서·도화게시 등 금지조항은 법익의 균형성에도 위배된다.

○ 그렇다면 문서·도화게시 등 금지조항은 과잉금지원칙에 반하여 정치적 표현의 자유를 침해한다.

● 확성장치사용 금지조항에 대한 판단

○ 확성장치에 의해 기계적으로 유발되는 소음은 자연적으로 발생하는 생활소음에 비하여 상대적으로 큰 피해를 유발할 가능성이 높고, 일반 국민의 생업에 지장을 초래할 수도 있고, 모든 종류의 공직선거 때마다 확성장치로 인한 소음을 감내할 것을 요구한다면 선거 전반에의 혐오감을 야기시킬 우려가 있다. 반면, 선거운동에서 다소 전통적인 수단이라 할 수 있는 확성장치의 사용을 규제한다고 하더라도 후보자로서는 보다 접근이 용이한 다른 선거운동방법을 활용할 수 있으므로, 확성장치의 사용 규제가 과도한 제한이라고 보기 어렵다. 나아가 확성장치의 출력수나 사용시간을 규제하는 입법은 확성장치사용 자체를 제한하는 방안과 동등하거나 유사한 효과가 있다고 볼 수도 없다. 확성장치사용 금지조항은 침해의 최소성에 어긋나지 않는다.

○ 선거운동 과정에서 확성장치 사용으로 인한 소음을 규제하여 국민의 건강하고 쾌적한 환경에서 생활할 권리를 보호한다는 공익은 확성장치의 사용을 제한함으로써 제한받는 정치적 표현의 자유보다 작다고 할 수 없다. 확성장치사용 금지조항은 법익의 균형성에도 반하지 않는다.

○ 그렇다면 확성장치사용 금지조항은 과잉금지원칙에 반하여 정치적 표현의 자유를 침해하지 않는다.

THEME

08 정당의 자유와 정당제도

90

등록을 정당의 설립요건으로 정한 정당법 제4조 제1항(정당등록조항), 정당법상 등록된 정당이 아니면 정당이라는 명칭을 사용하지 못하게 하는 정당법 제41조 제1항 및 제59조 제2항 중 제41조 제1항에 관한 부분(정당명칭사용금지조항), 정당은 수도 소재 중앙당과 5 이상의 시 · 도당을 갖추어야 한다고 정한 정당법 제3조, 제4조 제2항 중 제17조에 관한 부분, 제17조(전국정당조항), 시 · 도당은 1천인 이상의 당원을 가져야 한다고 정한 정당법 제4조 제2항 중 제18조에 관한 부분 및 제18조(법정당원수조항)에 대하여 합헌 및 기각결정을 선고하였다.(헌재 2023.9.26. 2021헌가23) [합헌, 기각]

[정당등록, 정당명칭사용금지, 지역정당, 법정당원수에 대한 정당법 사건]

91

안성시시설관리공단의 상근직원이 당원이 아닌 자에게도 투표권을 부여하는 당내경선에서 경선운동을 할 수 없도록 하고 이를 위반할 경우 처벌하는 공직선거법 제57조의6 제1항 본문의 '제60조 제1항 제5호 중 제53조 제1항 제6호 가운데 지방공기업법 제2조에 규정된 지방공단인 안성시시설관리공단의 상근직원'에 관한 부분 및 같은 법 제255조 제1항 제1호 중 위 해당부분은 헌법에 위반된다.(헌재 2022.12.22. 2021헌가36) [위헌]

[지방공단 상근직원의 경선운동 금지 사건]

○ 심판대상조항이 '당원이 아닌 자'에게도 투표권을 부여하여 실시하는 당내경선에서 안성시시설관리공단의 상근직원에 대하여 경선운동을 금지하고 그 위반행위를 처벌하는 것은 당내경선의 형평성과 공정성을 확보하기 위한 것으로 정당한 목적 달성을 위한 적합한 수단이다.

○ 설령 위와 같은 공직선거법 규정들만으로 당내경선의 형평성과 공정성을 확보하기 부족하더라도, 안성시시설관리공단의 상근직원이 그 지위를 이용하여 경선운동을 하는 행위를 금지 · 처벌하는 규정을 두는 것은 별론으로 하고, 당원이 아닌 자에게도 투표권을 부여하여 실시하는 당내경선에서 안성시시설관리공단 상근직원의 경선운동을 일률적으로 금지 · 처벌하는 것은 정치적 표현의 자유를 과도하게 제한하는 것이다. 따라서 심판대상조항은 침해의 최소성에 위반된다.

○ 이처럼 심판대상조항이 정치적 표현의 자유를 중대하게 제한하는 반면, 당내경선의 형평성과 공정성의 확보라는 공익에 기여하는 바가 크다고 보기 어렵다. 따라서 심판대상조항은 법익의 균형성을 충족하지 못하였다.

○ 심판대상조항은 과잉금지원칙에 반하여 정치적 표현의 자유를 침해한다.

92

정당의 중앙당은 수도에 소재하도록 규정한 정당법 제3조 중 '수도에 소재하는 중앙당'에 관한 부분 및 정당법상 정당의 당원이 될 수 없는 공무원과 사립학교의 교원은 후원회의 회원이 될 수 없다고 규정한 구 정치자금법 제8조 제1항 단서 중 '정당법 제22조 제1항의 규정에 의하여 정당의 당원이 될 수 없는 자'에 관한 부분에 대한 청구를 각하하고,[각하] (2) 정당의 시 · 도당은 1천인 이상의 당원을 가져야 한다고 규정한 정당법 제18조 제1항은 정당의 자유를 침해하지 않는다.[기각] (헌재 2022.11.24. 2010헌마446)

THEME

09 공무담임권과 직업공무원제도

93

국가공무원법 제33조 제6호의4 나목 중 구 아동 · 청소년의 성보호에 관한 법률 제11조 제5항 가운데 '아동 · 청소년이용음란물임을 알면서 이를 소지한 죄로 형을 선고받아 그 형이 확정된 사람은 국가공무원법 제2조 제2항 제1호의 일반직공무원으로 임용될 수 없도록 한 것'에 관한 부분 및 지방공무원법 제31조 제6호의4 나목 중 구 아동 · 청소년의 성보호에 관한 법률 제11조 제5항 가운데 '아동 · 청소년이용음란물임을 알면서 이를 소지한 죄로 형을 선고받아 그 형이 확정된 사람은 지방공무원법 제2조 제2항 제1호의 일반직공무원으로 임용될 수 없도록 한 것'에 관한 부분은 모두 헌법에 합치되지 아니한다.(헌재 2023. 6.29. 2020헌마1605) [헌법불합치]

[아동·청소년이용음란물소지죄로 형이 확정된 자에 대한 공무원 결격사유 사건]

○ 심판대상조항은 아동·청소년과 관련이 없는 직무를 포함하여 모든 일반직공무원에 임용될 수 없도록 하므로, 제한의 범위가 지나치게 넓고 포괄적이다. 또한, 심판대상조항은 영구적으로 임용을 제한하고, 결격사유가 해소될 수 있는 어떠한 가능성도 인정하지 않는다. 그런데 아동·청소년이용음란물소지죄로 형을 선고받은 경우라고 하여도 범죄의 종류, 죄질 등은 다양하므로, 개별 범죄의 비난가능성 및 재범 위험성 등을 고려하여 상당한 기간 동안 임용을 제한하는 덜 침해적인 방법으로도 입법목적을 충분히 달성할 수 있다. 따라서 심판대상조항은 과잉금지원칙에 위배되어 청구인들의 공무담임권을 침해한다.

○ 다만, 이 조항들의 위헌성을 해소하는 구체적인 방법은 입법자가 논의를 거쳐 결정해야 할 사항이므로 이 조항들에 대하여 헌법불합치 결정을 선고하되 2024. 5. 31.을 시한으로 입법자가 개정할 때까지 계속 적용을 명하기로 한다.

94

국가공무원이 피성년후견인이 된 경우 당연퇴직되도록 한 구 국가공무원법 제69조 제1호 중 제33조 제1호 가운데 '피성년후견인'에 관한 부분, 구 국가공무원법 제69조 제1항 중 제33조 제1호 가운데 '피성년후견인'에 관한 부분 및 국가공무원법 제69조 제1항 중 제33조 제1호에 관한 부분은 모두 헌법에 위반된다.

(헌재 2022.12.22. 2020헌가8) [위헌]

[피성년후견인 국가공무원 당연퇴직 사건]

1. 제한되는 기본권

   ○ 심판대상조항은 피성년후견인을 당연퇴직사유로 규정하여 공무원의 신분을 박탈하고 있으므로, 공무담임권을 제한한다.

2. 과잉금지원칙 위반 여부(적극)

○ 심판대상조항은 직무수행의 하자를 방지하고 국가공무원제도에 대한 국민의 신뢰를 보호하기 위한 것으로서, 그 입법목적이 정당하다. 이러한 목적을 달성하기 위해 정신적 제약으로 사무를 처리할 능력이 지속적으로 결여되어 성년후견이 개시된 국가공무원을 개시일자로 퇴직시키는 것은, 수단의 적합성도 인정된다.

○ 현행 국가공무원법은 정신상의 장애로 직무를 감당할 수 없는 국가공무원에 대하여 임용권자가 최대 2년(공무상 질병 또는 부상은 최대 3년)의 범위 내에서 휴직을 명하도록 하고(제71조 제1항 제1호, 제72조 제1호), 휴직 기간이 끝났음에도 직무에 복귀하지 못하거나 직무를 감당할 수 없게 된 때에 비로소 직권면직 절차를 통하여 직을 박탈하도록 하고 있다(제70조 제1항 제4호). 위 조항들을 성년후견이 개시된 국가공무원에게 적용하더라도 심판대상조항의 입법목적을 달성할 수 있다. 이러한 대안에 의할 경우 국가공무원이 피성년후견인이 되었다 하더라도 곧바로 당연퇴직되는 대신 휴직을 통한 회복의 기회를 부여받을 수 있고, 이러한 절차적 보장에 별도의 조직이나 시간 등 공적 자원이 필요한 것도 아니다.
결국 심판대상조항과 같은 정도로 입법목적을 달성하면서도 공무담임권의 침해를 최소화할 수 있는 대안이 있으므로, 심판대상조항은 침해의 최소성에 반한다.

○ 결국 심판대상조항은 과잉금지원칙에 반하여 공무담임권을 침해한다.

95

국가공무원법 제33조 제6호의4 나목 중 아동복지법 제17조 제2호 가운데 '아동에게 성적 수치심을 주는 성희롱 등의 성적 학대행위로 형을 선고받아 그 형이 확정된 사람은 국가공무원법 제2조 제2항 제1호의 일반직공무원으로 임용될 수 없도록 한 것'에 관한 부분 및 군인사법 제10조 제2항 제6호의4 나목 중 아동복지법 제17조 제2호 가운데 '아동에게 성적 수치심을 주는 성희롱 등의 성적 학대행위로 형을 선고받아 그 형이 확정된 사람은 부사관으로 임용될 수 없도록 한 것'에 관한 부분은 헌법에 합치되지 아니한다.

(헌재 2022.11.24. 2020헌마1181) [헌법불합치]

● 공무담임권 침해 여부(적극)

○ 심판대상조항은 공직에 대한 국민의 신뢰를 확보하고 아동의 건강과 안전을 보호하기 위한 것으로서, 그 입법목적이 정당하다. 아동에 대한 성희롱 등의 성적 학대행위로 인하여 형을 선고받아 확정된 사람을 공직에 진입할 수 없도록 하는 것은 위와 같은 입법목적 달성에 기여할 수 있으므로, 수단의 적합성도 인정된다.

○ 그러나 심판대상조항은 아동과 관련이 없는 직무를 포함하여 모든 일반직공무원 및 부사관에 임용될 수 없도록 한다. 또한, 심판대상조항은 영구적으로 임용을 제한하고, 아무리 오랜 시간이 경과하더라도 결격사유가 해소될 수 있는 어떠한 가능성도 인정하지 않는다. 아동에 대한 성희롱 등의 성적 학대행위로 형을 선고받은 경우라고 하여도 범죄의 종류, 죄질 등은 다양하므로, 개별 범죄의 비난가능성 및 재범 위험성 등을 고려하여 상당한 기간 동안 임용을 제한하는 덜 침해적인 방법으로도 입법목적을 충분히 달성할 수 있다.

○ 따라서 심판대상조항은 과잉금지원칙에 위반되어 청구인의 공무담임권을 침해한다.

96

① 공무원이 징계처분을 받은 경우 대통령령등으로 정하는 기간 동안 승진임용 및 승급을 제한하는 국가공무원법 제80조 제6항 본문은 포괄위임금지원칙에 위반되지 않는다. ② 공무원이 감봉처분을 받은 경우 12월간 승진임용을 제한하는 이 사건 법률조항 중 '승진임용'에 관한 부분 및 공무원임용령 제32조 제1항 제2호 나목은 공무담임권을 침해하지 않는다. ③ 공무원이 감봉처분을 받은 경우 12월간 승급을 제한하는 이 사건 법률조항 중 '승급'에 관한 부분 및 공무원보수규정 제14조 제1항 제2호 나목, 정근수당을 지급하지 않는 '공무원수당 등에 관한 규정' 제7조 제2항 중 '감봉처분을 받은 공무원'에 관한 부분은 재산권을 침해하지 않는다.(헌재 2022.3.31. 2020헌마211)

[국가공무원법 제80조 제6항 등 위헌확인]

이 사건 법률조항의 문언상 의미와 입법취지 및 관련 조항 전체를 유기적·체계적으로 종합하여 고려하면, 이 사건 법률조항의 위임을 받은 대통령령등에는 강등·정직·감봉·견책이라는 징계의 종류 또는 징계사유에 따라 개별 징계처분의 취지를 담보할 정도의 승진임용 또는 승급 제한기간이 규정될 것을 예측할 수 있다. 위 조항은 포괄위임금지원칙에 위배된다고 할 수 없다.

10 재판청구권

97

상속개시 후 인지에 의하여 공동상속인이 된 자가 다른 공동상속인에 대해 그 상속분에 상당한 가액의 지급에 관한 청구권(상속분가액지급청구권)을 행사하는 경우에도 상속회복청구권에 관한 10년의 제척기간을 적용하도록 한 민법 조항은 청구인의 재산권과 재판청구권을 침해하여 헌법에 위반된다.(헌재 2024. 6.27. 2021헌마1588) [위헌]

심판대상조항은 상속개시 후 인지 또는 재판확정에 의하여 공동상속인이 된 자가 상속분가액지급청구권을 행사할 경우 그 기간을 '상속권의 침해행위가 있은 날부터 10년'으로 한정하고 그 후에는 상속분가액지급청구의 소를 제기할 수 없도록 하고 있으므로, 청구인의 재산권과 재판청구권을 제한한다.

재산권의 내용과 한계 및 재판청구권의 실현은 형식적 의미의 법률에 의한 구체적 형성이 불가피하므로 원칙적으로 입법형성의 자유에 속한다. 다만, 헌법이 재산권 및 재판청구권을 법률로 구체화하도록 정하고 있더라도(헌법 제23조 제1항, 제27조 제1항), 입법자가 이를 행사할 수 있는 형식적 권리나 이론적 가능성만을 제공할 뿐 권리구제의 실효성을 보장하지 않는다면 재산권 및 재판청구권의 보장은 사실상 무의미할 수 있으므로, 재산권 및 재판청구권에 관한 입법은 단지 형식적인 권리나 이론적인 가능성만을 허용해서는 아니되고, 권리구제의 실효성을 상당한 정도로 보장해야 한다.

그런데 민법 제999조 제2항의 제척기간은 상속분가액지급청구권에서 제3취득자의 거래 안전과는 무관한 것이므로, 결국 '기존의 공동상속인과 추가된 공동상속인' 사이의 권리의무관계를 조속히 안정시킨다는 기능만 수행한다.

이때 '침해를 안 날'은 인지 또는 재판이 확정된 날을 의미하므로, 그로부터 3년의 제척기간은 공동상속인의 권리구제를 실효성 있게 보장하는 것으로 합리적 이유가 있다. 그러나 '침해행위가 있은 날'(상속재산의 분할 또는 처분일)부터 10년 후에 인지 또는 재판이 확정된 경우에도 추가된 공동상속인이 상속분가액지급청구권을 원천적으로 행사할 수 없도록 하는 것은 '가액반환의 방식'이라는 우회적·절충적 형태를 통해서라도 인지된 자의 상속권을 뒤늦게나마 보상해 주겠다는 입법취지에 반하며, 추가된 공동상속인의 권리구제 실효성을 완전히 박탈하는 결과를 초래한다.

결국 상속개시 후 인지 또는 재판의 확정에 의하여 공동상속인이 된 자의 상속분가액지급청구권의 경우에도 '침해행위가 있은 날부터 10년'의 제척기간을 정하고 있는 것은, 법적 안정성만을 지나치게 중시한 나머지 사후에 공동상속인이 된 자의 권리구제 실효성을 외면하는 것이므로, 심판대상조항은 입법형성의 한계를 일탈하여 청구인의 재산권 및 재판청구권을 침해한다.

98

군사법원 피고인의 비용보상청구권의 제척기간을 '무죄판결이 확정된 날부터 6개월'로 정한 구 군사법원법 제227조의12 제2항은 헌법에 위반된다.(헌재 2023.8.31. 2020헌바252) [위헌]

[군사법원법상 비용보상청구권의 제척기간 사건]

1. 재판관 유남석, 김기영, 문형배, 이미선의 위헌의견 과잉금지원칙 위반 여부: ○
   ○ 심판대상조항이 단기의 제척기간을 두어 보호하고자 하는 공익은 국가재정의 합리적 운영이다. 그런데 2014. 12. 30. 개정된 형사소송법이 비용보상청구권의 제척기간을 종전 '무죄판결이 확정된 날부터 6개월'에서 '무죄판결이 확정된 사실을 안 날부터 3년, 무죄판결이 확정된 때부터 5년'으로 개정하였으나, 이후 국가재정의 합리적인 운영이 저해되었다는 사정은 보이지 않는다. 따라서 심판대상조항의 제척기간을 합리적인 범위 내에서 장기로 규정하여도 국가재정의 합리적 운영을 저해하거나 그러한 위험을 초래한다고 볼 수 없다.
   ○ 따라서 심판대상조항은 과잉금지원칙을 위반하여 비용보상청구권자의 재판청구권과 재산권을 침해한다.
2. 재판관 이은애, 이종석, 이영진, 정정미의 위헌의견
   가. 과잉금지원칙 위반 여부: ×
      ○ 심판대상조항은 무죄판결을 받아 비용보상청구권을 갖게 된 피고인이 군사법원법의 적용을 받는 자라는 차이가 있을 뿐, 위 구 형사소송법 조항과 그 내용이 동일한바, 이 사건에서 선례와 달리 판단할 만한 사정변경이나 이유를 찾기 어렵다.
   나. 평등원칙 위반 여부: ○
      ○ 형사소송법상 비용보상청구권의 제척기간은 종전 '무죄판결이 확정된 날부터 6개월'에서 2014. 12. 30. 법률이 개정되면서 '무죄판결이 확정된 사실을 안 날부터 3년, 무죄판결이 확정된 때부터 5년'으로 개정된 반면, 군사법원법상 비용보상청구권의 제척기간은 심판대상조항에서 '무죄판결이 확정된 날부터 6개월'로 정하고 있다가, 청구인이 이 사건 심판청구를 한 후에야 2020. 6. 9. 법률이 개정되어 '무죄판결이 확정된 사실을 안 날부터 3년, 무죄판결이 확정된 날부터 5년'으로 개정되었다.
      ○ 그런데 군사법원법이 적용되는 비용보상청구권자의 경우 비용보상에 관한 국가의 채무관계를 일찍 확정하여 국가재정을 합리적으로 운영해야 할 필요성이 더욱 요청된다고 보기 어렵고, 군사재판의 특수성이 적용될 영역도 아니므로, 양자를 달리 취급함에 있어서 객관적으로 납득할 만한 합리적인 이유를 찾아볼 수 없다.
      ○ 따라서 심판대상조항은 군사법원법의 적용을 받는 비용보상청구권자를 형사소송법의 적용을 받는 비용보상청구권자에 비하여 자의적으로 다르게 취급하고 있으므로 평등원칙에 위반된다.

99

'교원, 사립학교법 제2조에 따른 학교법인 등 당사자'의 범위에 포함되지 않는 공공단체인 한국과학기술원의 총장이 교원소청심사결정에 대하여 행정소송을 제기할 수 없도록 규정한 구 '교원의 지위 향상 및 교육활동 보호를 위한 특별법' 제10조 제3항 및 공공단체를 명시적으로 행정소송 제기권자의 범위에서 제외한다고 규정하여 공공단체인 한국과학기술원의 총장 및 공공단체인 광주과학기술원이 교원소청심사결정에 대하여 행정소송을 제기할 수 없도록 규정한 '교원의 지위 향상 및 교육활동 보호를 위한 특별법' 제10조 제4항은 한국과학기술원 총장 또는 광주과학기술원의 재판청구권을 침해하지 아니하여 헌법에 위반되지 아니한다.(헌재 2022.10.27. 2019헌바117) [합헌]

100

구 □□ 주식회사가 제조하고 △△ 주식회사가 판매하였던 가습기살균제 제품인 '○○'의 표시 · 광고에 관한 사건처리에 있어서, 피청구인이 이 사건 제품 관련 인터넷 신문기사 3건을 심사대상에서 제외한 행위는 청구인의 평등권과 재판절차진술권을 침해한다.(헌재 2022.9.29. 2016헌마773)

신문기사 형식이라는 이유만으로 광고가 아니라고 단정할 수 없고, △△이 이 사건 제품 관련 보도자료를 배포한 사실 등이 있으므로 그 의사에 기하여 위 기사들이 작성되었을 정황이 존재하며, 위 기사들은 최근까지 검색될 뿐만 아니라 2017년 10월경에도 이 사건 제품이 판매 목적으로 진열되어 있었던 사정이 있으므로 공소시효와 처분시효가 아직 만료되지 않았다고 판단될 여지가 남아있다. 따라서 피청구인이 위 기사들을 심사대상에서 제외한 사유들은 모두 수긍하기 어렵다.

나아가 위 기사들 중에는 이 사건 제품이 '인체에 안전'하다는 내용이 기재된 것도 있어 '거짓 · 과장의 광고'에 해당하는지 여부가 문제되는데, 표시광고법상 그 내용이 진실임을 입증할 책임은 사업자에게 있으므로 피청구인이 위 기사들을 대상으로 심사절차를 진행하여 심의절차까지 나아갔더라면 이 사건 제품의 인체 안전성이 입증되지 못하였다는 이유로 고발 및 행정처분 등이 이루어졌을 가능성이 있다. 특히 표시광고법위반죄는 피청구인에게 전속고발권이 있어 피청구인의 고발이 없으면 공소제기가 불가능한바, 피청구인이 위 기사들을 심사대상에서 제외한 것은 청구인의 재판절차진술권 행사를 원천적으로 봉쇄하는 결과를 낳는 것이었다. 결국 피청구인이 위 기사들을 심사대상에서 제외한 행위로 인하여, 청구인의 평등권과 재판절차진술권이 침해되었다.

THEME

11 인간다운 생활을 할 권리

101

유자녀 생활자금 대출금의 상환의무를 대출신청자(법정대리인) 아닌 유자녀에게 부과하는 구 '자동차손해배상 보장법 시행령' 제18조 제1항 제2호에 대한 심판청구를 기각한다.(헌재 2024.4.25. 2021헌마473) [기각]

> [심판대상조항]
> **구 자동차손해배상 보장법 시행령(1999. 6. 30. 대통령령 제16463호로 전부개정되고, 2000. 12. 27. 대통령령 제17029호로 개정되기 전의 것) 제18조(지원의 기준 및 금액)** ① 법 제26조 제2항의 규정에 의한 정부지원의 기준은 다음 각호와 같다.
> 2. 유자녀의 경우에는 생계유지 및 학업을 위한 자금의 대출 또는 장학금의 지급

[미성년자에 대한 생활자금 대출상환의무 부과 사건]

● 이 사건에서는 친권자 또는 후견인(법정대리인)의 대출 신청으로 인하여 아동이 자신 명의의 계좌로 대출금을 지급받은 대신 성인이 된 30세 이후, 자신이 신청하는데 관여하지 않은 대출의 상환의무를 부담하는 것이 문제되었다.

● 아동으로서의 인간다운 생활을 할 권리 침해 여부 - 소극

○ 국가는 헌법 제36조 제1항, 제34조 제4항에 따라 가족생활을 보장하고, 청소년의 복지향상을 위한 정책을 실시할 의무를 진다. 유자녀는 18세 미만의 자로서 우리나라가 비준한 '아동의 권리에 관한 협약' 및 아동복지법에서 정의하는 '아동'에 속하는 집단이고, 국가가 아동에 관한 복지정책을 실시할 때에는 아동의 이익을 최우선적으로 고려하여야 한다는 입법형성권의 한계가 존재한다.

○ 이를 비롯하여 유자녀에 대한 적기의 경제적 지원 목적 달성 및 자동차 피해지원사업의 지속가능성 확보의 중요성, 대출 신청자의 이해충돌행위에 대한 민법상 부당이득반환청구 등 각종 일반적 구제수단의 존재 등을 고려하면, 심판대상조항이 청구인 강ㅁㅁ의 아동으로서의 인간다운 생활을 할 권리를 침해하였다고 보기 어렵다.

102

공무원에게 재해보상을 위하여 실시되는 급여의 종류로 일반 근로자에 대한 산업재해보상보험법과 달리 휴업급여 또는 상병보상연금 규정을 두고 있지 않은 '공무원 재해보상법' 제8조는 헌법에 위반되지 않는다.
(헌재 2024.2.28. 2020헌마1587) [기각]

- 공무원 재해보상제도는 공무원과 그 가족의 생존권 확보를 목표로 공무상 재해를 입은 공무원의 퇴직 후까지도 보상을 실시하도록 하는 등, 개별 근로관계 안에서 재직 중인 근로자를 전제로 하는 근로조건의 규율 문제보다 더욱 넓은 차원인 사회보장제도 차원의 문제에 속하므로, 이 사건에서는 인간다운 생활을 할 권리의 침해 여부를 판단한다. 심판대상조항에서 휴업급여 내지 상병보상연금을 두지 않았다 하여 공무원에 대한 생계보장이 현저히 불합리하여 인간다운 생활을 할 권리를 침해할 정도에 이르렀다고 할 수는 없다.
- 심판대상조항은 청구인의 평등권을 침해하지 아니한다.

THEME

12 교육을 받을 권리와 교육제도

103

구 사립학교법 제29조 제2항 중 '교비회계의 세입 · 세출에 관한 사항은 대통령령으로 정하되' 부분과, 교비회계의 전용을 금지하는 구 사립학교법 제29조 제6항 본문 및 교비회계 전용 금지 규정을 위반하는 경우 처벌하는 구 사립학교법 제73조의2는 헌법에 위반되지 아니한다.(헌재 2023.8.31. 2021헌바180) [합헌] [사립학교 교비회계 전용 금지 사건]

'교비회계의 세출' 항목은 학교의 운영이나 교육과 관련하여 지출하는 비용 등이 됨을 충분히 예측할 수 있다는 점에서, 이 사건 위임조항은 포괄위임금지원칙에 위반되지 아니한다.

사립학교법은 교비회계에 속하는 수입이나 재산을 다른 회계에 전출하거나 대여할 수 있는 예외적인 규정을 두고 있으며, 법원은 개별 사안에서 그 지출이 당해 학교의 교육에 직접 필요한 경비인지 여부를 결정함으로써 구체적인 타당성을 도모하고 있는 점 등을 종합하면, 이 사건 금지조항과 처벌조항은 사립학교 운영의 자유를 침해하지 아니한다.

THEME

13 근로3권

104

복수 노동조합이 구성된 경우 교섭대표노동조합을 통해 교섭하도록 하고 일정 기간 내에 자율적으로 교섭대표노동조합을 정하지 못할 경우 과반수 노동조합이 교섭대표노동조합이 되며, 교섭대표노동조합만이 쟁의행위를 주도할 수 있도록 규정한 노동조합 및 노동관계조정법 제29조 제2항, 구 노동조합 및 노동관계조정법 제29조의2 제1항 본문, 제3항, 제29조의5 중 제37조 제2항에 관한 부분, 노동조합 및 노동관계조정법 제29조의2 제1항 본문, 제4항, 제29조의5 중 제37조 제2항에 관한 부분은 헌법에 위반되지 않는다.
(헌재 2024.6.27. 2020헌마237) [합헌]

하나의 사업 또는 사업장에 복수 노동조합이 존재하는 경우 '교섭대표노동조합'을 정하여 교섭을 요구하도록 하는 조항인 2010년 개정법 제29조 제2항, 구법 및 현행법 제29조의2 제1항 본문(이하 '제1조항'이라 한다)과, 자율적으로 교섭창구를 단일화하지 못하거나 사용자가 단일화 절차를 거치지 아니하기로 동의하지 않은 경우 과반수 노동조합이 '교섭대표노동조합'이 되도록 하는 조항인 구법 제29조의2 제3항, 현행법 제29조의2 제4항(이하 '제2조항'이라 한다)이 과잉금지원칙을 위반하여 청구인들의 단체교섭권을 침해하는지 여부 및 단체교섭권의 본질적 내용을 침해하는지 여부를 살펴보고, '교섭대표노동조합'에 의하여 주도되지 아니한 쟁의행위를 금지하는 조항인 구법 및 현행법 제29조의5 중 제37조 제2항에 관한 부분(이하 '제3조항'이라 한다)이 과잉금지원칙을 위반하여 청구인들의 단체행동권을 침해하는지 여부가 문제된다.

105

특수경비원의 '파업 · 태업 그 밖에 경비업무의 정상적인 운영을 저해하는 일체의 쟁의행위'를 금지하는 경비업법 제15조 제3항은 헌법에 위반되지 않는다.(헌재 2023.3.23. 2019헌마937) [기각]
[특수경비원의 일체의 쟁의행위 금지 사건]

청구인들은 심판대상조항이 평등권을 침해한다고 주장하나, 이는 심판대상조항이 과잉금지원칙을 위반하여 단체행동권을 침해한다는 주장과 다르지 않으므로 평등권 침해 여부에 대해서도 별도로 판단하지 않는다.
심판대상조항으로 인하여 특수경비원은 단체행동권 중 파업·태업 그 밖에 경비업무의 정상적인 운영을 저해하는 일체의 쟁의행위가 제한되나, 이로써 받는 불이익이 국가나 사회의 중추를 이루는 중요시설 운영에 안정을 기함으로써 얻게 되는 국가안전보장, 질서유지, 공공복리 등의 공익보다 중대한 것이라고 볼 수 없다. 따라서 심판대상조항은 법익의 균형성 요건도 갖추었다. 그러므로 심판대상조항은 과잉금지원칙에 위배되어 청구인들의 단체행동권을 침해하지 아니한다.

THEME

14 환경권

106

학교시설의 유해중금속 등 유해물질의 예방 및 관리 기준으로서 운동장 바닥재 중 인조잔디 및 탄성포장재(우레탄)에 대해서만 품질기준 및 주기적 점검 · 조치 의무를 규정하고 마사토 운동장에 대해서는 별다른 규정을 두지 아니한 학교보건법 시행규칙 제3조 제1항 제1호의2 [별표 2의2] 제1호 및 제2호에 대한 심판청구를 기각한다.(헌재 2024.4.25. 2020헌마107) [기각]

[학교의 마사토 운동장에 대한 유해중금속 등 유해물질의 유지·관리 기준 부재 사건]

○ 국가는 국민의 건강하고 쾌적한 환경에서 생활할 권리를 보호할 의무를 진다. 그러나 이를 입법자가 어떻게 실현하여야 할 것인가 하는 문제는 원칙적으로 권력분립과 민주주의의 원칙에 따라 입법자의 책임범위에 속한다. 따라서 국가가 국민의 건강하고 쾌적한 환경에서 생활할 권리에 관한 보호의무를 다하지 않았는지를 헌법재판소가 심사할 때에는 국가가 이를 보호하기 위하여 적어도 적절하고 효율적인 최소한의 보호조치를 취하였는가 하는 이른바 '과소보호금지원칙'의 위반 여부를 기준으로 삼아야 한다.

○ 지속적으로 유해중금속 등의 검출 문제가 제기되었던 인조잔디 및 탄성포장재와 천연소재인 마사토가 반드시 동일한 수준의 유해중금속 등 관리 기준으로써 규율되어야 한다고 보기는 어렵다. 청구인은 운동장 설치 과정에서의 오염물질 혼입 또는 외기로부터의 유해물질 유입 가능성을 주장하기도 하였으나, 이는 마사토의 속성에 기인한 것이라기보다는 운동장 설치 공정상의 하자나 외부적 오염원에 의한 것이다. 이러한 위험은 설치 공정에 대한 민·형사상 제재와 외부적 오염원에 대한 개별 규제 등을 통하여 우선적으로 규율되어야 할 문제이며, 반드시 학교보건법령상의 규정으로써 이와 같이 학교 운동장에 생길 수 있는 모든 형태의 위험에 대비하여야 할 국가의 의무를 상정하기는 어렵다.

○ 법령이나 지침, 조례 등을 통해 마사토 운동장에 대한 유해중금속 등의 관리가 이루어지고 있는 점을 고려하면, 심판대상조항에 마사토 운동장에 관한 기준이 도입되지 않았다는 사정만으로 국민의 환경권을 보호하기 위한 국가의 의무가 과소하게 이행되었다고 평가할 수는 없다. 따라서 심판대상조항은 청구인의 환경권을 침해하지 아니한다.

15 혼인 · 가족 · 모성보호 · 보건에 관한 권리

107

'혼인 중 여자와 남편 아닌 남자 사이에서 출생한 자녀에 대한 생부의 출생신고'를 허용하는 규정을 두지 아니한 '가족관계의 등록 등에 관한 법률' 제46조 제2항, '가족관계의 등록 등에 관한 법률' 제57조 제1항, 제2항은 모두 헌법에 합치되지 아니한다.(헌재 2023.3.23. 2021헌마975) [잠정적용 헌법불합치]

['혼인 중 여자와 남편 아닌 남자 사이에서 출생한 자녀'에 대한 출생신고 사건]

[1] 태어난 즉시 '출생등록될 권리'는 기본권이다.

– 태어난 즉시 '출생등록될 권리'는 '출생 후 아동이 보호를 받을 수 있을 최대한 빠른 시점'에 아동의 출생과 관련된 기본적인 정보를 국가가 관리할 수 있도록 등록할 권리로서, 아동이 사람으로서 인격을 자유로이 발현하고, 부모와 가족 등의 보호 하에 건강한 성장과 발달을 할 수 있도록 최소한의 보호장치를 마련하도록 요구할 수 있는 권리이다. 이는 헌법 제10조의 인간의 존엄과 가치 및 행복추구권으로부터 도출되는 일반적 인격권을 실현하기 위한 기본적인 전제로서 헌법 제10조뿐만 아니라, 헌법 제34조 제1항의 인간다운 생활을 할 권리, 헌법 제36조 제1항의 가족생활의 보장, 헌법 제34조 제4항의 국가의 청소년 복지향상을 위한 정책실시의무 등에도 근거가 있다. 이와 같은 태어난 즉시 '출생등록될 권리'는 앞서 언급한 기본권 등의 어느 하나에 완전히 포섭되지 않으며, 이들을 이념적 기초로 하는 헌법에 명시되지 아니한 독자적 기본권으로서, 자유로운 인격실현을 보장하는 자유권적 성격과 아동의 건강한 성장과 발달을 보장하는 사회적 기본권의 성격을 함께 지닌다.

[2] 혼인 외 출생자인 청구인들의 태어난 즉시 '출생등록될 권리'를 침해한다.

– 혼인 중인 여자와 남편이 아닌 남자 사이에서 출생한 자녀의 경우, 혼인 중인 여자와 그 남편이 출생신고의 의무자에 해당한다.(가족관계등록법 제46조 제1항) 생부는 모의 남편의 친생자로 추정되는 자신의 혼인 외 자녀에 대하여 곧바로 인지의 효력이 있는 친생자출생신고를 할 수 없다. 그런데 모가 장기간 남편 아닌 남자와 살면서 혼인 외 자녀의 출생신고를 한다는 것은 자신이 아직 혼인관계가 해소되지 않은 상황에서 부정한 행위를 하였다는 점을 자백하는 것이고, 혼인 외 출생한 자녀가 모의 남편의 자녀로 추정됨으로써 남편이 자신의 가족관계등록부를 통하여 쉽게 아내의 부정한 행위를 확인할 수 있다는 점에서 모가 신고의무를 이행할 것이라는 점이 담보되지 않는다.

– 혼인 중 여자가 남편 아닌 남자와의 사이에서 출생한 자녀의 경우 출생신고가 현저히 곤란한 상황이 발생함에 따라 사회보험, 사회보장 수급을 제대로 받지 못하고, 주민등록이나 신분확인이 필요한 거래를 하기도 어려우며, 상대적으로 학대당하거나 유기되기 쉽고, 범죄의 표적이 될 가능성이 높다. 이처럼 출생등록이 혼인 외 출생자의 인격 형성 및 부모와 가족 등의 보호 하에 건강한 성장과 발달에 미치는 영향은 매우 크다.

– 따라서 심판대상조항들은 입법형성권의 한계를 넘어서서 실효적으로 출생등록될 권리를 보장하고 있다고 볼 수 없으므로, 혼인 중 여자와 남편 아닌 남자 사이에서 출생한 자녀에 해당하는 혼인 외 출생자인 청구인들의 태어난 즉시 '출생등록될 권리'를 침해한다.

[3] 심판대상조항들이 생부인 청구인들의 평등권을 침해하는 것은 아니다.

－심판대상조항들은 혼인 외 출생자에 대한 출생신고의무자와 적격자를 규정함에 있어서, 혼인 중인 여자와 남편 아닌 남자 사이에서 출생한 자녀의 경우, 남편 아닌 남자인 생부가 자신의 혼인 외 자녀에 대해서 출생신고를 허용하도록 규정하지 아니하였다. 특히 이 사건 출생신고의무자조항이 혼인 외 출생자의 출생신고의무자를 모로 한정한 것은, 모는 출산으로 인하여 그 출생자와 혈연관계가 형성되는 반면에, 생부는 그 출생자와의 혈연관계에 대한 확인이 필요할 수도 있고, 그 출생자의 출생사실을 모를 수도 있다는 점에 있다. 이에 가족관계등록부는 모를 중심으로 출생신고를 규정하고, 모가 혼인 중일 경우에 그 출생자는 모의 남편의 자녀로 추정하도록 한 민법의 체계에 따르도록 규정하고 있다. 따라서 심판대상조항들이 혼인 외 출생자의 신고의무를 모에게만 부과하고, 남편 아닌 남자인 생부에게 자신의 혼인 외 자녀에 대해서 출생신고를 할 수 있도록 규정하지 아니한 것은 합리적인 이유가 있다. 그렇다면, 심판대상조항들은 생부인 청구인들의 평등권을 침해하지 않는다. 생부인 청구인들의 위 법률조항들에 대한 심판청구는 기각한다.

108

입양신고 시 신고사건 본인이 시 · 읍 · 면에 출석하지 아니하는 경우에는 신고사건 본인의 주민등록증 · 운전면허증 · 여권, 그 밖에 대법원규칙으로 정하는 신분증명서를 제시하도록 한 가족관계의 등록 등에 관한 법률 제23조 제2항은 헌법에 위반되지 않는다.(헌재 2022.11.24. 2019헌바108) [합헌]

○ 입법자는 입양을 통한 가족관계 형성에 관하여 입법을 함에 있어서, 입양을 하고자 하는 당사자가 적극적으로 가족관계를 형성할 자유와 원하지 않는 가족관계를 형성하지 아니할 자유가 균형을 이루도록 하여야 한다. 이러한 점에서 입법자는 넓은 입법형성권을 가진다고 할 것이다.

○ 이 사건 법률조항은 입양의 당사자가 출석하지 않아도 입양신고를 하여 가족관계를 형성할 수 있는 자유를 보장하면서도, 출석하지 아니한 당사자의 신분증명서를 제시하도록 하여 입양당사자의 신고의사의 진실성을 담보하기 위한 조항이다.

2024 윤우혁 헌법

최신판례 및 최신판례모의고사

PART

03

통치구조론

[내용편]

01 국회의 운영과 의사절차

01

① 피청구인 국회 법제사법위원회 위원장이 2022.4.27. 제395회 국회(임시회) 제4차 법제사법위원회 전체회의에서 검찰청법 일부개정법률안(대안)과 형사소송법 일부개정법률안(대안)을 법제사법위원회 법률안으로 각 가결선포한 행위는 국회의원인 청구인들의 법률안 심의 · 표결권을 침해한다. ② 피청구인 국회의장이 2022.4.30. 제396회 국회 제1차 본회의에서 검찰청법 수정안을 가결선포한 행위와 2022.5.3. 제397회 국회 제1차 본회의에서 형사소송법 수정안을 가결선포한 행위는 청구인들의 법률안 심의 · 표결권을 침해하지 않는다.(헌재 2023.3.23. 2022헌라2) [인용, 기각]

[검사의 수사권을 제한하는 검찰청법 등 개정과 관련된 국회의원과 국회 법제사법위원회 위원장 및 국회의장 간의 권한쟁의 사건]

[1] 피청구인 법사위 위원장은 위와 같이 회의의 주재자로서의 중립적인 지위에서 벗어나 그 위원회 활동의 일부인 조정위원회에 관하여 미리 가결의 조건을 만들어 두었고, 조정위원회에서 축조심사 및 질의·토론이 모두 생략되어 실질적인 조정심사 없이 의결된 조정안에 대하여, 법사위 전체회의에서도 심사보고나 실질적인 토론의 기회를 부여하지 않은 채 그 조정안의 내용 그대로 이 사건 개정법률안의 가결을 선포한 것이다. 이는 제1교섭단체 소속 조정위원 수와 그렇지 않은 조정위원 수를 동수로 구성하도록 한 국회법 제57조의2 제4항을 위반한 것이고, 제1교섭단체인 민주당 소속 조정위원 3명과 민형배 위원만으로 재적 조정위원 6명의 3분의 2인 4명이 충족되도록 함으로써 국회 내 다수세력의 일방적 입법 시도를 저지할 수 있도록 의결정족수를 규정한 국회법 제57조의2 제6항의 기능을 형해화한 것이며, 위원회의 안건심사절차에 관하여 규정한 국회법 제58조도 위반한 것이다. 그뿐만 아니라 피청구인 법사위 위원장은 이를 통해 회의 주재자의 중립적인 지위에서 벗어나 법사위 법안심사에서의 실질적인 토론의 기회를 형해화하였다는 점에서 헌법 제49조도 위반하였다. 따라서 피청구인 법사위 위원장의 이 사건 가결선포행위는 청구인들의 법률안 심의·표결권을 침해한 것이다.

[2] 청구인들의 피청구인 국회 법제사법위원회 위원장에 대한 검찰청법 일부개정법률안(대안)과 형사소송법 일부개정법률안(대안)의 각 가결선포행위에 관한 무효확인청구 및 피청구인 국회의장에 대한 심판청구를 모두 기각한다.

THEME

02 위헌심사형 헌법소원

02

'정치자금법 제45조에 규정된 죄를 범한 자 또는 국회의원으로서 그 재임 중의 직무와 관련하여 형법(『특정범죄 가중처벌 등에 관한 법률』 제2조에 의하여 가중처벌되는 경우를 포함한다) 제129조 제1항에 규정된 죄를 범한 자로서 징역형의 선고를 받고 그 형의 집행이 종료된 후 10년을 경과하지 아니한 자'에 대하여 선거권을 인정하지 않는 공직선거법 제18조 제1항 제3호 중 위 해당 부분에 대한 헌법소원심판청구에 대하여, 심판대상조항이 정한 범죄를 범하여 징역혁의 판결이 확정된 사람은 그 판결이 확정된 때부터 선거권이 인정되지 않는 것이고, 이 사건 심판청구는 위 확정 이후 첫 선거일로부터 1년을 경과하여 제기된 것이라는 이유로 이를 각하하였다.(헌재 2024.3.28. 2020헌마640) [각하]

03

미합중국 군대가 대한민국의 영토 및 그 부근에 배비하는 권리에 관한 대한민국과 미합중국 간의 상호방위조약 제4조 및 미합중국이 대한민국에서 시설과 구역의 사용을 공여받도록 하고, 합동위원회에 관하여 규정하고 있는 대한민국과 아메리카합중국 간의 상호방위조약 제4조에 의한 시설과 구역 및 대한민국에서의 합중국군대의 지위에 관한 협정' 제2조 제1항 (가) 1문, 제28조에 대한 헌법소원심판 청구는 재판의 전제성을 갖추지 못하여 부적법하다.(헌재 2023.5.25. 2022헌바36) [각하]
[대한민국과 미합중국 간의 상호방위조약 등 관련사건]

THEME

03 권리구제형 헌법소원

04

2014.4.16. ㅁㅁ호가 전남 진도군 조도면 병풍도 북방 1.8마일 해상에서 기울기 시작한 때부터 대한민국 정부가 행한 구호조치에 대한 헌법소원심판청구는 권리보호이익이 소멸하였고 예외적인 심판청구이익도 인정되지 아니하여 부적법하다.(헌재 2024.5.30. 2014헌마1189) [각하]

05

① 청구인들이 '형사보상 및 명예회복에 관한 법률' 조항을 심판대상으로 삼아 '행정절차에서의 위법하거나 부당한 구금의 피해자에 대하여도 보상하는 규정을 두지 않은 것이 헌법에 위배된다'고 주장하는 것은 헌법재판소법 제68조 제2항에 의한 헌법소원에서 진정입법부작위를 다투는 것에 해당하고, ② 외국인이 출입국관리법에 의하여 보호처분을 받아 수용되었다가 이후 난민인정을 받은 경우 및 법률상 근거 없이 송환대기실에 수용되었던 경우에 대하여, 헌법에서 명시적으로 보상에 관한 입법의무를 부여하고 있다거나 헌법해석상 국가의 입법의무가 발생하였다고 볼 수 없다는 이유로 청구인들의 심판청구를 각하한다.(헌재 2024.1.25. 2020헌바475) [각하]

이 부분 심판청구는 성질상 형사보상법이 적용되지 않는 행정작용에 의하여 신체의 자유가 침해된 자에 대하여 형사보상법과 동일한 정도의 보상을 내용으로 하는 새로운 입법을 하여 달라는 것이므로, 실질적으로 진정입법부작위를 다투는 것에 해당한다. 그런데 헌법재판소법 제68조 제2항에 의한 헌법소원에서 진정입법부작위를 다투는 것은 그 자체로 허용되지 않으므로, 청구인들의 이 부분 심판청구는 모두 부적법하다.

06

① 서울특별시경찰청장이 서울광역수사대 마약수사계에 장애인전용 주차구역을 설치하지 아니한 부작위, ② 서울고등법원장, 청주지방검찰청 충주지청장, 서울특별시경찰청장, 서울서초경찰서장, 서울구치소장, 인천구치소장이 각각 서울고등법원 서관, 청주지방검찰청 충주지청, 서울광역수사대 마약수사계, 서울서초경찰서, 서울구치소, 인천구치소에 장애인용 승강기를 설치하지 아니한 부작위, ③ 청주지방검찰청 충주지청장, 서울특별시경찰청장, 서울서초경찰서장, 서울구치소장, 인천구치소장이 각각 청주지방검찰청 충주지청, 서울광역수사대 마약수사계, 서울서초경찰서, 서울구치소, 인천구치소에 장애인용 화장실을 설치하지 아니한 부작위, ④ 보건복지부장관이 위 대상시설에 대한 편의시설의 설치 · 운영에 관한 업무를 총괄하지 아니한 부작위는 모두 각하한다.(헌재 2023.7.20. 2019헌마709) [각하]
[장애인 편의시설 미설치 사건]

● 이 사건 부작위에 대한 판단 – 부적법

'장애인차별금지법' 제48조 제2항에 따르면, 법원은 피해자의 청구에 따라 차별적 행위의 중지, 임금 등 근로조건의 개선, 그 시정을 위한 적극적 조치 등의 판결을 할 수 있고, 장애인차별금지법 제18조 제1항, 제3항, 제4항, 제26조 제1항, 제4항, 제8항 등 관련 법령의 규정을 종합하면, 이 사건에서 문제된 시설물을 이용하는 장애인은 장애인전용 주차구역, 장애인용 승강기 또는 화장실 등 정당한 편의의 미제공과 관련하여 장애인차별금지법에 따른 차별행위가 존재하는지 여부에 대한 판단과 그러한 차별행위가 존재할 경우에 이를 시정하는 적극적 조치의 이행을 청구하기 위하여 법원의 판결을 구할 수 있다. 그런데 이 사건 기록을 살펴보면 청구인이 위와 같은 구제절차를 거쳤다고 볼 만한 자료가 발견되지 아니하므로, 이 부분 심판청구는 보충성 요건을 흠결하여 부적법하다.

● 보건복지부장관의 부작위에 대한 판단 – 부적법

○ 헌법상 명문 규정이나 헌법의 해석, 법령으로부터 보건복지부장관으로 하여금 위 공공기관들에게 장애인전용 주차구역 등을 설치하거나 시정조치를 하도록 요청할 구체적 작위의무를 도출하기 어렵다. 따라서 이 부분 심판청구는 작위의무 없는 공권력의 불행사에 대한 헌법소원이어서 부적법하다.

07

코로나바이러스감염증 – 19의 예방을 위하여 음식점 및 PC방 운영자 등에게 영업시간을 제한하거나 이용자 간 거리를 둘 의무를 부여하는 서울특별시고시들에 대한 청구를 각하한다.(헌재 2023.5.25. 2021헌마21)

[각하]

[코로나바이러스감염증 – 19의 예방을 위한 방역조치를 명하는 서울특별시고시에 관한 사건]

○ 심판대상고시는 관내 음식점 및 PC방의 관리자·운영자들에게 일정한 방역수칙을 준수할 의무를 부과하는 것으로서, 피청구인은 구 감염병예방법 제49조 제1항 제2호에 근거하여 행정처분을 발하려는 의도에서 심판대상고시를 발령한 것이다. 대법원도 심판대상고시와 동일한 규정 형식을 가진 피청구인의 대면예배 제한 고시(서울특별시고시 제2021 – 414호)가 항고소송의 대상인 행정처분에 해당함을 전제로 판단한 바 있다. (대법원 2022.10.27. 2022두48646) 그러므로 심판대상고시는 항고소송의 대상인 행정처분에 해당한다.

○ 그렇다면 심판대상고시는 항고소송의 대상이 되는 행정처분에 해당하고 그 취소를 구할 소의 이익이 인정된다. 따라서 이에 대한 다툼은 우선 행정심판이나 행정소송이라는 구제절차를 거쳤어야 함에도, 이 사건 심판청구는 이러한 구제절차를 거치지 아니하고 제기된 것이므로 보충성 요건을 충족하지 못하였다.

08

피청구인 대통령의 개성공단 운영 전면중단 결정과, 피청구인 통일부장관의 개성공단 철수계획 마련, 관련 기업인들에 대한 통보, 개성공단 전면중단 성명 발표 및 집행 등 일련의 행위로 이루어진 개성공단 운영 전면중단 조치에 대한 개성공단 투자기업 청구인들의 심판청구를 모두 기각하고, 나머지 청구인(협력기업인)들의 심판청구를 모두 각하한다.(헌재 2022.1.27. 2016헌마364) [기각, 각하]

[1] 이 사건 중단조치에 대한 사법심사가 배제되어야 하는지 여부

이 사건 중단조치가 북한의 핵무기 개발로 인한 위기에 대처하기 위한 조치로서 국가안보와 관련된 대통령의 의사 결정을 포함하고 그러한 의사 결정이 고도의 정치적 결단을 요하는 문제이기는 하나, 그 의사 결정에 따른 조치 결과 투자기업인 청구인들의 영업의 자유 등 기본권에 제한이 발생하였다. 그리고 국민의 기본권 제한과 직접 관련된 공권력의 행사는 고도의 정치적 고려가 필요한 대통령의 행위라도 헌법과 법률에 따라 정책을 결정하고 집행하도록 함으로써 국민의 기본권이 침해되지 않도록 견제하는 것이 국민의 기본권 보장을 사명으로 하는 헌법재판소 본연의 임무이므로, 그 한도에서 헌법소원심판의 대상이 될 수 있다. 따라서 이 사건 헌법소원심판이 사법심사가 배제되는 행위를 대상으로 한 것이어서 부적법하다고는 볼 수 없다.

[2] 이 사건 중단조치가 대통령의 정치적 결단에 따른 조치라도 국민의 기본권 제한과 관련된 이상 반드시 헌법과 법률에 근거를 두어야 하고, 그 근거가 없을 경우 위헌적 조치로 보아야 한다. 이 사건 중단조치는 헌법과 법률에 근거한 조치로 보아야 한다.

[3] 구체적으로 어떤 정책을 국무회의 심의를 거쳐야 하는 중요한 정책으로 보아야 하는지는 국무회의에 의안을 상정할 수 있는 대통령 등에게 일정 정도의 판단재량이 인정되고, 그에 관한 대통령 등의 일차적 판단이 명백히 비합리적이거나 자의적인 것이 아닌 한 존중되어야 한다. 피청구인 대통령이 개성공단의 운영 중단 결정 과정에서 국무회의 심의를 거치지 않았더라도 그 결정에 적법절차원칙에 따라 필수적으로 요구되는 절차를 거치지 않은 흠결이 있다고 할 수 없다.

[4] 이 사건 중단조치는 과잉금지원칙에 위반되어 투자기업인 청구인들의 영업의 자유와 재산권을 침해하지 아니한다.

THEME

04 탄핵심판

09

피청구인(검사)이 2014.5.9. 유○○에 대하여 외국환거래법위반 혐의로 공소를 제기하고, 공소권남용에 해당한다는 이유로 그 공소를 기각한 항소심판결에 대하여 상고함으로써 법률을 위반하였다는 이유로 국회가 탄핵심판청구를 한 사안에서, 헌법재판소는 탄핵심판청구를 기각한다는 결정을 선고하였다.(헌재 2024.5.30. 2023헌나2) [기각]

10

2022.10.29. 서울 용산구 이태원동에서 발생한 다중밀집으로 인한 인명피해사고와 관련하여 피청구인이 재난예방, 재난대응 및 사후 발언을 함에 있어 헌법이나 법률을 위배하였다는 이유로 국회가 탄핵심판청구를 한 사안에서, 헌법재판소는 이 사건 탄핵심판청구를 기각한다는 결정을 선고하였다.(헌재 2023.7.25. 2023헌나1) [기각]

[행정안전부장관에 대한 탄핵심판 사건]

● 행정각부의 장의 탄핵 요건에 관한 판단

○ 행정각부의 장은 정부 권한에 속하는 중요정책을 심의하는 국무회의의 구성원이자 행정부의 소관 사무를 통할하고 소속공무원을 지휘·감독하는 기관으로서 행정부 내에서 통치기구와 집행기구를 연결하는 가교 역할을 하므로, 그에 대한 파면 결정이 가져올 수 있는 국정공백과 정치적 혼란 등 국가적 손실이 경미하다고 보기 어렵다.

다만, 국가 원수이자 행정부의 수반으로서 선거에 의하여 선출되어 직접적인 민주적 정당성을 부여받은 대통령과 비교할 때, 행정각부의 장은 정치적 기능이나 비중, 직무계속성의 공익이 달라 파면의 효과 역시 근본적인 차이가 있다. 따라서 '법 위반 행위의 중대성'과 '파면 결정으로 인한 효과' 사이의 법익형량을 함에 있어 이와 같은 점이 고려되어야 한다.

● 행정안전부에서 '유가족 협의회' 등 지원을 위한 '행안부 지원단' 설치를 발표한 점 등을 고려하면, 피청구인의 사후 대응이 국민의 기본권 보호의무 위반으로 평가할 정도에 이르렀다고 보기 어렵다.

05 권한쟁의심판

11

국회의원인 청구인이, 국회의장인 피청구인이 청구인에 대한 30일의 출석정지 징계안이 가결되었음을 선포한 행위로 인하여 청구인의 국회의원으로서의 권한이 침해되었다고 주장하며 한 권한쟁의심판청구의 심판절차가 청구인의 제21대 국회의원 임기만료로 종료되었다는 선언을 하였다.(헌재 2024.6.27. 2022헌라3) [심판절차종료선언]

12

권한쟁의심판절차 계속 중 국회의원직을 상실한 국회의원 2명의 권한쟁의심판절차는 종료되었다는 선언을 하고, 피청구인 국회의장이 2023.11.10. 방송통신위원회 위원장 및 검사 2명에 대한 탄핵소추안의 철회요구를 수리한 행위 및 피청구인 국회의장이 2023.12.1. 위 탄핵소추안과 동일한 내용으로 다시 발의된 위 검사 2명에 대한 탄핵소추안을 국회 본회의에서 안건으로 상정하여 표결을 실시한 후 가결을 선포한 행위는 모두 국회의원인 청구인들의 심의 · 표결권을 침해할 가능성이 없다는 이유로, 위 행위들을 다투는 권한쟁의심판 청구는 모두 부적법하다는 결정을 선고하였다.(헌재 2024.3.28. 2023헌라9) [심판절차종료선언, 각하]

○ 국회법 제90조에 따라 의안을 발의한 의원은 의안이 본회의에서 의제가 되기 전까지는 철회의 요구만으로 이를 철회할 수 있으나, 의안이 본회의에 상정되어 의제로 성립된 이후에는 이를 일방적으로 철회할 수 없고, 재적의원 과반수의 출석과 출석의원 과반수의 찬성에 의한 본회의의 동의를 받아야 한다.

○ 국회법 제90조가 해당 조항이 적용되는 의안의 종류나 유형에 관하여 아무런 제한을 두고 있지 아니하고, 달리 탄핵소추안의 철회를 허용하는 것이 탄핵소추의 성질에 반한다고 보이지도 아니하므로, 탄핵소추안에 대해서도 의안의 철회에 대한 일반 규정인 국회법 제90조가 적용된다.

○ 국회법 제130조 제1항의 보고는 국회의 구성원인 국회의원들에게 탄핵소추안이 발의되었음을 알리는 것으로, 탄핵소추안을 실제로 회의에서 심의하기 위하여 의사일정에 올리는 상정과 절차적으로 구분된다. 탄핵소추안의 경우에는 통상적으로 토론 없이 무기명투표가 이루어지기는 하나, 이는 국회법 제130조로 인한 절차상의 차이에 불과하고, 달리 탄핵소추안의 경우에만 특별히 본회의 보고만으로 본회의 의제로 성립된다고 볼 근거도 없다.

○ 따라서 탄핵소추안도 일반 의안과 마찬가지로, 국회의장이 탄핵소추가 발의되었음을 본회의에 보고하고, 국회법 제130조 제2항에 따른 표결을 위해 이를 본회의의 안건으로 상정한 이후에 비로소 국회법 제90조 제2항의 '본회의에서 의제가 된 의안'이 된다고 할 것이다. 그러므로 탄핵소추안이 본회의에 보고되었다고 할지라도, 본회의에 상정되어 실제 논의의 대상이 되기 전에는 이를 발의한 국회의원은 본회의의 동의 없이 탄핵소추안을 철회할 수 있다.

○ 피청구인은 이 사건 탄핵소추안이 발의되었음을 본회의에 보고하였을 뿐 이 사건 탄핵소추안을 의사일정에 기재하고 본회의의 안건으로 상정한 바가 없으므로, 이 사건 탄핵소추안은 국회법 제90조 제2항의 '본회의에서 의제가 된 의안'에 해당하지 아니한다.

○ 이처럼 이 사건 탄핵소추안이 본회의에서 의제가 된 의안에 해당하지 아니하여 이를 발의한 국회의원이 본회의의 동의 없이 이를 철회할 수 있는 이상, 청구인들에게는 이 사건 탄핵소추안 철회 동의 여부에 대해 심의·표결할 권한 자체가 발생하지 아니하고, 그 권한의 발생을 전제로 하는 권한의 침해 가능성도 없다. 따라서 이 사건 수리행위를 다투는 청구는 부적법하다.

이 사건 가결선포행위에 대한 판단

○ 청구인들이 이 사건 수리행위로 인한 권한침해를 다툴 수 없게 된 이상, 이 사건 탄핵소추안 철회의 효력은 여전히 유효하다. 그리고 국회법 제92조의 '부결된 안건'에 적법하게 철회된 안건은 포함되지 아니하므로, 이 사건 탄핵소추안과 동일한 내용으로 발의된 재발의 탄핵소추안은 적법하게 발의된 의안으로 일사부재의 원칙에 위배되지 아니한다. 그렇다면 이 사건 가결선포행위로 인하여 청구인들의 심의·표결권 침해가 발생할 가능성은 인정되지 아니하므로, 이 사건 가결선포행위를 다투는 청구 역시 부적법하다.

13

① 피청구인 국회 과학기술정보방송통신위원회 위원장이 2023. 3. 21. 피청구인 국회의장에게 방송법 일부개정법률안(대안), 방송문화진흥회법 일부개정법률안(대안), 한국교육방송공사법 일부개정법률안(대안)의 본회의 부의를 요구한 행위에 대한 권한침해확인청구를 기각하고, ② 피청구인 국회 과학기술정보방송통신위원회 위원장의 위 본회의 부의 요구행위의 무효확인청구 및 피청구인 국회의장이 2023 4. 27. 개의된 제405회 국회(임시회) 제5차 본회의에서 '위 각 법률안 본회의 부의의 건'에 대해 가결을 선포한 행위에 대한 권한침해확인청구 및 무효확인청구를 기각한다.(헌재 2023.10.26. 2023헌라2) [기각]

['방송법 등' 법률안 직회부 관련 권한쟁의 사건]

14

① 피청구인 국회 환경노동위원회 위원장이 2023. 5. 24. 피청구인 국회의장에게 '노동조합 및 노동관계조정법 일부개정법률안(대안)'의 본회의 부의를 요구한 행위에 대한 권한침해확인청구를 기각하고, ② 피청구인 국회 환경노동위원회 위원장의 위 본회의 부의 요구행위의 무효확인청구 및 피청구인 국회의장이 2023 6. 30. 개의된 제407회 국회(임시회) 제7차 본회의에서 '위 법률안 본회의 부의의 건'에 대해 가결을 선포한 행위에 대한 권한침해확인청구 및 무효확인청구를 기각한다.(헌재 2023.10.26. 2023헌라3) [기각]

['노란봉투법' 법률안 직회부 관련 권한쟁의 사건]

15

피청구인 경기도가 2020년 11월 16일부터 2020년 12월 7일까지 청구인 남양주시에 대하여 실시한 14개 항목에 대한 감사 중, 감사항목 1 내지 8에 대한 감사에 대하여는 감사개시의 요건을 갖추었다고 판단하였으나, 나머지 감사항목 9 내지 14에 대한 감사에 대하여는 감사개시의 요건을 갖추지 못한 위법한 감사로서 청구인 남양주시의 지방자치권을 침해하였다고 판단함으로써 청구인 남양주시의 심판청구를 일부 인용하였다.(헌재 2023.3.23. 2020헌라5) [일부인용]

[경기도가 남양주시에 대하여 실시한 감사가 남양주시의 지방자치권을 침해하였는지 여부에 관한 사건]

[1] 심판의 이익 인정 여부

이 사건 감사가 2020.12.7. 종료됨으로써 청구인의 권리구제에는 도움이 되지 않는다고 하더라도, 피청구인이 이 사건 감사의 종료를 통보하면서 '이번에 진행하지 못한 사항에 대하여는 향후 별도계획을 수립하여 추진할 예정'임을 밝히고 있어 같은 유형의 침해행위가 반복될 위험이 있고, 감사개시 통보의무의 유무 및 방법, 감사대상의 특정과 관련하여 감사개시 이후 감사대상의 추가 가능 여부, 감사개시 전 위법성의 확인 정도 등에 대한 해명이 필요하므로 예외적으로 심판청구의 이익을 인정할 수 있다.

[2] 본안에 대한 판단

○ 광역지방자치단체가 기초단체에 대한 감사를 하기위한 요건

지방자치단체의 자치사무에 대한 감사에 착수하기 위해서는 자치사무에 관하여 특정한 법령위반행위가 확인되었거나 위법행위가 있었으리라는 합리적 의심이 가능한 경우이어야 하고 그 감사대상을 특정하여야 하며, 위법사항을 특정하지 않고 개시하는 감사 또는 법령위반사항을 적발하기 위한 감사는 허용될 수 없다.

○ 지방자치법에 따른 감사의 절차와 방법 등에 관한 사항을 규정하는 '지방자치단체에 대한 행정감사규정' 등 관련 법령에서 이 사건 감사와 같이 연간 감사계획에 포함되지 아니한 감사의 경우 감사대상이나 내용을 통보할 것을 요구하는 명시적인 규정을 발견할 수 없는바, 광역지방자치단체가 자치사무에 대한 감사에 착수하기 위해서는 감사대상을 특정하여야 하나, 특정된 감사대상을 사전에 통보할 것까지 요구된다고 볼 수는 없다. 따라서 피청구인이 조사개시 통보를 하면서 내부적으로 특정한 감사대상을 통보하지 않았다고 하더라도, 그러한 사정만으로는 이 사건 감사가 위법하다고 할 수 없다.

○ 다음으로, 감사대상의 특정 여부에 관하여 보면, 피청구인은 2020. 11. 10. 내부적으로 청구인에 대한 감사대상을 감사항목 1 내지 9로 정하였는데, 그 중 감사항목 1 내지 8에 대한 감사는 모두 그 내용이 개별적이고 구체적이어서 감사대상이 특정되었다고 볼 수 있으나, 감사항목 9에 대한 감사, 즉 '기타 언론보도, 현장제보 사항 등'은 감사대상이 특정되었다고 볼 수 없다. 한편, 당초 특정된 감사대상과 관련성이 인정되는 것으로서 감사대상 지방자치단체가 절차적인 불이익을 받을 우려가 없는 등의 사항에 대하여는 감사대상의 확장 내지 추가가 허용된다고 볼 것이지만, 이 사건 감사 개시 이후에 추가된 감사항목 10 내지 14는 당초 특정된 감사대상과 관련성이 있다고 볼 수 없다.

○ 마지막으로, 위법성의 확인 정도에 관하여 보면, 시·도지사 등이 제보나 언론보도 등을 통해 자치사무의 위법성에 관한 정보를 수집하고, 객관적인 자료에 근거하여 해당 정보가 믿을만하다고 판단함으로써 위법행위가 있었으리라는 합리적 의심이 가능한 경우라면, 감사를 개시할 수 있을 정도의 위법성 확인은 있었다고 봄이 타당하다. 위와 같은 기준에 의하면, 감사항목 1 내지 8에 대해서는 감사 개시 전에 모두 법령 위반 여부에 대한 확인이 있었다고 봄이 타당하다.

16

국회가 2022.5.9. 법률 제18861호로 검찰청법을 개정한 행위 및 같은 날 법률 제18862호로 형사소송법을 개정한 행위에 대하여 법무부장관과 검사 6명이 권한침해 및 그 행위의 무효 확인을 청구한 권한쟁의심판 청구를 각하하였다.(헌재 2023.3.23. 2022헌라4) [각하]

[검사의 수사권 축소 등에 관한 권한쟁의 사건]

[1] 당사자적격

'검사'는 영장신청권을 행사하고(헌법 제12조 제3항, 제16조) 범죄수사와 공소유지를 담당하는데(검찰청법 제4조 제1항), 이 사건 법률개정행위는 이와 같은 검사의 수사권 및 소추권 중 일부를 조정·제한하는 내용이다. 따라서 검사는 이 사건 법률개정행위에 대해 권한쟁의심판을 청구할 적절한 관련성이 인정된다.

한편, '법무부장관'은 소관 사무에 관하여 부령을 발할 수 있고(헌법 제95조) 정부조직법상 법무에 관한 사무를 관장하지만(정부조직법 제32조), 이 사건 법률개정행위는 이와 같은 법무부장관의 권한을 제한하지 아니한다. 물론 법무부장관은 일반적으로 검사를 지휘·감독하고 구체적 사건에 대하여는 검찰총장만을 지휘·감독할 권한이 있으나(검찰청법 제8조), 이 사건 법률개정행위가 이와 같은 법무부장관의 지휘·감독 권한을 제한하는 것은 아니다. 따라서 법무부장관은 이 사건 법률개정행위에 대해 권한쟁의심판을 청구할 적절한 관련성이 인정되지 아니한다.

○ 결국 청구인 법무부장관의 심판청구는 청구인적격이 없어 부적법하다.

[2] 권한침해가능성

이 사건 법률개정행위는 검사의 수사권 및 소추권을 조정·배분하는 내용을 담고 있으므로, 문제된 수사권 및 소추권이 검사의 '헌법상 권한'인지 아니면 '법률상 권한'인지 문제된다.

헌법 제66조 제4항은 "행정권은 대통령을 수반으로 하는 정부에 속한다."라고 규정하는데, 여기에서의 '정부'란 입법부와 사법부에 대응하는 개념으로서의 행정부를 의미한다. 수사 및 소추는 원칙적으로 입법권·사법권에 포함되지 않는 국가기능으로 우리 헌법상 본질적으로 행정에 속하는 사무이므로, 특별한 사정이 없는 한 입법부·사법부가 아닌 '대통령을 수반으로 하는 행정부'에 부여된 '헌법상 권한'이다. 그러나 수사권 및 소추권이 행정부 중 어느 '특정 국가기관'에 전속적으로 부여된 것으로 해석할 헌법상 근거는 없다.

역사적으로 형사절차가 규문주의에서 탄핵주의로 이행되어 온 과정을 고려할 때, 직접 수사권을 행사하는 수사기관이 자신의 수사대상에 대한 영장신청 여부를 스스로 결정하도록 하는 것은 객관성을 담보하기 어려운 구조라는 점도 부인하기 어렵다. 이에 영장신청의 신속성·효율성 증진의 측면이 아니라, 법률전문가이자 인권옹호기관인 검사로 하여금 제3자의 입장에서 수사기관의 강제수사 남용 가능성을 통제하도록 하는 취지에서 영장신청권이 헌법에 도입된 것으로 해석되므로, 헌법상 검사의 영장신청권 조항에서 '헌법상 검사의 수사권'까지 논리필연적으로 도출된다고 보기 어렵다.

결국 이 사건 법률개정행위는 검사의 '헌법상 권한'(영장신청권)을 제한하지 아니하고, 국회의 입법행위로 그 내용과 범위가 형성된 검사의 '법률상 권한'(수사권·소추권)이 법률개정행위로 침해될 가능성이 있다고 볼 수 없으므로, 청구인 검사의 심판청구는 권한침해가능성이 없어 부적법하다.

17

국가경찰위원회가 행정안전부장관을 상대로 제기한 '행정안전부장관의 소속청장 지휘에 관한 규칙인 행정안전부령 제348호의 제정행위가 국가경찰위원회의 권한을 침해한다'는 취지의 권한쟁의 심판청구에 대하여, 국가경찰위원회는 법률에 의하여 설치된 국가기관으로서 권한쟁의심판을 청구할 당사자능력이 없다는 이유로 심판청구를 각하한다는 결정을 선고하였다.(헌재 2022.12.22. 2022헌라5) [각하]

18

경기도가 2020.6.4. 남양주시를 특별조정교부금 배분에서 제외한 행위는 헌법 및 지방자치법에 의하여 부여된 남양주시의 지방자치권을 침해하지 않는다.(헌재 2022.12.22. 2020헌라3) [기각]

memo

2024 윤우혁 헌법

최신판례 및 최신판례모의고사

PART 01

헌법총론

[문제편]

01 대한민국의 국가형태와 구성요소

01

국적에 대한 설명으로 옳지 않은 것은?

① 「국적법」 조항 중 "외국에서 영주할 목적"이 없다는 표현은 입법취지 및 그에 사용된 단어의 사전적 의미 등을 고려할 때 다른 나라에서 오랫동안 살고자 하는 목적이 없음을 뜻함이 명확하므로 명확성 원칙에 위배되지 아니한다.

② 직계존속이 외국에서 영주할 목적 없이 체류한 상태에서 출생한 자는 병역의무를 해소한 경우에만 국적이탈을 신고할 수 있도록 하는 구 「국적법」 제12조 제3항은 혈통주의에 따라 출생과 동시에 대한민국 국적을 취득하게 되므로 병역의무를 해소해야만 국적이탈을 허용하게 되는 결과를 가져오지만, 과잉금지원칙에 위배되지 아니하므로 국적이탈의 자유를 침해하지 않는다.

③ 「국적법」 조항 중 "외국에 주소가 있는 경우"는 입법취지 및 사전적 의미 등을 고려할 때 다른 나라에 생활근거가 있는 경우를 뜻함이 명확하므로 명확성원칙에 위배되지 아니한다.

④ 복수국적자가 외국에 주소가 있는 경우에만 국적이탈을 신고할 수 있도록 정한 「국적법」 조항은 복수국적자에게 과도한 불이익을 발생시켜 과잉금지원칙에 위배되어 국적이탈의 자유를 침해한다.

해설 ① (○) 심판대상조항에서 '외국에서 영주할 목적'이 없다는 표현은 입법취지 및 그에 사용된 단어의 사전적 의미 등을 고려할 때 다른 나라에서 오랫동안 살고자 하는 목적이 없음을 뜻함이 명확하므로 명확성원칙에 위배되지 아니한다.(헌재 2023.2.23. 2019헌바462)

② (○) 심판대상조항은 공평한 병역의무 분담에 관한 국민적 신뢰를 확보하려는 것으로, 장차 대한민국과 유대관계가 형성되기 어려울 것으로 예상되는 사람에 대해서는 병역의무 해소 없는 국적이탈을 허용함으로써 국적이탈의 자유에 대한 제한을 조화롭게 최소화하고 있는 점, 병역기피 목적의 국적이탈에 대하여 사후적 제재를 가하거나 생활근거에 따라 국적이탈을 제한하는 방법으로는 입법목적을 충분히 달성할 수 있다고 보기 어려운 점, 심판대상조항으로 제한받는 사익은 그에 해당하는 사람이 국적이탈을 하려는 경우 모든 대한민국 남성에게 두루 부여된 병역의무를 해소하도록 요구받는 것에 지나지 않는 반면 심판대상조항으로 달성하려는 공익은 대한민국이 국가 공동체로서 존립하기 위해 공평한 병역분담에 대한 국민적 신뢰를 보호하여 국방역량이 훼손되지 않도록 하려는 것으로 매우 중요한 국익인 점 등을 감안할 때 심판대상조항은 과잉금지원칙에 위배되어 국적이탈의 자유를 침해하지 아니한다.(헌재 2023.2.23. 2019헌바462)

③ (○) 국적법 제14조 제1항 본문의 '외국에 주소가 있는 경우'라는 표현은 입법취지 및 그에 사용된 단어의 사전적 의미 등을 고려할 때 다른 나라에 생활근거가 있는 경우를 뜻함이 명확하므로 명확성원칙에 위배되지 아니한다.(헌재 2023.2.23. 2020헌바603)

④ (×) 심판대상조항은 국가 공동체의 운영원리를 보호하고자 복수국적자의 기회주의적 국적이탈을 방지하기 위한 것으로, 더 완화된 대안을 찾아보기 어려운 점, 외국에 생활근거 없이 주로 국내에서 생활하며 대한민국과 유대관계를 형성한 자가 단지 법률상 외국 국적을 지니고 있다는 사정을 빌미로 국적을 이탈하려는 행위를 제한한다고 하여 과도한 불이익이 발생한다고 보기도 어려운 점 등을 고려할 때 심판대상조항은 과잉금지원칙에 위배되어 국적이탈의 자유를 침해하지 아니한다.(헌재 2023.2.23. 2020헌바603)

④

02 대한민국헌법의 기본원리 및 기본질서

02

다음 설명 중 가장 적절하지 않은 것은? (다툼이 있는 경우 헌법재판소 판례에 의함)

① 조례에 대한 법률의 위임은 법규명령에 대한 법률의 위임과 같이 반드시 구체적으로 범위를 정하여 할 필요가 없으며 포괄적인 것으로 족하다.

② 시장·군수·구청장이 지방자치단체의 조례로 정하는 바에 따라 일정한 구역을 지정·고시하여 가축의 사육을 제한할 수 있도록 한 '가축분뇨의 관리 및 이용에 관한 법률' 제8조 제1항 본문은 헌법에 위반되지 아니한다.

③ 「노인장기요양보험법」은 요양급여의 실시와 그에 따른 급여비용 지급에 관한 기본적이고도 핵심적인 사항을 이미 법률로 규정하고 있으므로, '시설 급여비용의 구체적인 산정방법 및 항목 등에 관하여 필요한 사항'을 보건복지부령에 위임하였다고 하여 그 자체로 법률유보원칙에 반한다고 볼 수는 없다.

④ 전기요금의 결정에 관한 내용은 반드시 입법자가 스스로 규율해야 하는 부분이므로, 전기판매사업자로 하여금 전기요금에 관한 약관을 작성하여 산업통상자원부장관의 인가를 받도록 한 전기사업법 제16조 제1항 중 '전기요금'에 관한 부분은 헌법에 위반된다.

해설 ① (○) 헌법은 대통령령의 경우는 헌법 제75조에서 위임의 구체적인 방법까지 명시하고 있음에 반하여 조례에 대하여는 이를 명시적으로 규정하지 않고 있고, 또 조례의 제정권자인 지방의회는 선거를 통하여 그 지역적인 민주적 정당성을 지니고 있는 주민의 대표기관이며, 헌법이 지방자치단체의 포괄적인 자치권을 보장하는 취지로 볼 때 조례제정권에 대한 지나친 제약은 바람직하지 않으므로 조례에 대한 법률의 위임은 법규명령에 대한 법률의 위임과 같이 반드시 구체적으로 범위를 정하여 할 필요가 없으며 포괄적인 것으로 족하다. (헌재 2023.12.21. 2020헌바374)

② (○) 심판대상조항은 가축사육 제한이 가능한 대상 지역의 한계를 설정하고 있고, 가축분뇨법의 입법목적과 가축사육에 따라 배출되는 환경오염물질이나 악취 등으로 인하여 지역주민의 생활환경이나 상수원의 수질이 오염되는 것을 방지하려는 심판대상조항의 목적을 종합적으로 고려하면, 사육대상인 축종이나 사육규모 외에 각 지역의 지형, 상주인구 분포, 인구밀집시설의 존부, 지역 내 가축사육농가의 수, 상수원지역에 미치는 영향 등을 고려하여 구체적인 가축사육제한구역이 정해질 수 있다는 점이 충분히 예측 가능하므로, 심판대상조항은 포괄위임금지원칙에 위배되지 아니한다.(헌재 2023.12.21. 2020헌바374)

③ (○) 급여비용을 정함에 있어서는 요양보험의 재정 수준, 가입자의 보험료 및 본인부담금 등 부담수준, 요양급여의 수요와 요구되는 요양급여의 수준 등을 종합적으로 고려하여 정하여야 할 것이고 이러한 요소들은 사회적·경제적 여건에 따라 변화할 수 있다. 따라서 요양급여비용의 구체적인 산정방법 및 항목 등을 미리 법률에 상세하게 규정하는 것은 입법기술상 매우 어렵다. 노인장기요양보험법은 요양급여의 실시와 그에 따른 급여비용 지급에 관한 기본적이고도 핵심적인 사항을 이미 법률로 규정하고 있다. 따라서 '시설 급여비용의 구체적인 산정방법 및 항목 등에 관하여 필요한 사항'을 반드시 법률에서 직접 정해야 한다고 보기는 어렵고, 이를 보건복지부령에 위임하였다고 하여 그 자체로 법률유보원칙에 반한다고 볼 수는 없다.(헌재 2021.8.31. 2019헌바73)

④ (×) 전기요금의 결정에 관한 내용을 반드시 입법자가 스스로 규율해야 하는 부분이라고 보기 어려우므로, 심판대상조항은 의회유보원칙에 위반되지 아니한다. 전기요금약관에 대한 인가의 구체적인 기준은 전문적·정책적 판단이 가능한 행정부가 수시로 변화하는 상황에 탄력적으로 대응할 수 있도록 하위 법령에 위임할 필요성이 인정되고, 관련 규정을 종합하면 하위 법령에서는 전기의 보편적 공급과 전기사용자의 보호, 물가의 안정이라는 공익을 고려하여 전기요금의 산정 원칙이나 산정 방법 등을 정할 것이라고 충분히 예측할 수 있다. 따라서 심판대상조항은 포괄위임금지원칙에 위반되지 아니한다.(헌재 2021.4.29. 2017헌가25)

정답 ④

03

다음 사례에 관한 설명으로 가장 적절하지 않은 것은? (다툼이 있는 경우 판례에 의함)

> 헌법재판소는 2016.12.29. 2015헌바182 결정에서, 별거나 가출 등으로 실질적인 혼인관계가 존재하지 아니하여 연금 형성에 기여가 없는 이혼배우자에 대해서까지 법률혼 기간을 기준으로 분할연금 수급권은 인정하는 구 국민연금법 제64조 제1항에 대하여 헌법불합치결정을 하였다. 국회는 2017. 12. 19. 법률 제15267호로 국민연금법 제64조 제1항과 제4항을 개정하였고, 개정 국민연금법은 공포 후 6개월이 경과한 날(2018. 6. 20.)부터 시행하되(부칙 제1조), 제64조 제1항 및 제4항의 개정 규정은 법 시행 후 최초로 분할연금 지급 사유가 발생한 경우부터 적용하는 것으로 규정하였다(부칙 제2조).
> 제청신청인은 종전 헌법불합치결정 이후, 신법 조항 시행 전에 이혼한 자로서, 실질적인 혼인관계가 없었음에도 불구하고 구법 조항에 따라 전 배우자에게 분할연금 지급사유가 발생하여 본인의 노령연금을 감액 당하게 되자, 이 사건 위헌법률심판제청을 신청하였다.

① '종전 헌법불합치결정 이후 신법 조항 시행일 전에 분할연금 지급 사유가 발생한 노령연금 수급권자'에 대하여, '신법 조항 시행일 이후 분할연금 지급 사유가 발생한 노령연금 수급권자'와 달리 신법 조항을 적용하지 않는 차별취급은 합리적인 이유가 없다.

② 이미 이행기에 도달한 분할연금 수급권의 내용을 변경하는 것은 진정소급입법으로서 원칙적으로 허용되므로, 신법 조항 시행 당시 이미 이행기에 도달한 분할연금 수급권에 대해 소급 적용하지 아니한 것은 합리적인 이유가 인정되지 않는다.

③ 아직 이행기가 도래하지 아니한 분할연금 수급권의 경우에는 소급입법금지원칙이나 신뢰보호원칙 위반이 문제되지 아니하므로 신법 조항의 적용을 배제하는 데에 합리적인 이유가 있다고 볼 수 없다.

④ 입법자는 종전 헌법불합치결정일부터 신법 조항 시행 전날까지 분할연금 지급사유가 발생하였고 연금액 변경처분 등이 확정되지 않은 사람들에 대하여 적어도 이 결정일 현재 아직 이행기가 도래하지 아니한 분할연금 수급권에 대해서는 신법 조항의 적용범위에 포함시켜 위헌적인 상태를 제거할 의무가 있다.

해설 ① (○) 종전 헌법불합치결정일 이후에 분할연금 지급 사유가 발생한 경우 신법 조항 시행일 이후에 이행기가 도래하는 분할연금 수급권에 대하여도 신법 조항을 적용하지 않은 것은 평등원칙에 위반된다.(헌재 2024. 5.30. 2019헌가29)

② (×) 이미 이행기에 도달한 분할연금 수급권의 내용을 변경하는 것은 진정소급입법으로서 원칙적으로 금지되므로 신법 조항 시행 당시 이미 이행기에 도달한 분할연금 수급권에 대해 소급 적용하지 아니한 것은 합리적인 이유가 인정된다.(헌재 2024.5.30. 2019헌가29)

③ (○) 아직 이행기가 도래하지 아니한 분할연금 수급권의 경우에는 소급입법금지원칙이나 신뢰보호원칙 위반이 문제되지 아니하므로 신법 조항의 적용을 배제하는 데에 합리적인 이유가 있다고 볼 수 없다.(헌재 2024.5.30. 2019헌가29)

④ (○) 입법자는 종전 헌법불합치결정일부터 신법 조항 시행 전날까지 분할연금 지급사유가 발생하였고 연금액 변경처분 등이 확정되지 않은 사람들에 대하여 적어도 이 결정일 현재 아직 이행기가 도래하지 아니한 분할연금 수급권에 대해서는 신법 조항의 적용범위에 포함시켜 위헌적인 상태를 제거할 의무가 있다.(헌재 2024.5.30. 2019헌가29)

정답 ②

04

다음 사례에 관한 설명으로 가장 적절하지 않은 것은? (다툼이 있는 경우 판례에 의함)

> ① 1945년 8월 9일 이후에 성립된 거래를 전부 무효로 한 재조선미국육군사령부군정청 법령 제2호(1945. 9. 25. 공포) 제4조 본문과 ② 1945년 8월 9일 이후 일본 국민이 소유하거나 관리하는 재산을 1945년 9월 25일자로 전부 미군정청이 취득하도록 정한 재조선미국육군사령부군정청 법령 제33호(1945. 12. 6. 공포) 제2조 전단 중 '일본 국민'에 관한 부분이 헌법에 위반되지 않는지에 대한 헌법소원이 제기되었다.

① 이 사건 법령들이 1945. 9. 25., 1945. 12. 6. 각 공포되었으므로, 이는 진정소급입법으로서의 성격을 갖는다.

② 진정소급입법이라 할지라도 예외적으로 법적 상태가 불확실하고 혼란스러웠거나 하여 보호할 만한 신뢰의 이익이 적은 경우, 신뢰보호의 요청에 우선하는 심히 중대한 공익상의 사유가 소급입법을 정당화하는 경우에는 허용될 수 있다.

③ 일본인들이 불법적인 한일병합조약을 통하여 조선 내에서 축적한 재산을 1945. 8. 9. 상태 그대로 일괄 동결시키고 그 산일과 훼손을 방지하여 향후 수립될 대한민국에 이양한다는 공익은, 한반도 내의 사유재산을 자유롭게 처분하고 일본 본토로 철수하고자 하였던 일본인이나, 일본의 패망 직후 일본인으로부터 재산을 매수한 한국인들에 대한 신뢰보호의 요청보다 중요하다고 볼 수 없다.

④ 1945.9.25. 및 1945.12.6. 각각 공포된 재조선미국육군사령부군정청 법령 중, 1945.8.9. 이후 일본인 소유의 재산에 대하여 성립된 거래를 전부 무효로 한 조항과 그 대상이 되는 재산을 1945.9.25.로 소급하여 전부 미군정청의 소유가 되도록 한 조항은 모두 소급입법금지원칙에 대한 예외에 해당하므로 헌법에 위반되지 않는다.

해설 ① (○) 이 사건 법령들은 1945. 9. 25., 1945. 12. 6. 각 공포되었음에도 이 사건 무효조항은 1945. 8. 9.을 기준으로 하여 일본인 소유의 재산에 대한 거래를 전부 무효로 하고 있고, 이 사건 귀속조항은 이 사건 무효조항의 적용대상이 되는 일본인 재산을 1945. 9. 25.로 소급하여 전부 미군정청의 소유가 되도록 정하고 있어서, 진정소급입법으로서의 성격을 갖는다.(헌재 2021.1.28. 2018헌바88)

② (○) 진정소급입법은 개인의 신뢰보호와 법적 안정성을 내용으로 하는 법치국가원리에 의하여 특단의 사정이 없는 한 헌법적으로 허용되지 아니하는 것이 원칙이나 예외적으로 법적 상태가 불확실하고 혼란스러웠거나 하여 보호할 만한 신뢰의 이익이 적은 경우, 신뢰보호의 요청에 우선하는 심히 중대한 공익상의 사유가 소급입법을 정당화하는 경우에는 예외적으로 허용될 수 있다.(헌재 2021.1.28. 2018헌바88)

③ (×) 일본인들이 불법적인 한일병합조약을 통하여 조선 내에서 축적한 재산을 1945. 8. 9. 상태 그대로 일괄 동결시키고 그 산일과 훼손을 방지하여 향후 수립될 대한민국에 이양한다는 공익은, 한반도 내의 사유재산을 자유롭게 처분하고 일본 본토로 철수하고자 하였던 일본인이나, 일본의 패망 직후 일본인으로부터 재산을 매수한 한국인들에 대한 신뢰보호의 요청보다 훨씬 더 중대하다.(헌재 2021.1.28. 2018헌바88)

④ (○) 재조선미국육군사령부군정청 법령 제2호(1945. 9. 25. 공포) 제4조 본문과 재조선미국육군사령부군정청 법령 제33호(1945. 12. 6. 공포) 제2조 전단 중 '일본 국민'에 관한 부분은 모두 헌법에 위반되지 아니한다.(헌재 2021.1.28. 2018헌바88)

정답 ③

05

다음 사례에 관한 설명으로 가장 적절하지 않은 것은? (다툼이 있는 경우 판례에 의함)

> 피청구인 광역지방자치단체 경기도가 2020년 11월 16일부터 2020년 12월 7일까지 청구인 기초지방자치단체 남양주시에 대하여 14개 항목에 대한 감사를 실시하였다.

① 중앙행정기관이 지방자치단체의 자치사무에 대한 감사에 착수하기 위해서는 자치사무에 관하여 특정한 법령위반행위가 확인되었거나 위법행위가 있었으리라는 합리적 의심이 가능한 경우이어야 한다.

② 경기도가 남양주시의 자치사무에 대한 감사에 착수하기 위해서는 자치사무에 관하여 특정한 법령위반행위가 확인되었거나 위법행위가 있었으리라는 합리적 의심이 가능한 경우이어야 한다.

③ 경기도가 남양주시의 자치사무에 대한 감사에 착수하기 위해서는 감사대상을 특정하고, 특정된 감사대상을 통보하여야 한다.

④ 남양주시의 자치사무에 대한 경기도의 감사과정에서 사전에 감사대상으로 특정되지 않은 사항에 관하여 위법사실이 발견된 경우, 당초 특정된 감사대상과 관련성이 있어 함께 감사를 진행해도 남양주시가 절차적인 불이익을 받을 우려가 없고, 해당 감사대상을 적발하기 위한 목적으로 감사가 진행된 것으로 볼 수 없는 사항에 대하여는 감사대상의 확장 내지 추가가 허용된다.

해설 ① (○) 중앙행정기관의 지방자치단체의 자치사무에 대한 감사권은 사전적·일반적인 포괄감사권이 아니라 그 대상과 범위가 한정적인 제한된 감사권으로 해석하여야 한다고 판시하였다. 나아가 중앙행정기관이 지방자치단체의 자치사무에 대한 감사에 착수하기 위해서는 자치사무에 관하여 특정한 법령위반행위가 확인되었거나 위법행위가 있었으리라는 합리적 의심이 가능한 경우이어야 하고, 그 감사대상을 특정하여야 한다고 하여 자치사무에 대한 감사의 개시요건에 관한 법리를 확립하였다.(헌재 2023.3.23. 2020헌라5)

② (○) 광역지방자치단체가 기초지방자치단체의 자치사무에 대한 감사에 착수하기 위해서는 자치사무에 관하여 특정한 법령위반행위가 확인되었거나 위법행위가 있었으리라는 합리적 의심이 가능한 경우이어야 하고 그 감사대상을 특정하여야 하며, 위법사항을 특정하지 않고 개시하는 감사 또는 법령위반사항을 적발하기 위한 감사는 허용될 수 없다.(헌재 2023.3.23. 2020헌라5)

③ (×) 연간 감사계획에 포함되지 아니하고 사전조사가 수행되지 아니한 감사의 경우 지방자치법에 따른 감사의 절차와 방법 등에 관한 사항을 규정하는 '지방자치단체에 대한 행정감사규정' 등 관련 법령에서 감사대상이나 내용을 통보할 것을 요구하는 명시적인 규정이 없다. 광역지방자치단체가 자치사무에 대한 감사에 착수하기 위해서는 감사대상을 특정하여야 하나, 특정된 감사대상을 사전에 통보할 것까지 요구된다고 볼 수는 없다.(헌재 2023.3.23. 2020헌라5).

④ (○) 지방자치단체의 자치사무에 대한 무분별한 감사권의 행사는 헌법상 보장된 지방자치권을 침해할 가능성이 크므로, 원칙적으로 감사 과정에서 사전에 감사대상으로 특정되지 아니한 사항에 관하여 위법사실이 발견되었다고 하더라도 감사대상을 확장하거나 추가하는 것은 허용되지 않는다. 다만, 자치사무의 합법성 통제라는 감사의 목적이나 감사의 효율성 측면을 고려할 때, 당초 특정된 감사대상과 관련성이 인정되는 것으로서 당해 절차에서 함께 감사를 진행하더라도 감사대상 지방자치단체가 절차적인 불이익을 받을 우려가 없고, 해당 감사대상을 적발하기 위한 목적으로 감사가 진행된 것으로 볼 수 없는 사항에 대하여는 감사대상의 확장 내지 추가가 허용된다.(헌재 2023.3.23. 2020헌라5)

 ③

2024 윤우혁 헌법

최신판례 및 최신판례모의고사

PART

02

기본권론

[문제편]

01 행복추구권

01

「학교폭력예방 및 대책에 관한 법률」에 관한 헌법재판소의 판단으로 가장 적절하지 않은 것은? (다툼이 있는 경우 판례에 의함)

① 가해학생에 대한 조치로 피해학생에 대한 서면사과를 규정한 조항은 가해학생의 양심의 자유와 인격권을 과도하게 침해한다.

② 가해학생에 대한 조치로 피해학생 및 신고·고발한 학생에 대한 접촉, 협박 및 보복행위의 금지를 규정한 조항은 가해학생의 일반적 행동자유권을 침해한다고 보기 어렵다.

③ 피해학생이 가해학생과 동일한 학급 내에 있으면서 지속적으로 학교폭력의 위험에 노출된다면 심대한 정신적, 신체적 피해를 입을 수 있으므로 가해학생에 대한 조치로 학급교체를 규정한 조항은 가해학생의 일반적 행동자유권을 과도하게 침해한다고 보기 어렵다.

④ 가해학생에 대한 조치별 적용 기준의 기본적인 내용을 법률에서 직접 규정하고 있으며, 사건 조치별 적용기준 위임규정에 따라 대통령령에 규정될 내용은 세부적인 기준에 관한 내용이 될 것임을 충분히 예측할 수 있으므로, 사건 조치별 적용기준 위임규정은 포괄위임금지원칙에 위배되지 않는다.

해설 ① (×) 서면사과 조치는 내용에 대한 강제 없이 자신의 행동에 대한 반성과 사과의 기회를 제공하는 교육적 조치로 마련된 것이고, 가해학생에게 의견진술 등 적정한 절차적 기회를 제공한 뒤에 학교폭력 사실이 인정되는 것을 전제로 내려지는 조치이며, 이를 불이행하더라도 추가적인 조치나 불이익이 없다. 또한 이러한 서면사과의 교육적 효과는 가해학생에 대한 주의나 경고 또는 권고적인 조치만으로는 달성하기 어렵다. … 따라서 이 사건 서면사과조항이 가해학생의 양심의 자유와 인격권을 과도하게 침해한다고 보기 어렵다.(헌재 2023.2.23. 2019헌바93)

② (○) 가해학생의 접촉, 협박이나 보복행위를 금지하는 것은 피해학생과 신고·고발한 학생의 안전한 학교생활을 위한 불가결한 조치이다. 이 사건 접촉 등 금지조항은 가해학생의 의도적인 접촉 등만을 금지하고 통상적인 학교 교육활동 과정에서 의도하지 않은 접촉까지 모두 금지하는 것은 아니며, 학교폭력의 지속성과 은닉성, 가해학생의 접촉, 협박 및 보복행위 가능성, 피해학생의 피해 정도 등을 종합적으로 고려하여 이루어지는 것이므로, 가해학생의 일반적 행동자유권을 침해한다고 보기 어렵다.(헌재 2023.2.23. 2019헌바93)

③ (○) 이 사건 학급교체조항은 학교폭력의 심각성, 가해학생의 반성 정도, 피해학생의 피해 정도 등을 고려하여 가해학생과 피해학생의 격리가 필요한 경우에 행해지는 조치로서 가해학생은 학급만 교체될 뿐 기존에 받았던 교육 내용이 변경되는 것은 아니다. 피해학생이 가해학생과 동일한 학급 내에 있으면서 지속적으로 학교폭력의 위험에 노출된다면 심대한 정신적, 신체적 피해를 입을 수 있으므로, 이 사건 학급교체조항이 가해학생의 일반적 행동자유권을 과도하게 침해한다고 보기 어렵다.(헌재 2023.2.23. 2019헌바93)

④ (○) 가해학생에 대한 각 조치별 적용기준을 학교폭력의 태양이나 심각성, 피해학생의 피해 정도나 가해학생에 미치는 교육적 효과 등 여러 가지 요소를 종합적으로 고려하여 정하는 것이 피해학생의 보호와 가해학생의 선도 및 교육에 보다 효과적인 방법이 될 수 있으므로, 대통령령에 위임할 필요성이 인정된다. 또한, 구 학교폭력예방법 제17조는 가해학생에 대한 조치의 경중 및 각 조치의 병과 여부 등 조치별 적용 기준의 기본적인 내용을 법률에서 직접 규정하고 있으므로, 이 사건 조치별 적용기준 위임규정에 따라 대통령령에 규정될 내용은 자치위원회가 가해학생에 대한 조치의 내용을 정함에 있어 고려해야 할 학교폭력의 태양이나 정도, 피해학생의 피해 정도나 피해 회복 여부, 가해학생의 태도 등 세부적인 기준에 관한 내용이 될 것임을 충분히 예측할 수 있다. 따라서 이 사건 조치별 적용기준 위임규정은 포괄위임금지원칙에 위배되지 않는다. (헌재 2023.2.23. 2019헌바93)

정답 ①

02

다음 사례에 관한 설명으로 가장 적절하지 않은 것은? (다툼이 있는 경우 판례에 의함)

> 외교부 북미국장이 2017.4.20. 주한미군사령부 부사령관과 사이에 주한미군에 성주 스○○골프장 부지 중 일부의 사용을 공여하는 내용의 협정을 체결하자, 이에 대하여 헌법소원심판이 청구되었다.

① 이 사건 협정의 근거인 한미상호방위조약은 외부의 무력공격을 전제한 공동방위를 목적으로 하고, 사드 배치는 북한의 핵실험 및 탄도미사일 시험 발사 또는 도발에 대응한 방어태세로 이해되므로, 이 사건 협정이 국민들로 하여금 침략전쟁에 휩싸이게 함으로써 이들의 평화적 생존을 위협할 가능성이 있다고 볼 수 없다.

② 주한미군이 이 사건 부지에 사드를 배치하면 건강권 및 환경권이 바로 침해된다.

③ 성주경찰서 소속 경찰이 이 사건 부지 인근 농작지 접근을 제한하고 중국이 제재조치를 시행한 것은 이 사건 협정으로 인한 것이라 할 수 없으므로 기본권침해가능성이 인정되지 아니한다.

④ 이 사건 협정으로 주한미군이 이 사건 부지를 사용한다고 하여 특정 종교의 교리를 침해하거나 청구인들의 신앙 활동에 직접적 영향을 미친다고 할 수 없다.

해설 ① (○) 이 사건 협정의 근거인 한미상호방위조약은 외부의 무력공격을 전제한 공동방위를 목적으로 하고, 사드 배치는 북한의 핵실험 및 탄도미사일 시험 발사 또는 도발에 대응한 방어태세로 이해된다. 따라서 이 사건 협정이 국민들로 하여금 침략전쟁에 휩싸이게 함으로써 이들의 평화적 생존을 위협할 가능성이 있다고 볼 수 없다.(헌재 2024.3.28. 2017헌마372)

② (×) 이 사건 협정으로 청구인들의 건강권 및 환경권이 바로 침해된다고 보기 어렵고, 혹시 이러한 우려가 있더라도 이는 주한미군의 사드 체계 운영 과정에서 잠재적으로 나타날 수 있는 것이라 할 수 있다. 대구지방환경청의 2017. 9. 4.자 협의 내용 및 환경부의 2023. 6. 1.자 협의 내용에 포함된 각 환경영향평가서의 내용을 종합하면, 사드 체계 운영 과정에서 발생하는 전자파와 소음의 위험성은 전파법상 인체보호기준과 생활소음 규제기준에 현저히 미달하는 미미한 수준이라는 사실이 확인되었다.(헌재 2024.3.28. 2017헌마372)

③ (○) 청구인들은 성주경찰서 소속 경찰이 이 사건 부지 인근 농작지 접근을 제한하고 중국이 제재조치를 시행함으로 인하여 직업의 자유를 침해받는다고 주장한다. 살피건대, 청구인들의 주장과 같은 내용은 성주경찰서 소속 경찰 또는 중국 정부의 조치로 인한 것이므로, 이 사건 협정으로 인한 것이라 할 수 없다.(헌재 2024.3.28. 2017헌마372)

④ (○) 이 사건 협정으로 주한미군이 이 사건 부지를 사용한다고 하여 특정 종교의 교리를 침해하거나 청구인들의 신앙 활동에 직접적 영향을 미친다고 할 수 없다. 또한 종교적 행위의 자유 및 종교집회의 자유 침해에 관한 청구인들의 위 주장은 군 당국의 후속 조치 등으로 발생하는 것이므로, 이 사건 협정으로 인한 것이라 할 수 없다.(헌재 2024.3.28. 2017헌마372)

정답 ②

03

일반적 행동자유권에 대한 다음 설명 중 가장 적절하지 않은 것은? (다툼이 있는 경우 헌법재판소 판례에 의함)

① 연면적 1천 제곱미터 이상의 사무용건축물, 공장 및 복합용도의 건축물로서 금연구역으로 지정된 곳에서 흡연을 하여서는 아니 될 의무를 규정하고 있는바, 이는 흡연자의 일반적 행동자유권을 침해한다고 볼 수 없다.

② 이자제한법 제2조 제1항에서 정한 최고이자율을 초과하여 이자를 받은 자를 징역형 또는 벌금형에 처하도록 규정하고 있는 것은 일반적 행동자유권으로부터 파생되는 계약의 자유를 침해하지 아니한다.

③ 어린이보호구역에서 제한속도 준수의무 또는 안전운전 의무를 위반하여 어린이를 상해에 이르게 한 경우 가중처벌하는 「특정범죄 가중처벌 등에 관한 법률」상 조항은 과잉금지원칙에 위반되어 청구인들의 일반적 행동자유권을 침해한다.

④ 누구든지 금융회사 등에 종사하는 자에게 타인의 금융거래의 내용에 관한 정보 또는 자료를 요구하는 것을 금지하고 이를 위반시 형사처벌하는 구 「금융실명거래 및 비밀보장에 관한 법률」상 조항은 과잉금지원칙에 반하여 일반적 행동자유권을 침해한다.

해설 ① (○) 심판대상조항으로 인하여 흡연자는 일정한 공간에서 흡연을 할 수 없게 되는 불이익을 입지만, 일반적으로 타인의 흡연으로 인한 간접흡연을 원치 않는 사람을 보호하여야 할 필요성은 흡연자의 자유로운 흡연을 보장할 필요성보다 더 크다고 할 수 있다. 심판대상조항이 규율하는 공간과 같이 다수인이 왕래할 가능성이 높은 곳에서는 간접흡연으로부터의 보호를 관철할 필요성이 더욱 크다는 점까지 아울러 고려하면, 심판대상조항으로 인해 국민 건강을 증진시킨다는 공익은 흡연자들이 제한받는 사익보다 크다고 볼 수 있으므로 법익의 균형성도 인정된다.(헌재 2024.4.25. 2022헌바163)

② (○) 심판대상조항이 달성하고자 하는 공익은 이자의 적정한 최고한도를 정함으로써 국민경제생활의 안정과 경제정의의 실현에 이바지하기 위한 것으로, 이를 위반하는 경우 처벌을 받음으로써 입는 불이익보다 훨씬 중대하므로, 심판대상조항은 법익의 균형성에도 반하지 아니한다.(헌재 2023.2.23. 2022헌바22)

③ (×) 어린이 보호구역에서 제한속도 준수의무 또는 안전운전의무를 위반하여 어린이를 상해에 이르게 한 경우 1년 이상 15년 이하의 징역 또는 500만 원 이상 3천만 원 이하의 벌금에, 사망에 이르게 한 경우 무기 또는 3년 이상의 징역에 처하도록 규정한 특정범죄 가중처벌 등에 관한 법률 제5조의13은 청구인들의 일반적 행동자유권을 침해한다고 볼 수 없다.(헌재 2023.2.23. 2020헌마460)

④ (○) 금융회사등에 종사하는 자에게 거래정보등의 제공을 요구하는 것을 금지하고 위반 시 형사처벌하는 구 금융실명거래 및 비밀보장에 관한 법률 제4조 제1항 본문 중 '누구든지 금융회사등에 종사하는 자에게 거래정보등의 제공을 요구하여서는 아니 된다'는 부분 및 제6조 제1항 중 위 해당 부분, 금융실명거래 및 비밀보장에 관한 법률 제4조 제1항 본문 중 '누구든지 금융회사등에 종사하는 자에게 거래정보등의 제공을 요구하여서는 아니 된다'는 부분 및 제6조 제1항 중 위 해당 부분은 과잉금지원칙에 반하여 일반적 행동자유권을 침해하므로 헌법에 위반된다.(헌재 2022.2.24. 2020헌가5)

정답 ③

THEME

02 평등권

04

다음 사례에 관한 설명으로 가장 적절하지 않은 것은? (다툼이 있는 경우 판례에 의함)

'방문취업'(H－2) 체류자격으로 대한민국에 체류중인 강OO와 '기타: 인도적'(G－1－6) 체류자격으로 대한민국에 체류중인 샤○○은 장기체류 외국인의 국민건강보험 지역가입자 보험료 산정방식, 보험료 체납 시 불이익에 관한 국민건강보험법, 출입국관리법 및 보건복지부 고시 조항들이 청구인들의 기본권을 침해한다고 주장하며, 2019.10.11. 헌법소원심판을 청구하였다.

① 외국인 지역가입자가 납부해야 할 월별 보험료의 하한을 내국인등 지역가입자가 부담하는 보험료 하한보다 높게 정한 보험료하한 조항이 외국인에 대하여 내국인 및 영주(F－5)·결혼이민(F－6)의 체류자격을 가진 외국인과 다른 보험료 하한 산정기준을 적용함으로써 차별취급을 하고 있다고 하더라도 여기에는 합리적인 이유가 있으므로, 보험료하한 조항은 청구인들의 평등권을 침해하지 않는다.

② 동일세대로 인정되는 가족의 범위를 내국인등에 비하여 더욱 좁게 규정한 세대구성 조항에 따르면 외국인 지역가입자는 생계를 같이하는 가족이라도 배우자나 미성년인 자녀가 아니면 별도의 세대로 분리되더라도 이는 청구인들의 평등권을 침해하지 않는다.

③ 보험급여제한 조항은 외국인의 경우 보험료의 1회 체납만으로도 별도의 공단 결정 없이 곧바로 그 다음 달부터 보험급여를 제한하도록 규정하고 있더라도 이는 청구인들의 평등권을 침해하지 않는다.

④ 보험료 체납에 따라 법무부장관이 체류기간 연장허가 여부 심사를 함에 있어 외국인의 국민건강보험 체납정보를 제공하여 줄 것을 요청하는 행위는 법무부장관의 국민건강보험공단에의 정보제공 요청이라는 구체적인 집행행위가 있어야 비로소 청구인들의 기본권 제한 문제가 발생할 수 있으므로, 기본권침해의 직접성요건을 결여하여 부적법하다.

해설 ① (○) 보험료하한 조항이 외국인에 대하여 내국인등과 다른 보험료하한 산정기준을 적용함으로써 차별취급을 하고 있다고 하더라도 여기에는 합리적인 이유가 있다. 따라서 보험료하한 조항은 청구인들의 평등권을 침해하지 않는다.(헌재 2023.9.26. 2019헌마1165)

② (○) 외국인에 대하여 배우자 및 미성년의 자녀 외의 가족은 개인별로 세대를 구성하도록 규정한 것에는 외국인등록제도의 미비점, 한정된 행정력의 한계 등 불가피한 측면이 있으므로 현저히 자의적인 차별취급이라고 할 수는 없다. 따라서 세대구성 조항은 청구인들의 평등권을 침해하지 않는다.(헌재 2023.9.26. 2019헌마1165)

③ (×) 보험급여제한 조항은 그 합리적 범위를 벗어나 외국인인 청구인들을 내국인등에 비하여 현저히 불합리한 차별을 하고 있으므로, 청구인들의 평등권을 침해한다.(헌재 2023.9.26. 2019헌마1165)

④ (○) 법령에 근거한 구체적인 집행행위가 재량행위인 경우에는 법령은 집행기관에게 기본권침해의 가능성만을 부여할 뿐 집행기관의 의사에 따른 집행행위, 즉 재량권의 행사에 의하여 비로소 기본권 침해가 현실화되므로 법령에 의한 기본권침해의 직접성이 인정될 여지가 없다. 정보요청 조항은 "법무부장관은 다음 각 호의 직무를 수행하기 위하여 관계 기관에 외국인의 국민건강보험 및 관련 체납정보 제공을 요청할 수 있다."라고 규정하고 있다. 위 조항의 문언에 따르면 보험료 체납에 따라 법무부장관이 체류기간 연장허가 여부 심사(출입국관리법 제25조 참조)를 함에 있어 외국인의 국민건강보험 체납정보를 제공하여 줄 것을 요청하는 행위는 재량행위임이 분명하고, 그러한 법무부장관의 국민건강보험공단에의 정보제공 요청이라는 구체적인 집행행위가 있어야 비로소 청구인들의 기본권 제한 문제가 발생할 수 있다. 결국 청구인들의 정보요청 조항에 대한 심판청구는 기본권침해의 직접성 요건을 결여하여 부적법하다.(헌재 2023.9.26. 2019헌마1165)

 ③

05

평등권에 대한 다음 설명 중 가장 적절하지 않은 것은? (다툼이 있는 경우 헌법재판소 판례에 의함)

① 외국인 중 영주권자 및 결혼이민자만을 긴급재난지원금 지급대상에 포함시키고 난민인정자를 제외한 2020.5.13.자 관계부처합동 '긴급재난지원금 가구구성 및 이의신청 처리기준(2차)' 중 'I. 가구구성 관련 기준, ② 가구구성 세부기준' 가운데 '외국인만으로 구성된 가구'에 관한 부분은 헌법에 위반된다.

② 문화재보호법 제27조에 따라 지정된 보호구역에 있는 부동산을 재산세 경감 대상으로 규정하면서 역사문화환경 보존지역에 있는 부동산을 재산세 경감 대상으로 규정하지 않은 것이 입법재량을 벗어난 합리적 이유 없는 차별에 해당한다고 볼 수 없다.

③ 특별교통수단에 있어 표준휠체어만을 기준으로 휠체어 고정설비의 안전기준을 정하고 있는 교통약자의 이동편의 증진법 시행규칙 제6조 제3항 별표 1의2는 평등권을 침해하지 아니한다.

④ 구 「건설근로자의 고용개선 등에 관한 법률」 제14조 제2항 중 구 「산업재해보상보험법」 제63조 제1항 가운데 '그 근로자가 사망할 당시 대한민국 국민이 아닌 자로서 외국에서 거주하고 있던 유족은 제외한다'를 준용하는 부분은 합리적 이유없이 외국거주 외국인 유족을 대한민국 국민인 유족 및 국내거주 외국인 유족과 차별하는 것으로 평등원칙에 위반된다.

해설 ① (○) 이 사건 처리기준이 긴급재난지원금 지급 대상에 외국인 중에서도 '영주권자 및 결혼이민자'를 포함시키면서 '난민인정자'를 제외한 것은 합리적 이유 없는 차별이라 할 것이므로, 이 사건 처리기준은 청구인의 평등권을 침해한다.(헌재 2024.3.28. 2020헌마1079)

② (○) 보호구역에 있는 부동산의 경우 문화재의 보존에 영향을 미칠 우려가 있는지 여부와 무관하게 대부분의 현상 변경 행위에 대하여 허가가 필요하다. 반면, 역사문화환경 보존지역에 있는 부동산의 경우 건설공사의 시행이 지정문화재의 보존에 영향을 미칠 우려가 있는지 여부를 사전에 검토하여 그러한 우려가 있는 경우에만 허가를 받도록 하고 있고, 미리 고시된 행위기준의 범위 안에서 행하여지는 건설공사에 대하여는 위 검토 절차도 생략되므로, 보호구역에 있는 부동산과 비교하여 건설공사의 시행이 더 자유롭게 이루어질 수 있다. 이처럼 보호구역에 있는 부동산과 역사문화환경 보존지역에 있는 부동산은 그 재산권 행사 제한의 정도에 있어서 상당한 차이가 있다. … 심판대상조항이 보호구역에 있는 부동산을 재산세 경감 대상으로 규정하면서 역사문화환경 보존지역에 있는 부동산을 재산세 경감 대상으로 규정하지 않은 것이 입법재량을 벗어난 합리적 이유 없는 차별에 해당한다고 볼 수 없으므로, 심판대상조항은 조세평등주의에 위배되지 않는다.(헌재 2024.1.25. 2020헌바479)

③ (×) 심판대상조항은 교통약자의 이동편의를 위한 특별교통수단에 표준휠체어만을 기준으로 휠체어 고정설비의 안전기준을 정하고 있어 표준휠체어를 사용할 수 없는 장애인은 안전기준에 따른 특별교통수단을 이용할 수 없게 된다. 침대형 휠체어만을 이용할 수 있는 장애인은 장애의 정도가 심하여 특수한 설비가 갖춰진 차량이 아니고서는 사실상 이동이 불가능하다.그럼에도 불구하고 표준휠체어를 이용할 수 없는 장애인에 대한 고려 없이 표준휠체어만을 기준으로 고정설비의 안전기준을 정하는 것은 불합리하다. … 심판대상조항은 합리적 이유 없이 표준휠체어를 이용할 수 있는 장애인과 표준휠체어를 이용할 수 없는 장애인을 달리 취급하여 청구인의 평등권을 침해한다.(헌재 2023.5.25. 2019헌마1234)

④ (○) 외국거주 외국인유족의 퇴직공제금 수급 자격을 인정하지 아니하는 구 건설근로자의 고용개선 등에 관한 법률 제14조 제2항 중 구 산업재해보상보험법 제63조 제1항 가운데 '그 근로자가 사망할 당시 대한민국 국민이 아닌 자로서 외국에서 거주하고 있던 유족은 제외한다'를 준용하는 부분은 헌법에 위반된다.(헌재 2023.3.23. 2020헌바471)

06

평등권에 대한 다음 설명 중 가장 적절한 것은? (다툼이 있는 경우 헌법재판소 판례에 의함)

① 피해자보호명령에 우편을 이용한 접근금지에 관한 규정을 두지 아니한 구 가정폭력범죄의 처벌 등에 관한 특례법 제55조의2 제1항은 헌법에 위반된다.

② 국내에 귀환하여 등록절차를 거친 국군포로에게만 보수를 지급하도록 규정한 「국군포로의 송환 및 대우 등에 관한 법률」 제9조 제1항은 헌법에 위반된다.

③ 국립묘지 안장 대상자의 사망 당시의 배우자가 재혼한 경우에는 국립묘지에 안장된 안장대상자와 합장할 수 없도록 규정한 「국립묘지의 설치 및 운영에 관한 법률」상 조항은 재혼한 배우자를 불합리하게 차별한 것으로 평등원칙에 위배된다.

④ 사관생도의 사관학교 교육기간을 현역병 등의 복무기간과 달리 연금 산정의 기초가 되는 군 복무기간으로 산입할 수 있도록 규정하지 아니한 구 「군인연금법」상 조항은 현저히 자의적인 차별이라고 볼 수 없다.

해설 ① (×) 피해자보호명령제도의 특성, 우편을 이용한 접근행위의 성질과 그 피해의 정도 등을 고려할 때, 입법자가 심판대상조항에서 우편을 이용한 접근금지를 피해자보호명령의 종류로 정하지 아니하였다고 하더라도 이것이 입법자의 재량을 벗어난 자의적인 입법으로서 평등원칙에 위반된다고 보기 어렵다.(헌재 2023.2.23. 2019헌바43)

② (×) 심판대상조항이 국군포로가 귀환하여 등록절차를 거친 경우에 억류기간(단, 60세가 되는 날이 속하는 달까지)에 대한 보수를 지급하도록 하고 귀환하지 못한 국군포로에 대하여 이를 인정하지 않는 것에는 합리적인 이유가 있다. 따라서 심판대상조항은 평등원칙에 위배되지 않는다.(헌재 2022.12.22. 2020헌바39)

③ (×) 안장 대상자의 사망 후 재혼하지 않은 배우자나 배우자 사망 후 안장 대상자가 재혼한 경우의 종전 배우자는 자신이 사망할 때까지 안장 대상자의 배우자로서의 실체를 유지하였다는 점에서 합장을 허용하는 것이 국가와 사회를 위하여 헌신하고 희생한 안장 대상자의 충의와 위훈의 정신을 기리고자 하는 국립묘지 안장의 취지에 부합하고, 안장 대상자의 사망 후 그 배우자가 재혼을 통하여 새로운 가족관계를 형성한 경우에 그를 안장 대상자와의 합장 대상에서 제외하는 것은 합리적인 이유가 있다. 따라서 심판대상조항은 평등원칙에 위배되지 않는다.(헌재 2022.11.24. 2020헌바463)

④ (○) 사관생도는 병역의무의 이행을 위해 본인의 의사와 상관없이 복무 중인 현역병 등과 달리 자발적으로 직업으로서 군인이 되기를 선택한 점, 사관생도의 교육기간은 장차 장교로서의 복무를 준비하는 기간으로 이를 현역병 등의 복무기간과 동일하게 평가하기는 어려운 점 등 군인연금법상 군 복무기간 산입제도의 목적과 취지, 현역병 등과 사관생도의 신분, 역할, 근무환경 등을 종합적으로 고려하면, 심판대상조항이 사관생도의 사관학교에서의 교육기간을 현역병 등의 복무기간과 달리 연금 산정의 기초가 되는 복무기간으로 산입할 수 있도록 규정하지 아니한 것이 현저히 자의적인 차별이라 볼 수 없다.(헌재 2022.6.30. 2019헌마150)

정답 ④

03 인신의 자유권

07

다음 설명 중 옳지 않은 것은?

① 누구든지 선박의 감항성의 결함을 발견한 때에는 그 내용을 해양수산부장관에게 신고하여야 한다고 규정한 구 선박안전법 제74조 제1항 중 '선박의 감항성의 결함'이란 '선박안전법에서 규정하고 있는 각종 검사 기준에 부합하지 아니하는 상태로서, 선박이 안전하게 항해할 수 있는 성능인 감항성과 직접적인 관련이 있는 흠결'이라는 의미로 명확하게 해석할 수 있으므로 죄형법정주의의 명확성원칙에 위배되지 아니한다.

② 누구든지 선박의 감항성의 결함을 발견한 때에는 그 내용을 해양수산부장관에게 신고하여야 하고, 선박소유자, 선장 또는 선박직원이 위와 같은 신고의무를 위반한 경우 처벌하도록 하는 같은 법 제84조 제1항 제11호 중 제74조 제1항의 '선박의 감항성의 결함'에 관한 부분은 책임과 형벌 간의 비례원칙에 위배된다.

③ 집단급식소에 근무하는 영양사의 직무를 규정한 조항을 위반한 자를 처벌하는 식품위생법 제96조 중 '제52조 제2항을 위반한 자'에 관한 부분은 죄형법정주의의 명확성원칙에 위배되고, 집단급식소에 근무하는 영양사의 직무를 규정한 조항을 위반한 자를 처벌하는 식품위생법 제96조 중 '제52조 제2항을 위반한 자'에 관한 부분은 직무수행조항에서 정하고 있는 직무내용을 이행하지 아니한 경우 이를 모두 형사처벌하도록 하고 있으므로 이는 과잉금지원칙에 위배된다.

④ 주거침입강제추행죄 및 주거침입준강제추행죄에 대하여 무기징역 또는 7년 이상의 징역에 처하도록 한 「성폭력 범죄의 처벌 등에 관한 특례법」상 조항은 책임과 형벌의 비례원칙에 위배된다.

해설 ① (○) 신고의무조항의 '선박의 감항성의 결함'이란 '선박안전법에서 규정하고 있는 각종 검사 기준에 부합하지 아니하는 상태로서, 선박이 안전하게 항해할 수 있는 성능인 감항성과 직접적인 관련이 있는 흠결'이라는 의미로 명확하게 해석할 수 있다. 따라서 신고의무조항은 죄형법정주의의 명확성원칙에 위배되지 아니한다.(헌재 2024.5.30. 2020헌바234)

② (×) 심판대상조항은 책임과 형벌 간의 비례원칙에 위배되지 아니한다.(헌재 2024.5.30. 2020헌바234)

③ (○) 처벌조항은 식품위생법 제52조 제2항을 위반한 자를 처벌하고 있는데, 직무수행조항은 집단급식소에 근무하는 영양사의 직무를 포괄적으로 규정하고 있다. 이로 인해 처벌조항에 규정된 처벌범위가 지나치게 광범위해질 수 있다는 문제가 발생한다. … 이상과 같은 점을 고려하면 처벌조항은 죄형법정주의의 명확성원칙에 위반된다. … 직무수행조항에서 정하고 있는 직무내용을 이행하지 아니한 경우 이를 모두 형사처벌하도록 하는 처벌조항은 과잉금지원칙에 위반된다.(헌재 2023.3.23. 2019헌바141)

④ (O) 주거침입죄와 강제추행·준강제추행죄는 모두 행위 유형이 매우 다양한바, 이들이 결합된다고 하여 행위 태양의 다양성이 사라지는 것은 아니므로, 그 법정형의 폭은 개별적으로 각 행위의 불법성에 맞는 처벌을 할 수 있는 범위로 정할 필요가 있다. … 심판대상조항은 그 법정형이 형벌 본래의 목적과 기능을 달성함에 있어 필요한 정도를 일탈하였고, 각 행위의 개별성에 맞추어 그 책임에 알맞은 형을 선고할 수 없을 정도로 과중하므로, 책임과 형벌 간의 비례원칙에 위배된다.(헌재 2023.2.23. 2021헌가9)

정답 ②

08

다음 사례에 관한 설명으로 가장 적절하지 않은 것은? (다툼이 있는 경우 판례에 의함)

청구인들은 각각 공무원으로 재직하던 중 형법 제123조에 정한 직권남용권리행사방해죄의 범죄사실로 유죄 판결을 받았다. 청구인들은 각 형사재판 계속 중 형법 제123조 또는 형법 제123조 중 '직권을 남용하여' 부분 및 '사람으로 하여금 의무없는 일을 하게 한 때' 부분에 대하여 위헌법률심판제청신청을 하였으나 기각되자, 각각 이 사건 헌법소원심판을 청구하였다.

① 형법 제123조 중 '직권을 남용하여 사람으로 하여금 의무없는 일을 하게 하거나' 부분은 죄형법정주의의 명확성원칙에 위반되지 않는다.

② 이 사건 형법조항의 문언, 보호법익, 법원의 해석 방법 등을 고려할 때 건전한 상식과 통상적인 법감정을 가진 사람이라면, '사람으로 하여금 의무없는 일을 하게 한 때'의 범위에 일반 사인으로 하여금 법령상 의무없는 일을 하게 한 경우뿐만 아니라, 공무원으로 하여금 정해진 직무집행의 원칙, 기준과 절차를 위반하여 법령상 의무없는 일을 하게 한 경우도 해당할 수 있음을 충분히 예측할 수 있다.

③ 이 사건 형법조항의 입법목적인 국가기능의 공정한 행사에 대한 사회 일반의 신뢰 보호 및 개인의 자유와 권리 보호를 위하여 가능한 수단들을 검토하여 그 효과를 예측한 결과, 행정상 제재보다 단호한 수단을 선택하는 것이 필요하다고 볼 수 없다.

④ 이 사건 형법조항의 법정형은 '5년 이하의 징역과 10년 이하의 자격정지 또는 1천만 원 이하의 벌금'으로 형의 하한을 두고 있지 않더라도 책임과 형벌 간의 비례원칙에 위반되지 아니한다.

해설 ① (O) "직권"이란 직무상 권한을, "남용"이란 함부로 쓰거나 본래의 목적으로부터 벗어나 부당하게 사용하는 것을 의미하는 것으로 문언상 이해되는데, 직권의 내용과 범위가 포괄적이고 광범위한 경우에도 그것이 곧바로 "직권"의 의미 자체의 불명확성을 뜻하는 것은 아니고, 법원은 직권남용의 의미에 대해 문언적 의미를 기초로 한 해석기준을 확립하고 있으며 여러 법률에서 이 사건 법률조항에서와 같은 의미로 "직권 남용" 또는 "권한 남용"과 같은 구성요건을 사용한 처벌규정을 두고 있을 뿐 아니라, 공무원이 직권을 남용하는 유형과 태양을 미리 구체적으로 규정하는 것은 입법기술상으로도 곤란하다. 또한 법률이 보호하고자 하는 것은 개인의 내면적, 심리적 차원에서의 자유가 아니라 법적인 의미에서의 자유이므로 이 사건 법률조항이 의미하는 "의무없는 일"이란 "법규범이 의무로 규정하고 있지 않은 일"을 의미하는 것임은 문언 그 자체로 명백하다.(헌재 2024.5.30. 2021헌바55)

② (○) 이 사건 형법조항의 문언, 보호법익, 법원의 해석 방법 등을 고려할 때 건전한 상식과 통상적인 법감정을 가진 사람이라면, '사람으로 하여금 의무없는 일을 하게 한 때'의 범위에 일반 사인으로 하여금 법령상 의무없는 일을 하게 한 경우뿐만 아니라, 공무원으로 하여금 정해진 직무집행의 원칙, 기준과 절차를 위반하여 법령상 의무없는 일을 하게 한 경우도 해당할 수 있음을 충분히 예측할 수 있다.(헌재 2024.5.30. 2021헌바55)

③ (×) 직권남용행위의 폐해를 고려할 때, 이 사건 형법조항의 입법목적인 국가기능의 공정한 행사에 대한 사회 일반의 신뢰 보호 및 개인의 자유와 권리 보호를 위하여 가능한 수단들을 검토하여 그 효과를 예측한 결과, 행정상 제재보다 단호한 수단을 선택하는 것이 필요하다고 본 입법자의 판단이 현저히 자의적이라고 보이지 아니한다.(헌재 2024.5.30. 2021헌바55)

④ (○) 이 사건 형법조항의 법정형은 '5년 이하의 징역과 10년 이하의 자격정지 또는 1천만 원 이하의 벌금'으로 형의 하한을 두고 있지 않은데, 이에 따라 법관은 제반 사정을 고려하여 형을 선택하고 적절히 양형을 정할 수 있고, 행위의 개별성에 맞추어 책임에 부합하는 형벌을 선고하는 것이 가능하다. 따라서 이 사건 형법조항은 책임과 형벌 간의 비례원칙에 위반되지 아니한다.(헌재 2024.5.30. 2021헌바55)

정답 ③

09

다음 사례에 관한 설명으로 가장 적절하지 않은 것은? (다툼이 있는 경우 판례에 의함)

> '특정범죄 가중처벌 등에 관한 법률'(2010. 3. 31. 법률 제10210호로 개정된 것) 제5조 중 '회계관계직원 등의 책임에 관한 법률 제2조 제1호 카목에 규정된 사람이 국고에 손실을 입힐 것을 알면서 그 직무에 관하여 형법 제355조 제1항의 죄를 범한 경우'에 관한 부분, '회계관계직원 등의 책임에 관한 법률'(2009. 3. 25. 법률 제9515호로 개정된 것) 제2조 제1호 카목, 형법(1995. 12. 29. 법률 제5057호로 개정된 것) 제355조 제1항 중 횡령에 관한 부분이 헌법에 위반되는지 여부에 대하여 헌법소원심판이 청구되었다.

① 처벌법규의 구성요건이 다소 광범위하여 어떤 범위에서는 법관의 보충적인 해석을 필요로 하는 개념을 사용하였더라도 그 점만으로 명확성원칙에 위배되는 것은 아니다.

② 회계직원책임법이 '그 밖에 국가의 회계사무를 처리하는 사람'을 회계관계직원의 범위에 포함한 것과 이를 구성요건으로 하고 있는 이 사건 특정범죄가중법 조항은 죄형법정주의의 명확성원칙에 위배되지 아니한다.

③ 특정한 범죄에 대한 형벌이 그 자체로서의 책임과 형벌의 비례원칙에 위반되지 않더라도 보호법익과 죄질이 유사한 범죄에 대한 형벌과 비교할 때 현저히 불합리하거나 자의적이어서 형벌체계상의 균형을 상실한 것이 명백한 경우에는 평등원칙에 반하여 위헌이라 할 수 있다.

④ 특정범죄가중법 조항이 형법상 횡령죄나 업무상횡령죄의 법정형보다 가중처벌을 하도록 한 것은 형벌체계상의 균형을 잃어 평등원칙에 위배된다.

해설 ① (○) 처벌법규의 구성요건이 명확하여야 한다고 하더라도 입법자가 모든 구성요건을 단순한 의미의 서술적 인 개념에 의하여 규정하여야 한다는 것은 아니다. 처벌법규의 구성요건이 다소 광범위하여 어떤 범위에서는 법관의 보충적인 해석을 필요로 하는 개념을 사용하였다고 하더라도 그 점만으로 헌법이 요구하는 처벌법규의 명확성원칙에 반드시 배치되는 것이라고 볼 수 없다.(헌재 2024.4.25. 2021헌바21)

② (○) 회계직원책임법이 '그 밖에 국가의 회계사무를 처리하는 사람'을 회계관계직원의 범위에 포함한 것은 회계직원책임법 제2조 제1호 가목부터 차목까지 열거된 직명을 갖지 않는 사람이라도 관련 법령에 따라 국가의 회계사무를 처리하면 회계관계직원으로서의 책임을 지도록 하기 위한 것으로, 이러한 입법 취지에 비추어 보면 '그 밖에 국가의 회계사무를 처리하는 사람'이란 회계직원책임법 제2조 제1호 가목부터 차목까지에 열거된 직명을 갖지 않는 사람이라도 실질적으로 그와 유사한 회계관계업무를 처리하는 사람으로, 그 업무를 전담하는지 여부나 직위의 높고 낮음은 불문함을 예측할 수 있다. 이 사건 회계직원책임법조항과 이를 구성요건으로 하고 있는 이 사건 특정범죄가중법 조항은 죄형법정주의의 명확성원칙에 위배되지 아니한다.(헌재 2024.4.25. 2021헌바21)

③ (○) 특정 범죄에 대한 형벌이 죄질과 보호법익이 유사한 범죄에 대한 형벌과 비교할 때 현저히 형벌체계의 균형성을 잃은 것이 명백한 경우에는, 인간의 존엄성과 가치를 보장하는 헌법의 기본원리에 위배될 뿐만 아니라 법의 내용에 있어서도 평등원칙에 반하여 위헌이라 할 수 있다.(헌재 2024.4.25. 2021헌바21)

④ (×) 특정범죄가중법 조항이 형법상 횡령죄나 업무상횡령죄의 법정형보다 가중처벌을 하도록 한 것에는 합리적 이유가 있으므로, 이 사건 특정범죄가중법 조항은 형벌체계상의 균형을 잃어 평등원칙에 위배된다고 할 수 없다.(헌재 2024.4.25. 2021헌바21)

정답 ④

10

다음 사례에 관한 설명으로 가장 적절하지 않은 것은? (다툼이 있는 경우 판례에 의함)

> 군형법(2013.4.5. 법률 제11734호로 개정된 것) 제92조의6(추행)에서는 제1조 제1항부터 제3항까지에 규정된 사람에 대하여 항문성교나 그 밖의 추행을 한 사람은 2년 이하의 징역에 처한다고 규정하고 있는바, 해당조항이 헌법에 위반되는지에 대하여 위헌법률심판이 제청되었다.

① 「군형법」 제92조의6 중 '그 밖의 추행'에 관한 부분은 동성 간의 성적 행위에만 적용된다고 할 것이고, 추행죄의 객체 또한 군형법의 피적용자인 군인·군무원 등으로 명시하고 있으므로 행위 주체와 행위 객체에 관한 불명확성이 있다고 볼 수 없다.

② 동성 군인 사이의 합의에 의한 성적 행위라 하더라도 그러한 행위가 근무장소나 임무수행 중에 이루어진다면, 이는 국가의 안전보장 및 국토방위의 신성한 의무를 지는 국군의 전투력 보존에 심각한 위해를 초래할 위험성이 있으므로, 이를 처벌한다고 하여도 과도한 제한이라고 할 수 없다.

③ 「군형법」 제92조의6이 '동성 군인 간 사적공간이 아닌 곳에서 합의에 의한 성적 행위'만을 금지하고 이를 위반한 경우 형사처벌함으로써 이성 군인 간 합의에 의한 성적행위와 달리 취급한다고 볼 경우, 이와 같은 동성 간의 성적 행위와 이성 간의 성적 행위에 대한 차별은 헌법상 차별을 금지한 영역인 성을 이유로 한 남녀 차별의 문제이다.

④ 이 사건 조항이 이성 군인과 달리 동성 군인 간 합의에 의한 성적 행위를 처벌하는 것에는 합리적인 이유가 있다.

해설 ① (○) 군형법 제92조의6의 제정취지, 개정연혁 등을 살펴보면, 군형법 제92조의6 중 '그 밖의 추행'에 관한 부분은 동성 간의 성적 행위에만 적용된다고 할 것이고, 추행죄의 객체 또한 군형법의 피적용자인 군인·군무원 등으로 명시하고 있으므로 행위 주체와 행위 객체에 관한 불명확성이 있다고 볼 수 없다.(헌재 2023.10.26. 2017헌가16)

② (○) 사적 공간 이외의 장소에서의 동성 군인 간 합의에 의한 성적 행위를 처벌함으로써 군인 등의 성적 자기결정권이 제한된다고 하더라도, 이 사건 조항이 동성 군인 간의 구체적 행위 태양, 행위자들 사이의 관계, 그 행위가 공동생활이나 군기에 미치는 영향 등을 종합적으로 고려하여, 궁극적으로 군이라는 공동사회의 건전한 생활과 군기를 직접적, 구체적으로 침해할 우려가 있는 행위에 대해서만 적용되는 한 이를 두고 과도한 제한이라고 할 수 없다.(헌재 2023.10.26. 2017헌가16)

③ (×) 「군형법」 제92조의6이 '동성 군인 간 사적공간이 아닌 곳에서 합의에 의한 성적 행위'만을 금지하고 이를 위반한 경우 형사처벌함으로써 이성 군인 간 합의에 의한 성적행위와 달리 취급한다고 볼 경우에도, 이와 같은 동성 간의 성적 행위와 이성 간의 성적 행위에 대한 차별은 헌법상 차별을 금지한 영역인 성을 이유로 한 남녀 차별의 문제가 아니다. 따라서 이 사건 조항으로 인한 차별은 헌법에서 특별히 평등을 요구하고 있는 경우에 해당하지 아니하고, 앞서 살펴본 바와 같이 차별취급으로 인하여 관련 기본권에 대한 중대한 제한을 초래한다는 사정도 발견되지 않으므로, 자의금지원칙에 의한 완화된 심사척도를 적용하여 판단하면 족하다.(헌재 2023.10.26. 2017헌가16)

④ (○) 이 사건 조항이 이성 군인과 달리 동성 군인 간 합의에 의한 성적 행위를 처벌한다고 하여도, 이는 합리적인 이유가 있다고 볼 수 있으므로 이 사건 조항은 평등원칙에 위반되지 아니한다.(헌재 2023.10.26. 2017헌가16)

정답 ③

11

다음 설명 중 가장 적절하지 않은 것은?

① "감염인은 혈액 또는 체액을 통하여 다른 사람에게 전파매개행위를 하여서는 아니 된다."고 규정한 「후천성면역결핍증 예방법」 해당조항 중 '전파매개행위'는 타인을 인체면역결핍바이러스에 감염시킬 가능성이 있는 행위에 국한될 것임을 예측할 수 있어 명확성 원칙에 반하지 않는다.

② 의료인이 처방한 치료법을 성실히 이행하는 인체면역결핍바이러스 감염인의 경우 콘돔 사용 등의 예방조치 없이도 전파매개행위를 통해 타인을 바이러스에 감염시킬 가능성이 없음은 의·과학적으로 인정되는 사실인바, 이러한 경우도 금지 및 처벌의 대상으로 삼는 것은 입법목적 달성에 필요한 정도를 넘어서는 과도한 국가형벌권의 행사이다.

③ 아동·청소년이 등장하는 아동·청소년성착취물을 배포한 자를 3년 이상의 징역에 처하도록 한 아동·청소년의 성보호에 관한 법률 제11조 제3항은 책임과 형벌간의 비례원칙에 위반되지 않는다.

④ 노동조합을 지배·개입하는 행위를 금지하는 노동조합 및 노동관계조정법 제81조 제4호 본문 중 '근로자가 노동조합을 조직 또는 운영하는 것을 지배하거나 이에 개입하는 행위' 부분은 죄형법정주의의 명확성원칙에 위배되지 않는다.

해설 ① (○) 심판대상조항의 '체액', '전파매개행위'에 해당되는 물질 또는 행위의 범위가 불분명하여 법 집행기관에 의한 자의적 해석가능성이 있다고 할 수 없고, 심판대상조항에 대한 법관의 보충적인 해석이 필요하더라도 건전한 상식과 통상적인 법감정을 가진 사람으로 하여금 금지 및 처벌되는 행위를 충분히 알 수 있도록 규정하고 있다고 할 것이다. 따라서 심판대상조항은 죄형법정주의의 명확성원칙을 위반하지 않는다.(헌재 2023.10.26. 2019헌가30)

② (×) 상대방의 건강에 관한 자기결정권을 보장하기 위하여는 인체면역결핍바이러스의 전파가능성이 현저히 낮은 감염인이라고 하더라도 상대방에게 자신이 감염인임을 알리지 않고 예방조치 없이 성행위를 한 경우 이를 형사처벌의 대상으로 삼는 것은 불가피하며, 그 외에 입법목적 달성을 위한 덜 침해적인 대안을 찾기 어렵다. … 감염인의 제한 없는 방식의 성행위 등과 같은 사생활의 자유 및 일반적 행동자유권이 제약되는 것에 비하여 국민의 건강 보호라는 공익을 달성하는 것은 더욱 중대하다. 따라서 심판대상조항은 법익의 균형성을 갖추었다. 따라서 심판대상조항은 과잉금지원칙을 위반하여 감염인의 사생활의 자유 및 일반적 행동자유권을 침해하지 아니한다.(헌재 2023.10.26. 2019헌가30)

③ (○) 아동·청소년이 등장하는 아동·청소년성착취물을 배포한 자를 3년 이상의 징역에 처하도록 한 아동·청소년의 성보호에 관한 법률 제11조 제3항 중 '아동·청소년이 등장하는 아동·청소년성착취물을 배포한 자'에 관한 부분은 헌법에 위반되지 아니한다.(헌재 2022.11.24. 2021헌바144)

④ (○) 노동조합을 지배·개입하는 행위를 금지하는 노동조합 및 노동관계조정법 제81조 제4호 본문 중 '근로자가 노동조합을 조직 또는 운영하는 것을 지배하거나 이에 개입하는 행위' 부분은 죄형법정주의의 명확성원칙에 위배되지 않는다.(헌재 2022.5.26. 2019헌바341)

정답 ②

12

다음 사례에 관한 설명으로 가장 적절하지 않은 것은? (다툼이 있는 경우 판례에 의함)

> 관세법상 반송의 의미를 정의하는 관세법 제2조 제3호 중 '국내에 도착한' 부분, 물품을 반송하려면 세관장에게 신고하도록 하는 관세법 제241조 제1항 중 '반송'에 관한 부분, 미신고 반송행위를 처벌하는 관세법 제269조 제3항 제1호 중 '관세법 제241조 제1항에 따른 신고를 하지 아니하고 물품을 반송한 자'에 관한 부분, 반송물품원가 5억 원 이상의 미신고 반송행위를 가중처벌하는 '특정범죄 가중처벌 등에 관한 법률' 제6조 제3항 중 '관세법 제269조 제3항 제1호 가운데 제241조 제1항에 따른 신고를 하지 아니하고 물품을 반송한 자'에 관한 부분, 위와 같은 가중처벌 시에 반송물품원가에 따른 벌금을 필요적으로 병과하는 '특정범죄 가중처벌 등에 관한 법률' 제6조 제6항 제3호 중 '관세법 제269조 제3항 제1호 가운데 제241조 제1항에 따른 신고를 하지 아니하고 물품을 반송한 자'에 관한 부분에 대하여 위헌법률심판이 제청되었다.

① 이 사건 정의조항에서 규정하는 '국내에 도착한' 외국물품은 죄형법정주의의 명확성원칙에 위배되지 아니한다.

② 국내에 도착한 외국물품을 수입통관절차를 거치지 않고 다시 외국으로 반출하려면, 해당 물품의품명·규격·수량 및 가격 등을 세관장에게 신고하도록 하는 「관세법」조항은 환승 여행객인 청구인의 일반적 행동자유권을 제한한다.

③ 물품을 반송하려면 세관장에게 신고하도록 하는 「관세법」의 해당 조항 중 '반송'에 관한 부분은 과잉금지원칙에 반하여 환승 여행객의 일반적 행동자유권을 침해한다.

④ 밀반송범의 특성을 고려하여 반송물품의 원가를 기준으로 법정형을 차등적으로 규정하고, 반송물품원가가 5억 원 이상인 경우 물품원가에 상당하는 벌금을 필요적으로 병과하는 것이 책임과 형벌 간의 비례원칙에 위반된다고 볼 수 없다.

해설 ① (○) 이 사건 정의조항의 사전적 의미와 관련 조항을 종합하면, 이 사건 정의조항에서 규정하는 '국내에 도착한' 외국물품이란 외국으로부터 우리나라에 들여와 관세법에 따른 장치 장소, 즉 보세구역 또는 관세법 제155조 및 제156조의 장치 장소에 있는 물품으로서 수입신고가 수리되기 전의 물품을 의미하는 것으로 충분히 예측할 수 있다. 따라서 이 사건 정의조항은 죄형법정주의의 명확성원칙에 위배되지 아니한다.(헌재 2023.6.29. 2020헌바177)

② (○) 이 사건 신고의무조항이 환승 여행객의 일반적 행동자유권을 제한한다.(헌재 2023.6.29. 2020헌바177)

③ (×) 이 사건 신고의무조항은 과잉금지원칙에 반하여 환승 여행객의 일반적 행동자유권을 침해하지 아니한다.(헌재 2023.6.29. 2020헌바177)

④ (○) 입법자는 밀반송범의 특성을 고려하여 반송물품의 원가를 기준으로 법정형을 차등적으로 규정하고 있고, 법관은 개별 사건의 행위 태양이나 불법의 정도 등에 부합하도록 구체적인 형을 정할 수 있다. … 반송물품원가가 5억 원 이상인 경우 물품원가에 상당하는 벌금을 필요적으로 병과하는 것이 입법재량의 한계를 벗어났다고 볼 수 없다. 따라서 이 사건 처벌조항은 책임과 형벌 간의 비례원칙에 위반되지 아니한다.(헌재 2023.6.29. 2020헌바177)

③

13

다음 사례에 관한 설명으로 가장 적절하지 않은 것은? (다툼이 있는 경우 판례에 의함)

> 강제퇴거명령을 받은 사람을 보호할 수 있도록 하면서 보호기간의 상한을 마련하지 아니한 출입국관리법 제63조 제1항에 대하여 위헌법률심판이 제청되었다.

① 「출입국관리법」에 따라 강제퇴거대상자를 대한민국 밖으로 송환할 수 있을 때까지 보호시설에 인치·수용하여 강제퇴거명령을 효율적으로 집행할 수 있도록 함으로써 외국인의 출입국과 체류를 적절하게 통제하고 조정하여 국가의 안전과 질서를 도모하는 것은, 입법목적의 정당성과 수단의 적합성이 인정되지 않는다.

② 「출입국관리법」에 따른 보호시설 인치·수용의 경우 보호기간의 상한을 두지 아니함으로써 강제퇴거대상자를 무기한 보호하는 것을 가능하게 하는 것은 보호의 일시적·잠정적 강제조치로서의 한계를 벗어나는 것이라는 점 등을 고려할 때 침해의 최소성과 법익 균형성을 충족하지 못한다.

③ 행정절차상 강제처분에 의해 신체의 자유가 제한되는 강제처분의 집행기관으로부터 독립된 중립적인 기관이 이를 통제하도록 하는 것은 적법절차원칙의 중요한 내용에 해당한다

④ 강제퇴거명령을 받은 사람을 보호할 수 있도록 하면서 보호기간의 상한을 마련하지 아니한 「출입국관리법」상 보호는 그 개시 또는 연장단계에서 공정하고 중립적인 기관에 의한 통제절차가 없고 당사자에게 의견을 제출할 기회도 보장하고 있지 아니하므로 헌법상 적법절차원칙에 위배된다.

해설 ① (×) 심판대상조항은 강제퇴거대상자를 대한민국 밖으로 송환할 수 있을 때까지 보호시설에 인치·수용하여 강제퇴거명령을 효율적으로 집행할 수 있도록 함으로써 외국인의 출입국과 체류를 적절하게 통제하고 조정하여 국가의 안전과 질서를 도모하고자 하는 것으로, 입법목적의 정당성과 수단의 적합성은 인정된다.(헌재 2023.3.23. 2020헌가1)

② (○) 심판대상조항은 침해의 최소성과 법익균형성을 충족하지 못한다. 따라서 심판대상조항은 과잉금지원칙을 위반하여 피보호자의 신체의 자유를 침해한다.(헌재 2023.3.23. 2020헌가1)

③ (○) 행정절차상 강제처분에 의해 신체의 자유가 제한되는 강제처분의 집행기관으로부터 독립된 중립적인 기관이 이를 통제하도록 하는 것은 적법절차원칙의 중요한 내용에 해당한다.(헌재 2023.3.23. 2020헌가1)

④ (○) 심판대상조항은 보호의 개시 또는 연장 단계에서 공정하고 중립적인 기관에 의한 통제절차가 없고, 당사자에게 의견을 제출할 기회를 보장하고 있지 아니하므로, 헌법상 적법절차원칙에 위배된다.(헌재 2023.3.23. 2020헌가1)

정답 ①

14

다음 사례에 관한 설명으로 가장 적절하지 않은 것은? (다툼이 있는 경우 판례에 의함) [23 경찰1차]

> 검사 乙은 전기통신사업자 A에게 수사를 위하여 시민 甲의 '성명, 주민등록번호, 주소, 전화번호, 가입일' 등의 통신자료 제공을 요청하였고, A는 乙에게 2022.1.1.부터 2022.6.30.까지 甲의 통신자료를 제공하였다. 甲은 수사기관 등이 전기통신 사업자에게 통신자료 제공을 요청하면 전기통신사업자가 그 요청에 따를 수 있다고 정한 「전기통신사업법」 제83조에 대해 헌법소원심판을 청구하였다.

① A가 乙의 통신자료 제공요청에 따라 乙에게 제공한 甲의 성명, 주민등록번호, 주소, 전화번호, 아이디, 가입일 또는 해지일은 甲의 동일성을 식별할 수 있게 해주는 개인정보에 해당하므로 이 사건 법률조항은 甲의 개인정보자기결정권을 제한한다.

② 헌법상 영장주의는 체포·구속·압수·수색 등 기본권을 제한하는 강제처분에 적용되므로 강제력이 개입되지 않은 임의수사에 해당하는 乙의 통신자료 취득에 영장주의가 적용되지 않는다.

③ 이 사건 법률조항 중 '국가안전보장에 대한 위해를 방지하기 위한 정보수집'은 국가의 존립이나 헌법의 기본질서에 대한 위험을 방지하기 위한 목적을 달성함에 있어 요구되는 최소한의 범위 내에서의 정보수집을 의미하는 것으로 해석되므로 명확성원칙에 위배되지 않는다.

④ 효율적인 수사와 정보수집의 신속성, 밀행성 등의 필요성을 고려하여 甲에게 통신자료 제공 내역을 통지하도록 하는 것이 적절하지 않기 때문에, 이 사건 법률조항이 통신자료 취득에 대한 사후통지 절차를 두지 않은 것은 적법절차원칙에 위배되지 않는다.

해설 ① (○) 전기통신사업자가 수사기관 등의 통신자료 제공요청에 따라 수사기관 등에 제공하는 이용자의 성명, 주민등록번호, 주소, 전화번호, 아이디, 가입일 또는 해지일은 청구인들의 동일성을 식별할 수 있게 해주는 개인정보에 해당하므로, 이 사건 법률조항은 개인정보자기결정권을 제한한다.(헌재 2022.7.21. 2016헌마388)

② (○) 헌법상 영장주의는 체포·구속·압수·수색 등 기본권을 제한하는 강제처분에 적용되므로, 강제력이 개입되지 않은 임의수사에 해당하는 수사기관 등의 통신자료 취득에는 영장주의가 적용되지 않는다.(헌재 2022.7.21. 2016헌마388)

③ (○) 청구인들은 이 사건 법률조항 중 '국가안전보장에 대한 위해'의 의미가 불분명하다고 주장하나, '국가안전보장에 대한 위해를 방지하기 위한 정보수집'은 국가의 존립이나 헌법의 기본질서에 대한 위험을 방지하기 위한 목적을 달성함에 있어 요구되는 최소한의 범위 내에서의 정보수집을 의미하는 것으로 해석되므로, 명확성원칙에 위배되지 않는다.(헌재 2022.7.21. 2016헌마388)

④ (×) 이 사건 법률조항에 의한 통신자료 제공요청이 있는 경우 통신자료의 정보주체인 이용자에게는 통신자료 제공요청이 있었다는 점이 사전에 고지되지 아니하며, 전기통신사업자가 수사기관 등에게 통신자료를 제공한 경우에도 이러한 사실이 이용자에게 별도로 통지되지 않는다. 그런데 당사자에 대한 통지는 당사자가 기본권 제한 사실을 확인하고 그 정당성 여부를 다툴 수 있는 전제조건이 된다는 점에서 매우 중요하다. 효율적인 수사와 정보수집의 신속성, 밀행성 등의 필요성을 고려하여 사전에 정보주체인 이용자에게 그 내역을 통지하도록 하는 것이 적절하지 않다면 수사기관 등이 통신자료를 취득한 이후에 수사 등 정보수집의 목적에 방해가 되지 않는 범위 내에서 통신자료의 취득사실을 이용자에게 통지하는 것이 얼마든지 가능하다. 그럼에도 이 사건 법률조항은 통신자료 취득에 대한 사후통지절차를 두지 않아 적법절차원칙에 위배된다.(헌재 2022.7.21. 2016헌마388)

정답 ④

THEME

04 정신적 자유권

15

다음 사례에 관한 설명으로 가장 적절하지 않은 것은? (다툼이 있는 경우 판례에 의함)

> 청구인들은 '대체역의 편입 및 복무 등에 관한 법률'에 따른 대체역 편입신청이 인용되어, 대체복무요원으로 소집된 후 심판청구 당시 교정시설 내 생활관에서 합숙하며 복무하고 있었다. 대체복무기관을 '교정시설'로 한정한 복무기관조항, 대체복무요원의 복무기간을 '36개월'로 한 기간조항, 대체복무요원으로 하여금 '합숙'하여 복무하도록 한 합숙조항이 대체복무요원에게 과도한 복무 부담을 주고 대체역을 선택하기 어렵게 만드는 것으로서, 대체복무요원이 복무하는 기간, 방식, 기관에 관하여 규정한 대체역법 제18조 제1항, 제21조 제2항, 대체역법 시행령 제18조에 대하여 헌법소원심판을 청구하였다.

① 심판대상조항들에 대하여 입법목적의 정당성을 인정할 수 있다.
② 심판대상조항들은 수단의 적합성을 충족한다.
③ 심판대상조항들은 법익의 균형성에 반한다고 할 수 없다.
④ 심판대상조항들이 과잉금지원칙을 위반하여 양심의 자유를 침해한다.

해설 ① (○) 심판대상조항들은 헌법상 의무인 국방의 의무와 헌법상 기본권인 양심의 자유를 조화시키고, 국민개병제도와 징병제를 근간으로 하는 병역 제도하에서 현역복무와 대체복무 간에 병역부담의 형평을 기하여, 궁극적으로 우리나라의 병역 체계를 유지하고 국가의 안전보장과 국민의 기본권 보호라는 헌법적 법익을 실현하고자 하는 것이므로, 위와 같은 입법목적은 정당하다.(헌재 2024.5.30. 2021헌마117)

② (○) 대체역법 제16조에 따라 교정시설에서 복무하는 것은 집총 등 군사훈련이 수반되지 않고, 현역병은 원칙적으로 합숙복무를 하며, 대체복무요원 외에도 복무기간이 36개월인 병역들이 있는 점 등을 고려할 때, 심판대상조항들이 대체복무요원으로 하여금 교정시설에서 36개월동안 합숙하여 복무하도록 하는 것은 위와 같은 입법목적을 달성하는 데 일응 기여하고 있는바, 그 수단의 적합성을 인정할 수 있다.(헌재 2024.5.30. 2021헌마117)

③ (○) 심판대상조항들이 설정한 대체복무요원의 복무 장소, 기간 및 형태는, 교정시설에서의 근무 자체가 대체복무제도의 취지에 반하지 않는 점, 현역병도 복무 장소에 대한 선택권이 없는 점, 현역병의 군사적 역무와 군부대 안에서의 합숙복무는 특수하고 엄격한 사정이 있는 점 등을 고려한 것이다. 이를 통해 심판대상조항들은 대체복무제를 도입하여 국방의 의무와 양심의 자유를 조화시키고, 현역복무와 대체복무 간에 병역 부담의 형평을 기하여, 궁극적으로 국가의 안전보장과 국민의 기본권 보호라는 헌법적 법익을 실현하려는 목적을 가지고 있으므로, 이러한 공익이 심판대상조항들로 인한 대체복무요원의 불이익에 비하여 작다고 보기는 어렵다. 따라서 심판대상조항들은 법익의 균형성에 반한다고 할 수 없다.(헌재 2024.5.30. 2021헌마117)

④ (×) 심판대상조항들이 과잉금지원칙을 위반하여 양심의 자유를 침해한다고 볼 수 없다.(헌재 2024.5.30. 2021헌마117)

 ④

16

다음 설명 중 가장 적절하지 않은 것은?

① 장교는 군무와 관련된 고충사항을 집단으로 진정 또는 서명하는 행위를 하여서는 아니 된다고 규정한 「군인의 지위 및 복무에 관한 기본법」 제31조 제1항 제5호 중 '장교'에 관한 부분은 과잉금지원칙에 위반하여 청구인의 표현의 자유를 침해한다.

② 의료인이 임신 32주 이전에 태아의 성별을 임부 등에게 알리는 것을 금지한 의료법 제20조 제2항은 입법목적의 정당성을 인정할 수 있다.

③ 의료인이 임신 32주 이전에 태아의 성별을 임부 등에게 알리는 것을 금지한 의료법 제20조 제2항은 태아의 생명 보호라는 입법목적을 달성하기 위한 수단으로서 적합하지 아니하고, 부모가 태아의 성별 정보에 대한 접근을 방해받지 않을 권리를 필요 이상으로 제약하여 침해의 최소성에 반하고, 법익의 균형성도 상실하였으며, 결국 과잉금지원칙을 위반하여 부모가 태아의 성별 정보에 대한 접근을 방해받지 않을 권리를 침해한다.

④ 주민등록증에 지문을 수록하도록 한 구 주민등록법 조항, 주민등록증 발급신청서에 열 손가락의 지문을 찍도록 한 구 주민등록법 시행령 조항, 시장·군수·구청장으로 하여금 주민등록증 발급신청서를 관할 경찰서의 지구대장 또는 파출소장에게 보내도록 한 구 주민등록법 시행규칙 조항 및 피청구인 경찰청장이 지문정보를 보관·전산화하고 이를 범죄수사목적에 이용하는 행위는 헌법에 위배되지 아니한다.

해설 ① (×) 장교는 군무와 관련된 고충사항을 집단으로 진정 또는 서명하는 행위를 하여서는 아니 된다고 규정한 '군인의 지위 및 복무에 관한 기본법' 제31조 제1항 제5호 중 '장교'에 관한 부분은 과잉금지원칙에 위반하여 청구인의 표현의 자유를 침해하지 아니한다.(헌재 2024.4.25. 2021헌마1258)

② (○) 의료인에게 임신 32주 이전에 태아의 성별고지를 금지하여 낙태, 특히 성별을 이유로 한 낙태를 방지함으로써 성비의 불균형을 해소하고 태아의 생명을 보호하기 위해 입법된 것이므로 그 목적의 정당성을 수긍할 수 있다.(헌재 2024.2.28. 2022헌마356)

③ (○) 심판대상조항은 태아의 생명 보호라는 입법목적을 달성하기 위한 수단으로서 적합하지 아니하고, 부모가 태아의 성별 정보에 대한 접근을 방해받지 않을 권리를 필요 이상으로 제약하여 침해의 최소성에 반한다. 이에 따라 심판대상조항은 법익의 균형성도 상실하였고, 결국 과잉금지원칙을 위반하여 부모가 태아의 성별 정보에 대한 접근을 방해받지 않을 권리를 침해한다.(헌재 2024.2.28. 2022헌마356)

④ (○) 헌법재판소는 주민등록증에 지문을 수록하도록 한 구 주민등록법 조항, 주민등록증 발급신청서에 열 손가락의 지문을 찍도록 한 구 주민등록법 시행령 조항, 시장·군수·구청장으로 하여금 주민등록증 발급신청서를 관할 경찰서의 지구대장 또는 파출소장에게 보내도록 한 구 주민등록법 시행규칙 조항 및 피청구인 경찰청장이 지문정보를 보관·전산화하고 이를 범죄수사목적에 이용하는 행위에 대한 심판청구를 모두 기각하였다.(헌재 2024.4.25. 2020헌마542)

①

17

「국가보안법」에 관한 다음 설명 중 가장 적절하지 않은 것은?

① 북한의 국가성을 부인하고 이를 반국가단체로 보는 것은 헌법 제3조의 영토조항에서 비롯된 것으로, 북한을 반국가단체로 보아 온 국가보안법의 전통적 입장을 변경하여야 할 만큼 국제정세나 북한과의 관계가 본질적으로 변화하였다고 볼 수 없다.

② 반국가단체나 그 구성원 등의 활동을 찬양·고무·선전·동조한 사람을 처벌하도록 정하고 있는 국가보안법 제7조 제1항(이적행위조항)과 이적행위를 할 목적으로 문서·도화 기타의 표현물을 제작·운반·반포한 사람을 처벌하도록 정하고 있는 국가보안법 제7조 제5항(이적표현물 조항)은 표현의 자유를 침해하지 않는다.

③ 양심형성의 자유는 외부의 간섭과 강제로부터 절대적으로 보호되는 기본권이므로, 이적표현물의 소지·취득행위가 반포나 판매로 이어지거나 이를 통해 형성된 양심적 결정이 외부로 표현되고 실현되지 아니한 단계에서 이를 처벌하는 것은 헌법상 허용되지 아니한다

④ 이적행위를 할 목적으로 문서·도화 기타의 표현물을 소지·취득한 사람을 처벌하도록 정하고 있는 국가보안법 제7조 제5항(이적표현물 조항)은 과잉금지원칙에 위배되지 아니한다.

해설 ① (○) 북한의 국가성을 부인하고 이를 반국가단체로 보는 것은 헌법 제3조의 영토조항에서 비롯된 것으로, 대한민국과 북한이 이념적으로 대립해 온 역사적 상황에 대응하고자 한 대한민국 정부의 전략적인 고려의 결과이다. … 한반도를 둘러싼 지정학적 갈등은 여전히 계속되고 있고, 북한으로 인한 대한민국의 체제 존립의 위협 역시 지속되고 있는바, 북한을 반국가단체로 보아 온 국가보안법의 전통적 입장을 변경하여야 할 만큼 국제정세나 북한과의 관계가 본질적으로 변화하였다고 볼 수 없다.(헌재 2023.9.26. 2017헌바42)

② (○) 반국가단체나 그 구성원 등의 활동을 찬양·고무·선전·동조한 사람을 처벌하도록 정하고 있는 국가보안법 제7조 제1항 중 '찬양·고무·선전 또는 이에 동조한 자'에 관한 부분 및 이적행위를 할 목적으로 문서·도화 기타의 표현물을 제작·운반·반포한 사람을 처벌하도록 정하고 있는 국가보안법 제7조 제5항 중 '제1항 가운데 찬양·고무·선전 또는 이에 동조할 목적으로 제작·운반·반포한 자'에 관한 부분은 헌법에 위반되지 아니한다.(헌재 2023.9.26. 2017헌바42)

③ (×), ④ (○) 이적표현물조항 중 '소지·취득'에 관한 부분이 더 이상 이념적 성향에 대한 처벌수단이나 소수자를 탄압하는 도구로 악용될 가능성은 거의 없다. 더욱이 최근 증가하고 있는 전자매체 형태의 이적표현물의 경우에는, 소지·취득과 전파 사이에 시간적 간격이 거의 없고, 전파 범위나 대상이 어디까지 이를지도 예측할 수 없을 뿐만 아니라 일단 전파된 이후에는 이를 완전히 회수하는 것도 거의 불가능하므로, 이적표현물을 소지·취득하는 행위를 금지할 필요성은 종전보다 더욱 커졌다고도 볼 수 있다.(헌재 2023.9.26. 2017헌바42)

정답 ③

18

다음 사례에 관한 설명으로 가장 적절하지 않은 것은? (다툼이 있는 경우 판례에 의함)

> 북한 지역으로 전단 등 살포를 하여 국민의 생명·신체에 위해를 끼치거나 심각한 위험을 발생시키는 것을 금지하고, 이를 위반한 경우 처벌하는 '남북관계 발전에 관한 법률'(2020. 12. 29. 법률 제17763호로 개정된 것) 제24조 제1항 제3호 및 제25조 중 제24조 제1항 제3호에 관한 부분에 대하여 헌법소원심판이 청구되었다.

① 국가가 정치적 표현 내용을 규제하는 것은 원칙적으로 중대한 공익의 실현을 위하여 불가피한 경우에 한하여 허용되고, 특히 정치적 표현의 내용 중에서도 특정한 견해, 이념, 관점에 기초한 제한은 과잉금지원칙 준수 여부를 심사할 때 더 엄격한 기준이 적용되어야 한다.

② 심판대상조항은 목적의 정당성이 인정되며, 입법목적 달성에 적합한 수단이지만, 침해의 최소성 및 법익균형성을 충족하지 못하여 청구인들의 표현의 자유를 침해한다.

③ 법질서가 부정적으로 평가한 결과가 발생하였다고 하더라도 그러한 결과의 발생에 대한 책임이 없는 자에게 형벌을 가할 수는 없다는 형벌에 관한 책임주의는 형사법의 기본원리로서, 헌법상 법치국가의 원리에 내재하는 원리인 동시에, 국민 누구나 인간으로서의 존엄과 가치를 가지고 자신의 책임에 따라 스스로 행동을 결정할 것을 보장하고 있는 헌법 제10조의 취지로부터 도출되는 원리이다.

④ 심판대상조항에 따른 범죄가 성립하기 위한 국민의 생명·신체에 발생할 수 있는 위해나 심각한 위험이 전적으로 제3자인 북한의 도발로 초래된다는 점을 고려하더라도, 심판대상조항이 북한의 도발로 인한 책임을 전단 등 살포 행위자에게 전가하는 것으로 볼 수 없으므로 책임주의 원칙에 위배되지 아니한다.

해설 ① (○) 정치적 표현의 자유, 그 중에서도 정치적 표현의 내용을 제한하는 것은 엄격한 요건하에서만 허용된다.(헌재 2023.9.26. 2020헌마1724)

② (○) 심판대상조항은 과잉금지원칙에 위배되어 청구인들의 표현의 자유를 침해한다.(헌재 2023.9.26. 2020헌마1724)

③ (○) 법질서가 부정적으로 평가한 결과가 발생하였다고 하더라도 그러한 결과의 발생에 대한 책임이 없는 자에게 형벌을 가할 수는 없다는 형벌에 관한 책임주의는 형사법의 기본원리로서, 헌법상 법치국가의 원리에 내재하는 원리인 동시에, 국민 누구나 인간으로서의 존엄과 가치를 가지고 자신의 책임에 따라 스스로 행동을 결정할 것을 보장하고 있는 헌법 제10조의 취지로부터 도출되는 원리이다.(헌재 2023.9.26. 2020헌마1724)

④ (×) 법원이 구체적 사건에서 인과관계와 고의의 존부를 판단하여 범죄성립 여부를 결정할 수 있다고 하더라도, 이와 같이 국민의 생명·신체에 대한 위해나 심각한 위험의 발생이 전적으로 제3자인 북한에 의하여 초래되고 이에 대한 행위자의 지배가능성이 인정되지 않는 이상, 전단등 살포에 대하여 형벌을 부과하는 것은 비난가능성이 없는 자에게 형벌을 가하는 것과 다름이 없다. 따라서 심판대상조항은 책임주의원칙에도 위배되어 청구인들의 표현의 자유를 침해한다.(헌재 2023.9.26. 2020헌마1724)

정답 ④

19

다음 설명 중 가장 적절한 것은?

① 감염병 예방 및 감염 전파의 차단을 위하여 감염병의심자 등에 관한 인적사항 수집을 허용하는 구 「감염병의 예방 및 관리에 관한 법률」 제76조의2 제1항 제1호는 개인정보자기결정권을 침해한다.

② '당사자 사이에 혼인의사의 합의가 없음을 원인으로 하는 혼인무효판결에 의한 가족관계등록부 정정신청으로 해당 가족관계등록부가 정정된 때' 가운데 '그 혼인무효사유가 한쪽 당사자나 제3자의 범죄행위로 인한 경우'에 한정하여 등록부 재작성 신청권을 부여한 '가족관계등록부의 재작성에 관한 사무처리지침' 조항은 개인정보자기결정권을 침해하지 아니한다.

③ 법률에 따라 국내에서 출원공개된 경우 신규성 상실의 예외를 제한하는 「디자인보호법」 제36조 제1항 단서 중 '법률에 따라 국내에서 출원공개된 경우'에 관한 부분은 헌법에 위반된다.

④ 대한적십자사의 회비모금 목적으로 자료제공을 요청받은 국가와 지방자치단체는 특별한 사유가 없으면 그 자료를 제공하여야 한다고 규정한 「대한적십자사 조직법」 제8조 제3항 중 같은 조 제1항의 '회비모금'에 관한 부분 중 '특별한 사유'란 그 자체로는 너무나 불확정적인 용어임에도 '특별한 사유'를 수식하는 문구나 '특별한 사유'의 예시 등을 전혀 규정하고 있지 않으므로 청구인들의 개인정보자기결정권을 침해한다.

해설 ① (×) 이 사건 심판대상조항은 감염병이 유행하고 신속한 방역조치가 필요한 예외적인 상황에서 일시적이고 한시적으로 적용되는 점에서 개인정보자기결정권 제한의 효과가 제한적인 반면, 인적사항에 관한 정보를 이용한 적시적이고 효과적인 방역대책은 국민의 생명과 건강을 보호하기 위하여 필요할 뿐 아니라, 사회적·경제적인 손실 방지를 위하여도 필요한 것인 점에서 그 공익의 혜택 범위와 효과가 광범위하고 중대하다. 그러므로 이 사건 심판대상조항은 과잉금지원칙에 반하여 청구인의 개인정보자기결정권을 침해하지 않는다.(헌재 2024.4.25. 2020헌마1028)

② (○) 심판대상조항은 '당사자 사이에 혼인의사의 합의가 없음을 원인으로 하는 혼인무효판결에 의한 가족관계등록부 정정신청으로 해당 가족관계등록부가 정정된 때' 가운데 '그 혼인무효사유가 한쪽 당사자나 제3자의 범죄행위로 인한 경우'에 한정하여 등록부 재작성 신청권을 부여한 조항으로, 청구인과 같이 등록부 재작성 신청권이 인정되지 않는 경우에는 정정된 등록부가 보존되고, 그에 따라 청구인의 개인정보자기결정권이 제한된다. 심판대상조항은 청구인의 개인정보를 새로이 수집·관리하는 것이 아니고, 그러한 정보는 법령에 따른 교부 청구 등이 없는 한 공개되지 아니하므로, 심판대상조항으로 인하여 청구인이 입는 불이익이 중대하다고 보기는 어렵다. 반면, 심판대상조항이 가족관계의 변동에 관한 진실성을 담보하는 공익은 훨씬 중대하다고 할 것이므로 심판대상조항은 법익균형성이 인정된다. 따라서 심판대상조항은 과잉금지원칙을 위반하여 청구인의 개인정보자기결정권을 침해하지 않는다.(헌재 2024.1.25. 2020헌마65)

③ (×) 일반에 공개된 디자인은 공공의 영역에 놓인 것으로서 원칙적으로 누구나 자유롭게 이용할 수 있어야 한다는 점을 고려하면, 이미 출원공개된 디자인에 대하여 신규성 상실의 예외를 인정하지 않는 것에 합리적 이유가 없다고 볼 수 없다. 또한 디자인보호법상 디자인권의 효력, 관련 디자인제도 등을 고려할 때 법률에 따라 국내에서 출원공개된 경우 신규성 상실의 예외를 인정하지 않는다고 하더라도 디자인 등록 출원인에게 가혹한 결과를 초래한다고 볼 수 없다. 그러므로 심판대상조항은 입법형성권의 한계를 일탈하였다고 보기 어렵다.(헌재 2023.7.20. 2020헌바497)

④ (×) 대한적십자사로부터 회비모금 목적으로 자료제공을 요청받은 국가와 지방자치단체는 특별한 사유가 없으면 그 자료를 제공하도록 하고, 대한적십자사가 요청할 수 있는 자료의 범위를 대통령령에 정하도록 위임한'대한적십자사 조직법'제8조 제2항 및 같은 조 제3항 중 같은 조 제1항의'회비모금'에 관한 부분, 요청할 수 있는 자료에 주민등록법에 따른 세대주의 성명 및 주소를 규정한 같은 법 시행령 제2조 제1호 중 같은 법 제8조 제1항의'회비모금'에 관한 부분은 청구인들의 개인정보자기결정권을 침해한다고 볼 수 없다. (헌재 2023.2.23. 2019헌마1404)

정답 ②

20

변호사 광고 금지에 관한 다음 설명 중 가장 옳지 않은 것은? 23 법무사변형

① 대한변호사협회의 유권해석에 반하는 내용의 광고를 금지하고, 대한변호사협회의 유권해석에 위반되는 행위를 목적 또는 수단으로 하여 행하는 법률상담과 관련한 광고를 하거나 그러한 사업구조를 갖는 타인에게 하도록 하는 것을 금지하는 변호사 광고에 관한 규정은 법률유보원칙을 위반하여 변호사들의 표현의 자유, 직업의 자유를 침해한다.

② 변호사에 대하여 공정한 수임질서를 저해할 우려가 있는 무료 또는 부당한 염가의 수임료를 표방하거나 무료 또는 부당한 염가의 법률상담 방식을 내세운 광고를 금지하는 것은, 무고한 법률 소비자들의 피해를 막고 정당한 수임료나 법률상담료를 제시하는 변호사들을 보호함으로써 공정한 수임질서를 확립하기 위한 것으로 과잉금지원칙에 위배되지 아니한다.

③ 변호사 등이 아님에도 변호사 등의 직무와 관련한 서비스의 취급·제공 등을 표시하거나 소비자들이 변호사 등으로 오인하게 만들 수 있는 자에게 광고를 의뢰하거나 참여·협조하는 행위를 금지하는 변호사 광고에 관한 규정은 변호사 자격제도를 유지하고 소비자의 피해를 방지하기 위한 적합한 수단이다.

④ 변호사 또는 소비자로부터 금전·기타 경제적 대가를 받고 법률상담 또는 사건 등을 소개·알선·유인하기 위하여 변호사 등을 광고·홍보·소개하는 행위를 금지하는 변호사 광고에 관한 규정은 변호사법이 금지하는 특정 변호사에 대한 소개·알선·유인행위의 실질을 갖춘 광고행위를 금지하는 것으로 과잉금지원칙에 위배되지 아니한다.

해설 ① (○) 유권해석위반 광고금지규정은 변호사가 변협의 유권해석에 위반되는 광고를 할 수 없도록 금지하고 있다. 위 규정은 '협회의 유권해석에 위반되는'이라는 표지만을 두고 그에 따라 금지되는 광고의 내용 또는 방법 등을 한정하지 않고 있고, 이에 해당하는 내용이 무엇인지 변호사법이나 관련 회규를 살펴보더라도 알기 어렵다. 유권해석위반 광고금지규정 위반이 징계사유가 될 수 있음을 고려하면 적어도 수범자인 변호사는 유권해석을 통해 금지될 수 있는 내용들의 대강을 알 수 있어야 함에도, 규율의 예측가능성이 현저히 떨어지고 법집행기관의 자의적인 해석을 배제할 수 없는 문제가 있다. 따라서 위 규정은 수권법률로부터 위임된 범위 내에서 명확하게 규율 범위를 정하고 있다고 보기 어려우므로, 법률유보원칙에 위반되어 청구인들의 표현의 자유, 직업의 자유를 침해한다.(헌재 2022.5.26. 2021헌마619)

② (○) 무료 또는 부당한 염가의 수임료를 표방하거나 무료 또는 부당한 염가의 법률상담방식을 내세운 광고를 금지하는 것은, 무고한 법률 소비자들의 피해를 막고 정당한 수임료나 법률상담료를 제시하는 변호사들을 보호함으로써 공정한 수임질서를 확립하기 위한 것으로 그 공익은 매우 중대하다. 위와 같은 내용의 광고를 제외하고도청구인들에게는 다양한 방법과 내용의 광고가 원칙적으로 허용되는 점과 위 조항들로 인한 제한은 변호사에게 법률사무 전반을 독점시키고 있음에 따라 발생하는 규제인 점 등을 고려하면, 위 조항으로 달성하고자 하는 공익은 제한되는 사익보다 크다고 할 것이므로, 위 규정들은 법익의 균형성도 갖추었다. 따라서 위 규정들은 과잉금지원칙에 위배되지 아니한다.(헌재 2022.5.26. 2021헌마619)

③ (○) 위 규정은 변호사등이 아님에도 변호사등의 직무와 관련한 서비스의 취급·제공 등을 표시하거나 소비자들이 변호사등으로 오인하게 만들 수 있는 자에게 광고를 의뢰하거나 참여·협조하는 행위를 금지'하고 있다. 이는 비변호사의 법률사무 취급행위를 미연에 방지함으로써 법률 전문가로서 변호사 자격제도를 유지하고 소비자의 피해를 방지하기 위한 적합한 수단이다. … 따라서 위 규정은 과잉금지원칙에 위배되지 아니한다.(헌재 2022.5.26. 2021헌마619)

④ (×) 변호사광고에 대한 합리적 규제는 필요하지만, 광고표현이 지닌 기본권적 성질을 고려할 때 광고의 내용이나 방법적 측면에서 꼭 필요한 한계 외에는 폭넓게 광고를 허용하는 것이 바람직하다. 각종 매체를 통한 변호사 광고를 원칙적으로 허용하는 변호사법 제23조 제1항의 취지에 비추어 볼 때, 변호사등이 다양한 매체의 광고업자에게 광고비를 지급하고 광고하는 것은 허용된다고 할 것인데, 이러한 행위를 일률적으로 금지하는 위 규정은 수단의 적합성을 인정하기 어렵다. … 따라서 대가수수 광고금지규정은 과잉금지원칙에 위반되어 청구인들의 표현의 자유와 직업의 자유를 침해한다.(헌재 2022.5.26. 2021헌마619)

정답 ④

21

집회의 자유에 대한 설명으로 가장 적절하지 않은 것은? (다툼이 있는 경우 헌법재판소 판례에 의함)

① 막연히 폭력·불법적이거나 돌발적인 상황이 발생할 위험이 있다는 가정만을 근거로 하여 대통령 관저 인근이라는 특정한 장소에서 열리는 모든 집회를 금지하는 것은 헌법적으로 정당화되기 어렵다.

② 집회·시위를 위한 인천애(愛)뜰 잔디마당의 사용허가를 예외 없이 제한하는 인천애(愛)뜰의 사용 및 관리에 관한 조례 제7조 제1항 제5호 가목은 과잉금지원칙에 위배되어 청구인들의 집회의 자유를 침해한다.

③ 집회의 장소에 대한 선택은 집회의 성과를 결정짓는 주요 요인이 될 수 있으며, 집회의 장소를 선택할 자유는 집회의 자유의 한 실질을 형성한다.

④ 국회의장 공관의 경계 지점으로부터 100미터 이내의 장소에서의 옥외집회 또는 시위를 일률적으로 금지하고, 이를 위반한 집회·시위의 참가자를 처벌하는 구 「집회 및 시위에 관한 법률」조항은 국회의장의 원활한 직무 수행, 공관 거주자 등의 신변 안전, 주거의 평온, 공관으로의 자유로운 출입 등이 저해될 위험이 있음을 고려한 것으로 집회의 자유를 침해하지 않는다.

해설 ① (○) 대통령 관저 인근에서의 일부 집회를 예외적으로 허용한다고 하더라도 위와 같은 수단들을 통하여 심판대상조항이 달성하려는 대통령의 헌법적 기능은 충분히 보호될 수 있다. 따라서 개별적인 경우에 구체적인 위험 상황이 발생하였는지를 고려하지 않고, 막연히 폭력·불법적이거나 돌발적인 상황이 발생할 위험이 있다는 가정만을 근거로 하여 대통령 관저 인근이라는 특정한 장소에서 열리는 모든 집회를 금지하는 것은 헌법적으로 정당화되기 어렵다. 이러한 사정들을 종합하여 볼 때, 심판대상조항은 그 입법목적을 달성하는 데 필요한 최소한도의 범위를 넘어, 규제가 불필요하거나 또는 예외적으로 허용하는 것이 가능한 집회까지도 이를 일률적·절대적으로 금지하고 있으므로, 침해의 최소성에 위배된다. … 심판대상조항은 과잉금지원칙에 위배되어 집회의 자유를 침해한다.(헌재 2022.12.22. 2018헌바48)

② (○) 집회·시위를 위한 인천애뜰 잔디마당의 사용허가를 예외 없이 제한하는 '인천애(愛)뜰'의 사용 및 관리에 관한 조례 제7조 제1항 제5호 가목은 헌법에 위반된다.(헌재 2023.9.26. 2019헌마1417)

③ (○) 집회의 장소에 대한 선택은 집회의 성과를 결정짓는 주요 요인이 될 수 있으며, 집회의 장소를 선택할 자유는 집회의 자유의 한 실질을 형성한다.(헌재 2023.3.23. 2021헌가1)

④ (×) 심판대상조항은 국회의장 공관의 기능과 안녕을 저해할 우려가 있는 집회를 금지하는 데 머무르지 않고, '국회의장 공관의 경계 지점으로부터 100미터'라는 광범위한 장소적 기준만을 들어 국회의장 공관 인근의 모든 집회를 예외 없이 금지하고 있다. 이와 같은 금지는 단순한 장소적 제한에 그치는 것이 아니라 집회의 자유의 핵심적인 부분을 제한하는 것이라는 점을 고려해 보면, 심판대상조항으로 달성하려는 공익이 이로써 제한되는 집회의 자유보다 크다고 볼 수 없다. 따라서 심판대상조항은 과잉금지원칙에 위배되어 집회의 자유를 침해한다.(헌재 2023.3.23. 2021헌가1)

정답 ④

22

다음 설명 중 가장 적절하지 않은 것은?

① 한국방송공사로부터 수신료 징수업무를 위탁받은 자가 수신료를 징수할 때 그 고유업무와 관련된 고지행위와 결합하여 이를 행사하여서는 안 된다고 규정한 방송법 시행령 제43조 제2항은 방송의 자유를 침해하지 아니한다.

② 공공기관 등이 설치·운영하는 모든 게시판에 본인확인조치를 한 경우에만 정보를 게시하도록 하는 것은 게시판에 자신의 사상이나 견해를 표현하고자 하는 사람에게 표현의 내용과 수위 등에 대한 자기검열 가능성을 높이는 것이므로 익명표현의 자유를 침해한다.

③ 신문의 편집인 등으로 하여금 아동보호사건에 관련된 아동 학대행위자를 특정하여 파악할 수 있는 인적사항 등을 신문 등 출판물에 싣거나 방송매체를 통하여 방송할 수 없도록 하는 「아동학대범죄의 처벌 등에 관한 특례법」상 보도금지 조항은 국민의 알 권리를 침해하지 않는다.

④ 육군훈련소장이 훈련병에게 개신교, 불교, 천주교, 원불교 종교행사 중 하나에 참석하도록 한 것은 국가가 종교를 군사력 강화라는 목적을 달성하기 위한 수단으로 전락시키거나, 반대로 종교단체가 군대라는 국가권력에 개입하여 선교행위를 하는 등 영향력을 행사할 수 있는 기회를 제공하므로, 국가와 종교의 밀접한 결합을 초래한다는 점에서 헌법상 정교분리원칙에 위배된다.

해설 ① (○) 한국방송공사로부터 수신료 징수업무를 위탁받은 자가 수신료를 징수할 때 그 고유업무와 관련된 고지행위와 결합하여 이를 행사하여서는 안 된다고 규정한 방송법 시행령 제43조 제2항은 청구인의 방송의 자유를 침해하지 아니한다.(헌재 2024.5.30. 2023헌마820)

② (×) 심판대상조항에 따른 본인확인조치는 정보통신망의 익명성 등에 따라 발생하는 부작용을 최소화하여 공공기관등의 게시판 이용에 대한 책임성을 확보·강화하고, 게시판 이용자로 하여금 언어폭력, 명예훼손, 불법정보의 유통 등의 행위를 자제하도록 함으로써 건전한 인터넷 문화를 조성하기 위한 것이다. 심판대상조항이 규율하는 게시판은 그 성격상 대체로 공공성이 있는 사항이 논의되는 곳으로서 공공기관등이 아닌 주체가 설치·운영하는 게시판에 비하여 통상 누구나 이용할 수 있는 공간이므로, 공동체 구성원으로서의 책임이 더욱 강하게 요구되는 곳이라고 할 수 있다. … 따라서 심판대상조항은 청구인의 익명표현의 자유를 침해하지 않는다.(헌재 2022.12.22. 2019헌마654)

③ (○) 아동학대행위자 대부분은 피해아동과 평소 밀접한 관계에 있으므로, 행위자를 특정하여 파악할 수 있는 식별정보를 신문, 방송 등 매체를 통해 보도하는 것은 피해아동의 사생활 노출 등 2차 피해로 이어질 가능성이 매우 높다. 식별정보 보도 후에는 2차 피해를 차단하기 어려울 수 있고, 식별정보 보도를 허용할 경우 대중에 알려질 가능성을 두려워하는 피해아동이 신고를 자발적으로 포기하게 만들 우려도 있다. 따라서 아동학대행위자에 대한 식별정보의 보도를 금지하는 것이 과도하다고 보기 어렵다. … 따라서 보도금지조항은 언론·출판의 자유와 국민의 알 권리를 침해하지 않는다.(헌재 2022.10.27. 2021헌가4)

④ (○) 피청구인이 청구인들로 하여금 개신교, 천주교, 불교, 원불교 4개 종교의 종교행사 중 하나에 참석하도록 한 것은 그 자체로 종교적 행위의 외적 강제에 해당한다. 이는 피청구인이 위 4개 종교를 승인하고 장려한 것이자, 여타 종교 또는 무종교보다 이러한 4개 종교 중 하나를 가지는 것을 선호한다는 점을 표현한 것이라고 보여질 수 있으므로 국가의 종교에 대한 중립성을 위반하여 특정 종교를 우대하는 것이다. 또한, 이 사건 종교행사 참석조치는 국가가 종교를, 군사력 강화라는 목적을 달성하기 위한 수단으로 전락시키거나, 반대로 종교단체가 군대라는 국가권력에 개입하여 선교행위를 하는 등 영향력을 행사할 수 있는 기회를 제공하므로, 국가와 종교의 밀접한 결합을 초래한다는 점에서 정교분리원칙에 위배된다.(헌재 2022.11.24. 2019헌마941)

정답 ②

THEME

05 재산권

23

재산권에 관한 다음 설명 중 가장 적절하지 않은 것은?

① 살처분된 가축의 소유자가 축산계열화사업자인 경우에는 수급권 보호를 위하여 보상금을 계약사육농가에 지급한다고 규정한 「가축전염병 예방법」 제48조 제1항 제3호 단서는 헌법에 합치되지 아니한다.

② 군인연금법상 퇴역연금 수급자가 지방의회의원에 취임한 경우, 퇴역연금 전부의 지급을 정지하도록 규정한 구 「군인연금법」 제27조 제1항 제2호 중 '지방의회의원'에 관한 부분은 과잉금지원칙에 위반되어 지방의회의원으로 취임한 퇴역연금 수급자의 재산권을 침해한다.

③ 사실혼 배우자의 상속권을 인정하지 않은 민법 제1003조 제1항 중 '배우자' 부분은 생존 사실혼 배우자의 재산권을 침해한다.

④ 「감염병예방법」에 근거한 집합제한 조치로 인하여 일반음식점 영업이 제한되어 영업이익이 감소되었다고 하더라도, 일반음식점 운영자가 소유하는 영업시설·장비 등에 대한 구체적인 사용·수익 및 처분권한을 제한받는 것은 아니므로, 보상규정의 부재가 일반음식점 운영자의 재산권을 제한한다고 볼 수 없다.

해설 ① (○) 축산계열화사업자가 가축의 소유자라 하여 살처분 보상금을 오직 계약사육농가에만 지급하는 방식은 축산계열화사업자에 대한 재산권의 과도한 부담을 완화하기에 적절한 조정적 보상조치라고 할 수 없다. 따라서 심판대상조항은 조정적 보상조치에 관하여 인정되는 입법형성의 한계를 벗어나 가축의 소유자인 축산계열화사업자의 재산권을 침해한다.(헌재 2024.5.30. 2021헌가3)

② (○) 군인연금법상 퇴역연금 수급자가 지방의회의원에 취임한 경우, 퇴역연금 전부의 지급을 정지하도록 규정한 구 군인연금법 제27조 제1항 제2호 중 '지방의회의원'에 관한 부분은 과잉금지원칙에 위반되어 지방의회의원으로 취임한 퇴역연금 수급자의 재산권을 침해하므로 헌법에 합치하지 아니한다.(헌재 2024.4.25. 2022헌가33)

③ (×) 사실혼 배우자에게 상속권을 인정하지 아니하는 것은 상속인에 해당하는지 여부를 객관적인 기준에 의하여 파악할 수 있도록 함으로써 상속을 둘러싼 분쟁을 방지하고, 상속으로 인한 법률관계를 조속히 확정시키며, 거래의 안전을 도모하기 위한 것이다. 사실혼 배우자는 혼인신고를 함으로써 상속권을 가질 수 있고, 증여나 유증을 받는 방법으로 상속에 준하는 효과를 얻을 수 있으며, 근로기준법, 국민연금법 등에 근거한 급여를 받을 권리 등이 인정된다. 따라서 이 사건 법률조항이 사실혼 배우자의 상속권을 침해한다고 할 수 없다. … 청구인이 주장하는 사정들이 앞서 본 선례의 판단을 변경해야 할 만한 사정변경 등에 해당한다고 보기는 어렵다.(헌재 2024.3.28. 2020헌바494)

④ (○) 감염병예방법 제49조 제1항 제2호에 근거한 집합제한 조치로 인하여 청구인들의 반음식점 영업이 제한되어 영업이익이 감소되었다 하더라도, 청구인들이 소유하는 영업 시설·장비 등에 대한 구체적인 사용·수익 및 처분권한을 제한받는 것은 아니므로, 보상규정의 부재가 청구인들의 재산권을 제한한다고 볼 수 없다.(헌재 2023.6.29. 2020헌마1669)

정답 ③

24

유류분제도에 대한 다음 설명 중 가장 적절하지 않은 것은?

① 피상속인의 형제자매의 유류분을 규정한 민법 제1112조 제4호에 대하여 헌법재판소는 단순위헌 결정을 선고하였다.

② 유류분상실사유를 별도로 규정하지 아니한 민법 제1112조 제1호부터 제3호에 대하여 헌법재판소는 헌법불합치 결정을 선고하였다.

③ 민법 제1118조가 대습상속에 관한 제1001조 및 제1010조와 공동상속인 중 특별수익자의 상속분에 관한 제1008조를 유류분에 준용하는 부분에 대하여 헌법재판소는 헌법불합치 결정을 선고하였다.

④ 기여분에 관한 민법 제1008조의2를 준용하는 규정을 두지 아니한 민법 제1118조에 대하여 헌법재판소는 헌법불합치 결정을 선고하였다.

해설 ① (○) 피상속인의 형제자매는 상속재산형성에 대한 기여나 상속재산에 대한 기대 등이 거의 인정되지 않음에도 불구하고 피상속인의 의사를 제한하여 유류분권을 부여하는 것은 그 타당한 이유를 찾기 어렵다. … 민법 제1112조 제1호부터 제3호가 유류분상실사유를 별도로 규정하지 않고, 같은 조 제4호가 유류분권리자의 범위에 피상속인의 형제자매를 포함하는 것은 현저히 불합리하다고 할 것이다.(헌재 2024.4.25. 2020헌가4).

② (○) 비록 민법 제1004조 소정의 상속인 결격사유에는 해당하지 않지만 피상속인을 장기간 유기하거나 정신적·신체적으로 학대하는 등의 패륜적인 행위를 일삼은 상속인의 유류분을 인정하는 것은 일반 국민의 법감정과 상식에 반한다고 할 것이다. 따라서 민법 제1112조에서 유류분상실사유를 별도로 규정하지 아니한 것은 불합리하다고 아니할 수 없다.(헌재 2024.4.25. 2020헌가4).

③ (×) 대습상속에 관한 제1001조 및 제1010조와 공동상속인 중 특별수익자의 상속분에 관한 제1008조를 각 준용한 민법 제1118조는 모두 합리적이어서 이들로 인하여 침해되는 사익이 공익보다 더 크다고 보기 어렵다. 따라서 위 조항들은 모두 법익균형성을 충족한다.(헌재 2024.4.25. 2020헌가4)

④ (○) 기여분에 관한 민법 제1008조의2를 유류분반환청구 사건의 성질과 절차에 반하지 않는 범위 내에서 유류분에 준용하지 않고 있는 민법 제1118조가 합리적이거나 정당하다고 보기 어렵다.(헌재 2024.4.25. 2020헌가4)

정답 ③

25

「주택임대차보호법」에 대한 다음 설명 중 가장 적절한 것은?

① 주택 임차인이 계약갱신요구를 할 경우 임대인이 정당한 사유 없이 거절하지 못하도록 한 「주택임대차보호법」 조항은 재산권을 침해한다.

② 임대인이 실제 거주를 이유로 갱신을 거절한 후 정당한 사유 없이 제3자에게 임대한 경우 손해배상책임을 부담시키는 「주택임대차보호법」 조항은 재산권을 침해한다.

③ 계약갱신 시 차임이나 보증금 증액청구의 상한을 제한하는 「주택임대차보호법」 조항은 재산권을 침해한다.

④ 개정 「주택임대차보호법」 시행 당시 존속 중인 임대차에도 개정 「주택임대차보호법」 조항을 적용하도록 한 「주택임대차보호법」 부칙 제2조는 신뢰보호원칙에 반하여 계약의 자유와 재산권을 침해한다고 할 수 없다.

해설 ① (×) 계약갱신요구 조항의 경우, 임대인의 사용·수익권을 전면적으로 제한하는 것은 아니다. 또한 임차인의 계약갱신요구권은 임대차기간이 끝나기 6개월 전부터 2개월 전까지로 그 행사기간이 제한되고, 행사 횟수도 1회로 한정되며, 그로 인해 갱신되는 임대차의 법정 존속기간도 2년으로 규정되어 있다. 나아가 제6조의3 제1항 단서 각 호에 임대인이 계약갱신요구를 거절할 수 있는 사유를 규정하여 임대인의 기본권 제한을 완화하는 입법적 장치도 마련하고 있다. 법인 임대인이 제6조의3 제1항 단서 제8호에 근거해 계약갱신을 거절할 수 없더라도, 계약갱신요구권의 실효성 확보를 위해 실제 거주하려는 자를 임대인과 그 직계존속·직계비속으로 제한한 취지, 제6조의3 제1항 단서에 규정된 나머지 사유로 계약갱신을 거절하는 것이 가능한 점에 비추어 기본권 제한의 정도가 크지 않다.(헌재 2024.2.28. 2020헌마1343)

② (×) 손해배상조항 중 제6조의3 제5항의 경우, 임대인이 계약갱신요구의 회피 수단으로 갱신거절을 남용하는 것을 방지함과 동시에 계약갱신요구 제도의 실효성을 확보하기 위한 것이고, '정당한 사유', 즉 갱신거절 당시 예측할 수 없었던 것으로서 제3자에게 임대할 수밖에 없었던 불가피한 사정이 인정되는 경우에는 임대인이 손해배상책임을 면할 수 있어 임대인의 재산권 제한이 과도하다고 보기 어렵다. 손해배상 조항 중 제6조의3 제6항의 경우, 손해액의 입증책임을 완화함으로써 손해배상액 산정에 관한 다툼을 예방하고 임차인의 신속한 피해 구제가 이루어지도록 하여 분쟁을 조기에 해결할 수 있으며, 법정된 금액이 임대인이 제3자에게 임대함으로써 얻게 되는 이익이나 임차인이 입은 손해액 또는 임대인의 갱신거절 남용을 막을 수 있는 정도를 훨씬 상회한다고 볼 수 없으며, 사전에 손해배상액의 예정에 관한 합의를 함으로써 위 조항의 적용을 받지 않을 가능성도 존재하므로, 임대인의 계약의 자유나 재산권을 과도하게 제한한다고 볼 수 없다.(헌재 2024.2.28. 2020헌마1343)

③ (×) 차임증액한도 조항의 경우, 차임증액의 범위를 제한하는 것은 계약갱신요구권 제도의 실효성 확보를 위한 불가피한 규제이며, 증액 범위를 일정 비율로 제한할 뿐 그 액수를 직접 통제하거나 인상 자체를 금지하지 않고, 갱신된 임대차계약 기간 동안의 제한에 불과하며, 20분의 1의 비율이 지나치게 낮다고 볼 수 없다.(헌재 2024.2.28. 2020헌마1343)

④ (○) 주택 임대차와 같이 임차인의 주거안정 보장이라는 공익에 기초하여 사적인 계약관계를 규율하는 법률의 경우 임대차 시장의 상황 및 국민의 주거 안정 개선의 필요성 등 사회적·경제적 상황에 따라 새로운 법적 규율을 가하게 되는 것이 일반적이므로, 기존의 법적 규율 상태가 앞으로도 존속할 것이라는 임대인의 기대 또는 신뢰의 보호가치가 크다고 볼 수 없다.(헌재 2024.2.28. 2020헌마1343)

정답 ④

26

다음 설명 중 가장 적절한 것은?

① 임차인이 3기의 차임액에 해당하는 금액에 이르도록 차임을 연체한 사실이 있는 경우 임대인의 권리금 회수기회 보호의무가 발생하지 않는 것으로 규정한 「상가건물임대차보호법」 조항은 입법형성권의 한계를 일탈하여 재산권을 침해한다.

② 요양기관이 「의료법」 제33조 제2항을 위반하여 의료인의 면허나 의료법인 등의 명의를 대여받아 의료기관을 운영하였다는 사실을 수사기관의 수사 결과로 확인한 경우 국민건강보험공단으로 하여금 해당 요양기관이 청구한 요양급여비용의 지급을 보류할 수 있도록 규정한 구 「국민건강보험법」상 지급보류조항은 무죄추정의 원칙에 위반된다.

③ 요양기관이 의료법 제33조 제2항을 위반하여 의료인의 면허나 의료법인 등의 명의를 대여받아 의료기관을 운영하였다는 사실을 수사기관의 수사 결과로 확인한 경우 국민건강보험공단으로 하여금 해당 요양기관이 청구한 요양급여비용의 지급을 보류할 수 있도록 규정한 구 국민건강보험법상 지급보류조항은 의료기관 개설자의 재산권을 침해한다.

④ 금융위원회위원장이 2019.12.16. 시중 은행을 상대로 투기지역·투기과열지구 내 초고가 아파트(시가 15억 원 초과)에 대한 주택구입용 주택담보대출을 2019. 12. 17.부터 금지한 조치는 투기적 대출수요뿐 아니라 실수요자의 경우에도 예외 없이 대출을 금지한 점 등을 고려할 때, 해당 주택담보대출을 받고자 하는 청구인의 재산권을 침해한다.

해설 ① (×) 심판대상조항은 임차인이 임대차계약에 있어 임차인의 가장 기본적이고 주된 의무인 차임의 지급을 3기의 차임액에 해당하는 금액에 이르도록 이행하지 아니한 경우 임대인과 임차인 간의 신뢰관계가 깨졌다고 보아 당해 임차인을 권리금 회수기회 보호대상에서 제외함으로써 임대인과 임차인 양자 간의 이해관계를 조절하고 있는 것이라 할 수 있다. 나아가 급격한 경제상황의 변동 등과 같은 사정이 있어 임차인이 귀책사유 없이 차임을 연체하였다 하더라도 그와 같은 경제상황의 변동은 일차적으로 임차인 스스로가 감수하여야 할 위험에 해당하는 점, '상가건물 임대차보호법' 제11조 제1항에 의하면 임차인은 경제 사정의 변동 등을 이유로 차임 감액을 청구할 수 있는 점, 심판대상조항은 임차인이 차임을 단순히 3회 연체한 경우가 아니라 3기의 차임액에 해당하는 금액에 이르도록 연체한 경우에 한하여 임대인의 권리금 회수기회 보호의무가 발생하지 않는 것으로 규정하고 있는 점 등을 종합하여 볼 때, 심판대상조항은 입법형성권의 한계를 일탈하여 재산권을 침해한다고 할 수 없다.(헌재 2023.6.29. 2021헌바264)

② (×) 이 사건 지급보류조항은 사후적인 부당이득 환수절차의 한계를 보완하고, 건강보험의 재정 건전성이 악화될 위험을 방지하고자 마련된 조항이다. 그렇다면 사무장병원일 가능성이 있는 요양기관이 일정 기간 동안 요양급여비용을 지급받지 못하는 불이익을 받더라도 이를 두고 유죄의 판결이 확정되기 전에 죄 있는 자에 준하여 취급하는 것이라고 보기 어렵다. 따라서 이 사건 지급보류조항은 무죄추정의 원칙에 위반된다고 볼 수 없다.(헌재 2023.3.23. 2018헌바433)

③ (○) 이 사건 지급보류조항으로 인한 기본권 제한이 입법목적 달성에 필요한 최소한도에 그치기 위해 필요한 조치들이지만, 현재 이에 대한 어떠한 입법적 규율도 없다. 이러한 점을 종합하면, 이 사건 지급보류조항은 과잉금지원칙에 반하여 요양기관 개설자의 재산권을 침해한다.(헌재 2023.3.23. 2018헌바433)

④ (×) 금융위원회위원장이 2019.12.16. 시중 은행을 상대로 '투기지역·투기과열지구 내 초고가 아파트(시가 15억 원 초과)에 대한 주택구입용 주택담보대출을 2019.12.17.부터 금지한 조치'는 청구인의 재산권 및 계약의 자유를 침해하지 않는다.(헌재 2023.3.23. 2019헌마1399)

정답 ③

27

다음 사례에 관한 설명으로 가장 적절하지 않은 것은? (다툼이 있는 경우 판례에 의함)

> 청구인들은 의원급 의료기관 개설자로서 「의료사고 피해구제 및 의료분쟁 조정 등에 관한 법률」상의 보건의료기관개설자에 해당한다. 한국의료분쟁조정중재원장은 2018.1.23. 청구인들을 포함한 의원급 보건의료기관개설자에 대하여 '2018년도 손해배상금 대불비용 부담액 부과·징수 공고'를 하였다. 청구인들은 「의료사고 피해구제 및 의료분쟁 조정 등에 관한 법률」 제47조 제2항(보건의료기관개설자는 제1항에 따른 손해배상금의 대불에 필요한 비용을 부담하여야 하고, 그 금액과 납부방법 및 관리 등에 관하여 필요한 사항은 대통령령으로 정한다.) 및 제4항(제2항에 따라 보건의료기관개설자가 부담하는 비용은 「국민건강보험법」 제47조 제3항에도 불구하고 국민건강보험공단이 요양기관에 지급하여야 할 요양급여비용의 일부를 조정중재원에 지급하는 방법으로 할 수 있다. 이 경우 국민건강보험공단은 요양기관에 지급하여야 할 요양급여비용의 일부를 지급하지 아니하고 이를 조정중재원에 지급하여야 한다.)에 대하여 헌법소원심판을 청구하였다.

① 「의료사고 피해구제 및 의료분쟁 조정 등에 관한 법률」의 해당 조항이 보건의료기관개설자에게 부과하도록 하는 대불비용부담금은 보건의료기관개설자라는 특정한 집단이 반대급부 없이 납부하는 공과금의 성격을 가지므로 재정조달목적 부담금에 해당한다.

② 대불비용 부담금을 보건의료기관개설자에게 부과하는 「의료사고 피해구제 및 의료분쟁 조정 등에 관한 법률」 제47조 제2항 전단의 이 사건 부과조항은 과잉금지원칙에 위배되지 않는다.

③ 대불비용 부담금에 관하여 필요한 사항을 대통령령에 위임하는 「의료사고 피해구제 및 의료분쟁 조정 등에 관한 법률」 제47조 제2항 후단 중 '납부방법 및 관리 등'과 '그 금액' 부분은 포괄위임금지원칙에 위배되지 아니한다.

④ 국민건강보험공단이 요양기관에 지급하여야 할 요양급여비용의 일부를 조정중재원에 지급하는 방식으로 대불비용 부담금을 징수할 수 있도록 하는 「의료사고 피해구제 및 의료분쟁 조정 등에 관한 법률」 제47조 제4항은 과잉금지원칙에 위배되지 아니한다.

해설 ① (○) 보건의료기관개설자의 손해배상금 대불비용 부담은, 손해배상금 대불제도를 운영하기 위한 재원 마련을 위한 것이다. 의료사고에 대한 손해배상책임이 있는 보건의료기관개설자나 보건의료인 등은 사후적으로 구상의무를 짐으로써 대불 재원이 유지되는 관계에 있고, 개별 보건의료기관개설자의 대불비용 부담은 구체적인 손해배상책임의 유무와 관계가 없다. 또한, 이러한 금전납부의무 부과를 통하여 달성하려는 손해배상금 대불제도의 목적은 징수된 부담액으로 마련된 재원을 지출하여 실제로 대불이 이루어짐으로써 실현된다. 따라서 심판대상조항에 따라 손해배상금 대불비용을 보건의료기관개설자가 부담하는 것은, 손해배상금 대불제도의 시행이라는 특정한 공적 과제의 수행을 위한 재원 마련을 목적으로 보건의료기관개설자라는 특정한 집단이 반대급부 없이 납부하는 공과금의 성격을 가지므로, 재정조달목적 부담금에 해당한다.(헌재 2022.7.21. 2018헌바504)

② (○) 손해배상금 대불제도는 의료사고로 손해배상책임을 지게 되는 보건의료기관개설자들의 경제적 부담을 덜어 주고 안정적 진료환경 조성에 기여하는바, 이러한 측면에서 보건의료기관개설자는 손해배상금 대불제도를 통해 추구하는 공적과제와 객관적으로 근접한 집단이고 그 재원 마련을 위한 집단적인 책임이 있다. 의료기관개설자는 대불금의 지급으로 인해 분쟁의 신속한 종결이라는 효용을 얻게 되므로, 공적 과제와 특별히 밀접한 관련성도 인정된다. 따라서 이 사건 부과조항은 과잉금지원칙에 위배되지 않는다.(헌재 2022.7.21. 2018헌바504)

③ (×) 대불비용 부담금에 관하여 필요한 사항을 대통령령에 위임하는 의료분쟁조정법 제47조 제2항 후단 중 '납부방법 및 관리 등' 부분은 법률유보원칙 또는 포괄위임금지원칙에 위배되지 아니하나, 이 사건 위임조항 중 '그 금액' 부분은 포괄위임금지원칙에 위배된다.(헌재 2022.7.21. 2018헌바504)

④ (○) 이 사건 징수조항은 일종의 공제 방식을 통해 대불비용 부담금의 납입을 확실하게 담보하려는 것으로서 그 목적이 정당하고, 요양급여비용의 일부를 조정중재원이 바로 지급받는 방식으로 대불비용 부담금을 징수하는 것은 목적 달성에 적합하다. 대불비용 부담금의 납입이 지체되거나 거부된다면 대불제도의 재원 고갈을 피할 수 없다는 점, 대불비용 부담금 납입을 담보하기 위한 다른 수단이 규정되어 있지 않다는 점, 이 사건 징수조항은 단지 그 징수의 방법을 규정한 것으로서 부담금의 내용적인 측면에서 새로운 부담이나 의무를 부과하는 것은 아니라는 점을 종합하면, 이 사건 징수조항은 침해의 최소성과 법익의 균형성도 갖추었다. 따라서 이 사건 징수조항은 과잉금지원칙에 위배되지 않는다.(헌재 2022.7.21. 2018헌바504)

정답 ③

28

다음 사례에 관한 설명으로 가장 적절하지 않은 것은? (다툼이 있는 경우 판례에 의함)

> 통일부장관이 2010.5.24. 발표한 북한에 대한 신규투자 불허 및 투자확대 금지를 내용으로 하는 대북조치로 인하여 개성공업지구의 토지이용권을 사용·수익할 수 없게 됨에 따라 재산상 손실을 입은 경제협력사업자가 보상입법을 마련하지 아니한 입법부작위에 대하여 헌법소원을 제기하였다.

① 진정입법부작위에 대한 헌법소원심판청구는 헌법에서 기본권 보장을 위하여 법률에 명시적으로 입법위임을 하였음에도 입법자가 이를 이행하지 아니한 경우이거나, 헌법 해석상 특정인에게 구체적인 기본권이 생겨 이를 보장하기 위한 국가의 행위의무 내지 보호의무가 발생하였음이 명백함에도 불구하고 입법자가 아무런 입법조치를 취하지 아니한 경우에 한하여 허용된다.

② 통일부장관이 2010.5.24. 발표한 북한에 대한 신규투자 불허 및 진행 중인 사업의 투자확대 금지 등을 내용으로 하는 대북조치는 개성공단 내에 존재하는 토지나 건물, 설비, 생산물품 등에 직접 공용부담을 가하여 개별적, 구체적으로 이용을 제한하고자 하는 것이 아니며, 개성공단이라는 특수한 지역에 위치한 사업용 재산이 받는 사회적 제약이 구체화된 것일 뿐이므로, 공익목적을 위해 이미 형성된 구체적 재산권을 개별적, 구체적으로 제한하는 헌법 제23조 제3항 소정의 공용제한과는 구별된다.

③ 이 사건 대북조치로 인한 토지이용권의 제한은 헌법 제23조 제1항, 제2항에 따라 재산권의 내용과 한계를 정한 것인 동시에 재산권의 사회적 제약을 구체화하는 것으로 볼 수 있다.

④ 통일부장관이 2010. 5. 24. 발표한 북한에 대한 신규투자 불허 및 진행 중인 사업의 투자확대 금지 등을 내용으로 하는 대북조치로 인하여 재산상 손실을 입은 자에 대한 보상입법을 마련하지 않은 경우, 이는 헌법 해석상 보상규정을 두어야 할 입법의무가 도출됨에도 이를 이행하지 아니한 진정입법부작위에 해당하여 개성공단 내의 토지이용권을 사용·수익할 수 없게 된 청구인의 재산권을 침해한다.

해설 ① (○) 진정입법부작위에 대한 헌법소원심판청구는 헌법에서 기본권 보장을 위하여 법률에 명시적으로 입법위임을 하였음에도 입법자가 이를 이행하지 아니한 경우이거나, 헌법 해석상 특정인에게 구체적인 기본권이 생겨 이를 보장하기 위한 국가의 행위의무 내지 보호의무가 발생하였음이 명백함에도 불구하고 입법자가 아무런 입법조치를 취하지 아니한 경우에 한하여 허용된다.(헌재 2022.5.26. 2016헌마95)

② (○) 이 사건 대북조치는 개성공단 내에 존재하는 토지나 건물, 설비, 생산물품 등에 직접 공용부담을 가하여 개별적, 구체적으로 이용을 제한하고자 하는 것이 아니다. 이 사건 대북조치가 개성공단에서의 신규투자와 투자확대를 불허함에 따라 청구인이 이 사건 토지이용권을 사용·수익하지 못하게 되는 제한이 발생하기는 하였으나, 이는 개성공단이라는 특수한 지역에 위치한 사업용 재산이 받는 사회적 제약이 구체화된 것일 뿐이므로, 공익목적을 위해 이미 형성된 구체적 재산권을 개별적, 구체적으로 제한하는 헌법 제23조 제3항 소정의 공용 제한과는 구별된다.(헌재 2022.5.26. 2016헌마95)

③ (○) 이 사건 대북조치로 인한 토지이용권의 제한은 헌법 제23조 제1항, 제2항에 따라 재산권의 내용과 한계를 정한 것인 동시에 재산권의 사회적 제약을 구체화하는 것으로 볼 수 있다.(헌재 2022.5.26. 2016헌마95)

④ (×) 북한에 대한 투자는 그 본질상 다양한 요인에 의하여 변화하는 남북관계에 따라 불측의 손해가 발생할 가능성이 당초부터 있었고, 경제협력사업을 하고자 하는 자들은 이러한 사정을 모두 감안하여 자기 책임 하에 스스로의 판단으로 사업 여부를 결정하였다고 볼 것이다. 재산상 손실의 위험성이 이미 예상된 상황에서 발생한 재산상 손실에 대해 헌법 해석상으로 어떠한 보상입법의 의무가 도출된다고까지 보기는 어렵다. … 이러한 사정을 종합하면 헌법 해석상으로도 청구인의 재산상 손실에 대하여 보상입법을 마련할 의무가 도출된다고 할 수 없다.(헌재 2022.5.26. 2016헌마95)

정답 ④

06 직업선택의 자유

29

직업의 자유에 관한 다음 설명 중 가장 적절한 것은?

① 국민권익위원회 심사보호국 소속 5급 이하 7급 이상의 일반직공무원에 대하여 퇴직일부터 3년간 취업을 제한한 「공직자윤리법」 조항과 「공직자윤리법」 시행령 조항은 과잉금지원칙에 위반되어 직업선택의 자유를 침해한다.

② 안경사가 전자상거래 등을 통해 콘택트렌즈를 판매하는 행위를 금지하고 있는 「의료기사 등에 관한 법률」 조항은 안경사의 직업수행의 자유를 제한하고, 과잉금지원칙에 반하여 직업의 자유를 침해한다.

③ 「민간임대주택에 관한 특별법」에서는 임대의무기간이 4년인 '단기민간임대주택'을 규정하였던 제2조 제6호를 삭제하고, 아파트를 임대하는 민간매입임대주택을 '장기일반민간임대주택'에서 제외하였으며, 그 외의 장기일반민간임대주택의 임대의무기간은 종전 8년에서 10년으로 연장하였다(제2조 제5호). 또한 종전 법률에 따른 장기일반민간임대주택 중 아파트 민간매입임대주택과 단기민간임대주택의 임대의무기간이 종료한 날 그 등록이 말소되도록 하였는바(제6조 제5항), 개정 전 민간임대주택법에 따라 임대주택의 임대사업자로 등록한 청구인들의 경우, 임대의무기간이 종료되면 그 등록이 말소되고 종전과 같은 유형의 임대주택에 대하여 더 이상 임대사업자의 지위를 유지할 수 없으므로 등록말소에 관한 규정인 구 「민간임대주택에 관한 특별법」 제6조 제5항은 신뢰보호원칙에 반하여 청구인들의 직업의 자유를 침해한다.

④ 사업주로부터 위임을 받아 고용보험 및 산업재해보상보험에 관한 보험사무를 대행할 수 있는 기관의 자격을 일정한 기준을 충족하는 단체 또는 법인, 공인노무사 또는 세무사로 한정하고, 보험사무대행기관으로 공인회계사를 규정하지 않고 있는 「고용보험 및 산업재해보상보험의 보험료징수 등에 관한 법률」 제33조 제1항 전문 및 같은 법 시행령 제44조는 과잉금지원칙에 위배되어 공인회계사인 청구인들의 직업수행의 자유를 침해한다고 볼 수 없다.

해설 ① (×) 국민권익위원회 심사보호국 소속 5급 이하 7급 이상의 일반직공무원에 대하여 퇴직일부터 3년간 취업을 제한한 공직자윤리법 제17조 제1항 중 '대통령령으로 정하는 공무원'에 관한 부분 및 공직자윤리법 시행령 제31조 제1항 제7호 중 '국민권익위원회 심사보호국 소속 5급 이하 7급 이상의 일반직공무원'에 관한 부분은 헌법에 위배되지 아니한다.(헌재 2024.3.28. 2020헌마1527)

② (×) 심판대상조항은 안경사가 콘택트렌즈를 '전자상거래 등에서의 소비자보호에 관한 법률' 제2조에 따른 전자상거래 및 같은 조항에 따른 통신판매의 방법으로 판매하는 것을 금지하고 있는바, 이는 안경사의 직업 수행의 자유를 제한한다. … 심판대상조항에 의하여 제한되는 사익은 안경사가 전자상거래 등 방법으로 콘택트렌즈를 판매할 수 없게 됨에 따른 일정한 영업상 불이익과 소비자들의 다소간의 불편함에 불과하다. 반면, 심판대상조항이 달성하고자 하는 국민보건의 향상이라는 공익은 매우 크다. 따라서 심판대상조항은 법익의 균형성에 위반되지 않는다. 심판대상조항은 과잉금지원칙에 반하여 직업의 자유를 침해하지 아니한다.(헌재 2024.3.28. 2020헌가10)

③ (×) 2020. 8. 18. 법률 제17482호로 개정된 '민간임대주택에 관한 특별법'에서 단기민간임대주택과 아파트 장기일반민간임대주택을 폐지하면서, 종전에 등록한 경우에는 그 임대의무기간이 종료한 날 등록이 말소되도록 한 제6조 제5항의 위헌 여부에 대하여, 헌법재판소는 민간임대주택의 영역에서 기존의 법적 규율상태가 앞으로도 동일한 형태로 존속할 것이라는 임대사업자의 기대 또는 신뢰의 보호가치는, 임대주택제도의 개편 필요성, 주택시장 안정화 및 임대주택에 거주하는 임차인의 장기적이고 안정적인 주거 환경 보장이라는 공익보다 크다고 보기 어렵다는 이유를 들어 신뢰보호원칙에 위배되지 않는다고 판시하였다.(헌재 2024.2.28. 2020헌마1482)

④ (○) 법인이나 개인(공인노무사 및 세무사)과 달리 개인 공인회계사는 그 직무와 보험사무대행업무 사이의 관련성이 높다고 보기 어렵고, 사업주들의 접근이 용이하다거나 보험사무대행기관으로 추가해야 할 현실적 필요성이 있다고 보기도 어려우므로, 보험사무대행기관의 범위에 개인 공인회계사를 포함하지 않았다고 하여 과잉금지원칙에 위배되지는 않는다.(헌재 2024.2.28. 2020헌마139)

정답 ④

30

직업의 자유에 관한 다음 설명 중 가장 적절하지 않은 것은?

① 주 52시간 상한제를 정한 근로기준법 조항은 계약의 자유와 직업의 자유를 침해하지 않는다.

② 생활폐기물 수집·운반 대행계약과 관련하여 뇌물공여, 사기 등 범죄를 범하여 일정한 형을 선고받은 자를 3년 간 위 대행계약 대상에서 제외하도록 규정한 폐기물관리법 조항이 과잉금지원칙에 위배되어 직업수행의 자유를 침해한다고 볼 수 없다.

③ 간행물 판매자에게 정가 판매 의무를 부과하고, 가격할인의 범위를 가격할인과 경제상의 이익을 합하여 정가의 15퍼센트 이하로 제한하는 출판문화산업 진흥법 조항은 직업의 자유를 침해한다.

④ 동물약국 개설자가 수의사 등의 처방전 없이 판매할 수 없는 동물용의약품을 규정한 '처방대상 동물용의약품 지정에 관한 규정'은 동물약국 개설자들의 직업수행의 자유를 침해하지 아니한다.

해설 ① (○) 주 52시간 상한제조항은 과잉금지원칙에 반하여 청구인들의 계약의 자유 직업의 자유를 침해하지 않는다.(헌재 2024.2.28. 2019헌마500)

② (○) 생활폐기물 수집·운반 대행계약과 관련하여 뇌물공여, 사기 등 범죄를 범하여 일정한 형을 선고받은 자를 3년 간 위 대행계약 대상에서 제외하도록 규정한 폐기물관리법 제14조 제8항 제7호가 헌법에 위반되지 아니한다.(헌재 2023.12.21. 2020헌바189)

③ (×) 간행물 판매자에게 정가 판매 의무를 부과하고, 가격할인의 범위를 가격할인과 경제상의 이익을 합하여 정가의 15퍼센트 이하로 제한하는 출판문화산업 진흥법 제22조 제4항 및 제5항은 청구인의 직업의 자유를 침해한다고 할 수 없다.(헌재 2023.7.20. 2020헌마104)

④ (○) 심판대상조항의 입법목적은 수의사 등의 동물용의약품에 대한 전문지식을 통해 동물용의약품 오·남용 및 그로 인한 부작용 피해를 방지하여 동물복지의 향상을 도모함은 물론, 이를 통해 동물용의약품 오·남용에 따른 내성균 출현과 축산물의 약품 잔류 등을 예방하여 국민건강의 증진을 이루고자 함에 있으며 이러한 입법목적은 정당하다.(헌재 2023.6.29. 2021헌마199)

 정답 ③

31

직업의 자유에 관한 다음 설명 중 가장 적절하지 않은 것은?

① 문화체육관광부장관이 정부광고 업무를 한국언론진흥재단에 위탁하도록 한 「정부기관 및 공공법인 등의 광고시행에 관한 법률」 시행령 제6조 제1항은 광고대행업에 종사하는 자의 직업수행의 자유를 침해하지 아니한다.

② 아동학대관련범죄로 처벌받은 어린이집 원장 또는 보육교사의 자격을 행정청으로 하여금 취소할 수 있도록 규정한 「영유아보육법」상 조항은 직업의 자유를 침해한다.

③ 허가된 어업의 어획효과를 높이기 위하여 다른 어업의 도움을 받아 조업활동을 하는 행위를 금지한 「수산자원관리법」 조항은 직업수행의 자유를 침해하지 아니한다.

④ 시설경비업을 허가받은 경비업자로 하여금 '허가받은 경비업무외의 업무에 경비원을 종사하게 하는 것'을 금지하고, 이를 위반한 경비업자에 대한 허가를 취소하도록 정하고 있는 「경비업법」 제7조 제5항 중 '시설경비업무'에 관한 부분, 같은법 제19조 제1항 제2호 중 '시설경비업무'에 관한 부분은 과잉금지원칙에 위반하여 시설경비업을 수행하는 경비업자의 직업의 자유를 침해한다.

해설 ① (○) 문화체육관광부장관이 정부광고 업무를 한국언론진흥재단에 위탁하도록 한 「정부기관 및 공공법인 등의 광고시행에 관한 법률」 시행령 제6조 제1항이 광고대행업에 종사하는 청구인들의 직업수행의 자유를 침해하지 아니한다.(헌재 2023.6.29. 2019헌마227)

② (×) 아동학대관련범죄로 처벌을 받은 어린이집 원장 또는 보육교사에 대하여 행정청이 재량으로 자격을 취소할 수 있도록 한 영유아보육법 제48조 제1항 제3호 중 '아동복지법 제17조 제5호를 위반하여 아동복지법 제71조 제1항 제2호에 따라 처벌받은 경우'에 관한 부분이 헌법에 위반되지 않는다.(헌재 2023.5.25. 2021헌바234)

③ (○) 허가된 어업의 어획효과를 높이기 위하여 다른 어업의 도움을 받아 조업활동을 하는 행위를 금지한 수산자원관리법 제22조 제2호는 헌법에 위반되지 아니한다.(헌재 2023.5.25. 2020헌바604)

④ (○) 심판대상조항은 경비업무의 전념성이 훼손되는 정도를 고려하지 아니한 채 경비업자가 경비원으로 하여금 비경비업무에 종사하도록 하는 것을 일률적·전면적으로 금지하고, 경비업자가 허가받은 시설경비업무 외의 업무에 경비원을 종사하게 한 때에는 필요적으로 경비업의 허가를 취소하도록 규정하고 있는 점, 누구든지 경비원으로 하여금 경비업무의 범위를 벗어난 행위를 하게 하여서는 아니 된다며 이에 대한 제재를 규정하고 있는 경비업법 제15조의2 제2항, 제19조 제1항 제7호 등을 통해서도 경비업무의 전념성을 충분히 확보할 수 있는 점 등에 비추어 볼 때, 심판대상조항은 침해의 최소성에 위배되고, 경비업무의 전념성을 중대하게 훼손하지 않는 경우에도 경비원에게 비경비업무를 수행하도록 하면 허가받은 경비업 전체를 취소하도록 하여 경비업을 전부 영위할 수 없도록 하는 것은 법익의 균형성에도 반한다. 따라서 심판대상조항은 과잉금지원칙에 위반하여 시설경비업을 수행하는 경비업자의 직업의 자유를 침해한다.(헌재 2023.3.23. 2020헌가19)

정답 ②

32

다음 사례에 관한 설명으로 가장 적절한 것은? (다툼이 있는 경우 판례에 의함)

> 청구인들은 의원급 의료기관을 개설하여 운영하고 있는 사람들이다.
> 「의료법」 제45조의2 제1항(보고의무조항)에 의하면, 의료기관의 장은 보건복지부장관에게 보건복지부령으로 정하는 바에 따라 비급여 진료비용과 제증명수수료의 항목, 기준, 금액, 진료내역 등에 관한 사항을 보고하여야 한다.
> ‘비급여 진료비용 등의 공개에 관한 기준’ 제3조(이 사건 고시조항)에 의하면 비급여 진료비용 등의 현황조사·분석 결과의 공개대상인 의료기관이 ‘의원급’ 의료기관까지 확대되었다.
> 청구인들은 위 조항들에 대하여 이 사건 헌법소원심판을 청구하였다.

① 의료기관의 장으로 하여금 보건복지부장관에게 비급여 진료비용에 관한 사항을 보고하도록 한 「의료법」 조항은 포괄위임금지원칙에 반하여 의사의 직업수행의 자유와 환자의 개인정보자기결정권을 침해한다.

② 의료기관의 장으로 하여금 보건복지부장관에게 비급여 진료비용에 관한 사항을 보고하도록 한 의료법 조항은 과잉금지원칙에 반하여 의사의 직업수행의 자유와 환자의 개인정보자기결정권을 침해한다.

③ 의원급 의료기관의 비급여 진료비용에 관한 현황조사·분석 결과를 공개하도록 한 ‘비급여 진료비용 등의 공개에 관한 기준’ 고시 조항은 위임입법의 헌법적 한계를 준수한 상위법령에 근거하여 그 위임범위 내에서 규정한 것이므로 법률유보원칙에 반하지 아니한다.

④ 의원급 의료기관의 비급여 진료비용에 관한 현황조사·분석 결과를 공개하도록 한 ‘비급여 진료비용 등의 공개에 관한 기준’ 고시 조항은 과잉금지원칙에 반하여 청구인의 직업수행의 자유를 침해한다.

해설 ① (×) 보고의무조항은 비급여 진료비용에 대한 현황조사를 통해 건강보험 급여를 확대하고 그 결과를 공개함으로써 국민의 알권리를 보장하기 위한 것인바, 진료비의 규모와 사회적 수요 등을 고려할 때 국민 의료비에 영향을 많이 미치는 비급여 항목이 보고대상이 될 것이고, 상병명, 수술·시술명 등 비급여의 실태파악을 위해 필요한 정보가 보고대상인 '진료내역'에 포함될 것임을 예상할 수 있다. … 그러므로 보고의무조항은 포괄위임금지원칙에 반하지 아니한다.(헌재 2023.2.23. 2021헌마374)

② (×) 보고의무조항은 과도한 비급여 진료비용을 부담하게 하는 의료기관을 감독하고, 보고된 정보의 현황분석 결과를 공개함으로써 국민의 알권리와 의료선택권을 보장하며, 건강보험 급여를 확대하여 국민의 의료비 부담을 감소시키기 위한 입법목적을 가지고 있다. 이러한 입법목적은 정당하며, 비급여 진료정보를 보건복지부장관에게 보고하게 하는 것은 위 목적 달성에 효과적인 수단이다. … 그러므로 보고의무조항은 침해최소성이 인정되고, 법익 균형성을 갖추었다. 그러므로 보고의무조항은 과잉금지원칙에 반하지 아니한다.(헌재 2023.2.23. 2021헌마374)

③ (○) 이 사건 고시조항은 '비급여 진료비용에 대한 현황을 조사·분석하고 그 결과를 공개하는 의료기관'에 관하여 정한 것이므로 이 사건 시행규칙 조항으로부터 위임받은 범위 내에서 규정하고 있다. 따라서 이 사건 고시조항은 위임입법의 헌법적 한계를 준수한 상위법령에 근거하여 그 위임범위 내에서 규정한 것이므로 법률유보원칙에 반하지 아니한다.(헌재 2023.2.23. 2021헌마374)

④ (×) 이 사건 고시조항은 의료소비자의 알권리와 의료선택권을 보장하기 위한 것으로, 의료기관별 비급여 진료비용이 공개되면 의료소비자들이 의료기관을 선택하거나 비급여 진료를 이용할 것인지 여부를 결정할 때 도움을 받을 수 있다. 따라서 목적의 정당성과 수단의 적합성이 인정된다. … 이미 살핀 바와 같이 이 사건 고시조항으로 인해 제한되는 사익의 정도가 크다고 보기 어려운 반면, 이 사건 고시조항으로 달성하고자 하는 공익은 매우 중대하다. 따라서 법익 균형성을 갖추었다. 이 사건 고시조항은 과잉금지원칙에 반하지 아니한다.(헌재 2023.2.23. 2021헌마374)

정답 ③

33

직업의 자유에 관한 다음 설명 중 가장 적절한 것은?

① 헌법에는 최저임금제에 관한 규정이 없지만, 근로자에 대하여 임금의 최저수준을 보장하여 근로자의 생활안정과 노동력의 질적 향상을 도모하고자 최저임금제를 실시하고 있다.

② 택시운전근로자의임금중최저임금에산입되는범위에관한「최저임금법」 제6조 제5항 중 '생산고에 따른 임금을 제외한' 부분을 통해 택시운송사업자들의 직업의 자유를 다소간 제한하는 것을 감수하고서라도 택시운전근로자들의 생활안정 및 국민의 교통안전을 확보하고자 한 입법자의 판단은 공익과 사익 사이의 비례관계를 명백하게 벗어났다.

③ 감염병의 유행은 일률적이고 광범위한 기본권 제한을 허용하는 면죄부가 될 수 없고, 감염병의 확산으로 인한여 의료자원이 부족할 수도 있다는 막연한 우려를 이유로 확진환자 등의 국가시험응시를 일률적으로 금지하는 것은 직업선택의 자유를 과도하게 제한한 것이다.

④ 고위험자의 정의나 판단기준을 정하고 있지 않다고 하더라도, 시험장 출입 시 또는 시험 중에 37.5도 이상의 발열이나 기침 또는 호흡곤란 등의 호흡기 증상이 있는 응시자 중 국가시험 주관부서의 판단에 따른 고위험자를 의료기관에 일률적으로 이송하도록 하는 것은 피해의 최소성을 충족한다.

해설 ① (×) 헌법은 국가에게 근로자의 적정임금의 보장에 노력할 것과 법률이 정하는 바에 의하여 최저임금제를 시행할 의무를 부과하고 있으며(제32조 제1항), 최저임금법은 근로자에 대하여 임금의 최저수준을 보장하여 근로자의 생활안정과 노동력의 질적 향상을 꾀함으로써 국민경제의 건전한 발전에 이바지하는 것을 목적으로 한다.(헌재 2023.2.23. 2020헌바11)

② (×) 심판대상조항에 의하면 일반택시운송사업자(법인택시회사)는 생산고('생산고(生産高)'란 '생산액' 내지 '생산량'과 같은 말로서, '생산고에 따른 임금'이란 생산량에 따라 받는 임금을 말하는데, 택시운전근로자의 경우 고정급을 제외한 초과운송수입금 등을 의미한다.)에 따른 임금을 제외하고 고정급으로만 최저임금액 이상을 지급하여야 하는바, 심판대상조항은 과잉금지원칙에 위배되어 일반택시운송사업자들의 계약의 자유와 직업의 자유를 침해하지 아니한다.(헌재 2023.2.23. 2020헌바11)

③ (○) 감염병의 유행은 일률적이고 광범위한 기본권 제한을 허용하는 면죄부가 될 수 없고, 감염병의 확산으로 인하여 의료자원이 부족할 수도 있다는 막연한 우려를 이유로 확진환자 등의 시험 응시를 일률적으로 금지하는 것은 청구인들의 기본권을 과도하게 제한한 것이라고 볼 수밖에 없다. (헌재 2023.2.23. 2020헌마1736)

④ (×) 이 사건 고위험자 이송은 시험장 출입 시 또는 시험 중에 37.5도 이상의 발열이나 기침 또는 호흡곤란 등의 호흡기 증상이 있는 응시자 중 고위험자를 의료기관에 이송하도록 하면서도 고위험자의 정의나 판단기준을 정하고 있지 않다. 따라서 고위험자의 분류 및 이송이 반드시 감염병 확산 방지와 적정한 시험 운영 및 관리를 위하여 필요한 범위 내에서 최소한으로만 이루어질 것이 보장된다고 볼 수 없다. … 따라서 피청구인 측의 판단에 따라 '고위험자'를 일률적으로 의료기관에 이송하도록 한 이 사건 고위험자 이송은 피해의 최소성을 충족하지 못한다.(헌재 2023.2.23. 2020헌마1736).

 ③

34

다음 사례에 관한 설명으로 가장 적절하지 않은 것은? (다툼이 있는 경우 판례에 의함)

> 청구인들은 바늘로 살갗을 찔러서 색소를 투입하여 피부에 흔적을 남기는 시술('문신시술')을 업으로 영위하려고 하는 자들이다. 청구인들은 ① 의료인이 아닌 자의 문신시술업을 금지하고 처벌하는 「의료법」 제27조 제1항 본문 전단과 「보건범죄 단속에 관한 특별조치법」 제5조 제1호 중 「의료법」 제27조 제1항 본문 전단에 관한 부분, 그리고 ② 의료인이 아닌 사람도 문신시술을 업으로 행할 수 있도록 그 자격 및 요건을 법률로 정하지 아니한 입법부작위가 청구인들의 직업선택의 자유 등을 침해한다고 주장하며 헌법소원심판을 청구하였다.

① 의료인이 아닌 사람도 문신시술을 업으로 행할 수 있도록 그 자격 및 요건을 법률로 제정하도록 하는 내용의 명시적인 입법위임은 헌법에 존재하지 않으며, 문신시술을 위한 별도의 자격제도를 마련할지 여부는 여러 가지 사회적·경제적 사정을 참작하여 입법부가 결정할 사항으로, 그에 관한 입법의무가 헌법해석상 도출된다고 보기는 어렵다.

② 청구인은 의료인이 아니라도 문신시술업을 합법적인 직업으로 영위할 수 있어야 함을 주장하고 있고, 「의료법」 조항의 1차적 의도도 보건위생상 위해 가능성이 있는 행위를 규율하고자 하는 경우에는 직업선택의 자유를 중심으로 위헌 여부를 살피는 이상 예술의 자유 침해 여부는 판단하지 아니한다.

③ 의료인이 아닌 자의 문신시술업을 금지하고 처벌하는 것은 비의료인의 직업선택의 자유를 침해한다.

④ 의료인이 아닌 자의 문신시술업을 금지하고 처벌하는 「의료법」 조항 중 '의료행위'는, 의학적 전문지식을 기초로 하는 경험과 기능으로 진찰, 검안, 처방, 투약 또는 외과적 시술을 시행하여 하는 질병의 예방 또는 치료행위 이외에도 의료인이 행하지 아니하면 보건위생상 위해가 생길 우려가 있는 행위로 분명하게 해석되어 명확성원칙에 위배된다고 할 수 없다.

해설 ① (○) 의료인이 아닌 사람도 문신시술을 업으로 행할 수 있도록 그 자격 및 요건을 법률로 제정하도록 하는 내용의 명시적인 입법위임은 헌법에 존재하지 않으며, 문신시술을 위한 별도의 자격제도를 마련할지 여부는 여러 가지 사회적·경제적 사정을 참작하여 입법부가 결정할 사항으로, 그에 관한 입법의무가 헌법해석상 도출된다고 보기는 어렵다. 따라서 이 사건 입법부작위에 대한 심판청구는 입법자의 입법의무를 인정할 수 없다.(헌재 2022.3.31. 2017헌마1343)

② (○) 이 사건에서 청구인들은 의료인이 아니더라도 문신시술업을 합법적인 직업으로 영위할 수 있어야 함을 주장하고 있고, 심판대상조항의 일차적 의도도 보건위생상 위해 가능성이 있는 행위를 규율하고자 하는 데 있으며, 심판대상조항에 의한 예술의 자유 또는 표현의 자유의 제한은 문신시술업이라는 직업의 자유에 대한 제한을 매개로 하여 간접적으로 제약되는 것이라 할 것인바, 사안과 가장 밀접하고 침해의 정도가 큰 직업선택의 자유를 중심으로 심판대상조항의 위헌 여부를 살피는 이상 예술의 자유와 표현의 자유 침해 여부에 대하여는 판단하지 아니한다.(헌재 2022.3.31. 2017헌마1343)

③ (×) 심판대상조항으로 인하여 비의료인인 청구인들의 직업선택의 자유가 제한되나, 이는 위와 같은 중요한 공익에 비하여 그 침해의 정도가 중하다고 볼 수 없으므로 심판대상조항은 법익의 균형성을 위반하였다고 볼 수 없다. 따라서 심판대상조항은 명확성원칙에 위반되지 않으며 과잉금지원칙에도 위반되지 않아 청구인들의 직업선택의 자유를 침해한다고 보기 어렵다.(헌재 2022.3.31. 2017헌마1343)

④ (○) 의료법의 입법목적, 의료인의 사명에 관한 의료법상의 여러 규정 및 의료행위의 개념에 관한 대법원 판례 등을 종합적으로 고려해 보면, 심판대상조항 중 '의료행위'의 개념은 건전한 일반상식을 가진 자에 의하여 일의적으로 파악되기 어렵다거나 법관에 의한 적용단계에서 다의적으로 해석될 우려가 있다고 보기 어려우므로, 죄형법정주의의 명확성원칙에 위배된다고 할 수 없다.(헌재 2022.3.31. 2017헌마1343)

 ③

07 선거권과 선거제도

35

선거제도에 관한 다음 설명 중 가장 적절하지 않은 것은?

① 종교단체 내에서의 직무상 행위를 이용한 선거운동을 금지하는 「공직선거법」 제85조 제3항 중 '누구든지 종교적인 기관·단체 등의 조직내에서의 직무상 행위를 이용하여 그 구성원에 대하여 선거운동을 하거나 하게 할 수 없다' 부분, 이를 위반한 경우 처벌하는 같은 법 제255조 제1항 제9호 중 위 금지조항에 관한 부분은 과잉금지원칙을 위반하여 선거운동 등 정치적 표현의 자유를 침해하지 않는다.

② 선거운동은 국민주권 행사의 일환일 뿐 아니라 정치적 표현의 자유의 한 형태로서 민주사회를 구성하고 움직이게 하는 요소이므로, 그 제한입법의 위헌 여부에 대하여는 엄격한 심사기준이 적용된다.

③ 지방공사 상근직원에 대하여 공직선거와 관련한 선거운동을 원칙적으로 금지하고 이에 위반한 행위를 처벌하는 「공직선거법」 조항에 대하여 헌법재판소는 선거운동을 전면적으로 금지하여야 할 정도로 지방공사 상근직원의 권한이 크다고 보기 어렵고, 공직선거법은 이미 지방공사의 상근직원이 직무상 행위를 이용해 선거의 공정성 및 형평성을 해할 수 있는 행위를 금지하고 그 위반행위를 처벌하는 규정을 별도로 마련하고 있으며, 선거운동의 전면금지 외에 선거운동의 자유가 제한되는 영역을 적절한 범위로 조정할 방법이 있는 점 등을 고려했을 때 심판대상조항은 지방공사 상근직원의 선거운동의 자유를 침해한다고 판단하였다.

④ 사전투표관리관이 투표용지의 일련번호를 떼지 아니하고 선거인에게 교부하도록 정한 「공직선거법」 조항은 선거권을 침해한다.

해설 ① (○) 종교단체 내에서의 직무상 행위를 이용한 선거운동을 금지하는 공직선거법(2014.2.13. 법률 제12393호로 개정된 것) 제85조 제3항 중 '누구든지 종교적인 기관·단체 등의 조직내에서의 직무상 행위를 이용하여 그 구성원에 대하여 선거운동을 하거나 하게 할 수 없다' 부분, 이를 위반한 경우 처벌하는 같은 법 제255조 제1항 제9호 중 위 금지조항에 관한 부분이 헌법에 위반되지 아니한다.(헌재 2024.1.25. 2021헌바233)

② (○) 선거운동은 국민주권 행사의 일환일 뿐 아니라 정치적 표현의 자유의 한 형태로서 민주사회를 구성하고 움직이게 하는 요소이므로, 그 제한입법의 위헌 여부에 대하여는 엄격한 심사기준이 적용되어야 할 것이다.(헌재 2024.1.25. 2021헌가14)

③ (○) 지방공사 상근직원에 대하여 일체의 선거운동을 금지하는 것은, 선거운동의 자유를 중대하게 제한하는 정도에 비하여 선거의 공정성 및 형평성의 확보라는 공익에 기여하는 바가 크지 않으므로, 법익의 균형성을 충족하지 못하는 것이다. … 심판대상조항은 과잉금지원칙을 위반하여 지방공사 상근직원의 선거운동의 자유를 침해한다.(헌재 2024.1.25. 2021헌가14)

④ (×) 바코드 방식의 일련번호는 육안으로는 식별이 어렵기에 누군가가 바코드를 기억하여 특정 선거인의 투표용지를 식별해 내는 등의 방식으로 비밀투표원칙에 위배될 것을 상정하기는 어렵다. 나아가 공직선거법은 바코드에 선거인을 식별할 수 있는 개인정보가 들어가지 않도록 관리하고 있다. 따라서 공선법 조항이 국민의 선거권의 행사 등을 부당하게 제한하거나 국민의 주권행사를 왜곡되게 반영하도록 한다고 할 수 없으므로, 청구인들의 선거권을 침해하지 아니한다.(헌재 2023.10.26. 2022헌마232)

정답 ④

36

다음 사례에 관한 설명으로 가장 적절하지 않은 것은? (다툼이 있는 경우 판례에 의함)

> 「공직선거법」이 2020.1.14. 법률 제16864호로 개정되면서 47석의 비례대표의석을 지역구의석과 연동하여 배분하는 준연동형 비례대표제를 채택하기로 하였다.
> 청구인들은 준연동형 비례대표제를 도입한 공직선거법 조항이 직접선거원칙이나 평등선거원칙에 위배되어 청구인들의 선거권과 피선거권 등을 침해한다고 주장하면서 헌법소원을 제기하였다.

① 입법자가 국회의원 선거제도를 형성함에 있어 헌법 제41조 제1항에 명시된 보통·평등·직접·비밀선거의 원칙과 자유선거 등 국민의 선거권이 부당하게 제한되지 않는 한 헌법에 위반된다고 할 수 없다.

② 이 사건 의석배분조항은 선거권자의 정당투표결과가 비례대표의원의 의석으로 전환되는 방법을 확정하고 있으므로 직접선거원칙에 위배되지 않는다.

③ 헌법 제41조 제1항에서 천명하고 있는 평등선거의 원칙은 평등의 원칙이 선거제도에 적용된 것으로서 투표의 수적인 평등을 의미할 뿐만 아니라 투표의 성과가치의 평등, 즉 1표의 투표가치가 대표자선정이라는 선거의 결과에 대하여 기여한 정도에 있어서도 평등하여야 함을 의미한다.

④ 이 사건 의석배분조항은 정당의 투표전략으로 인하여 실제 선거에서 양당체제를 고착화시키는 결과를 초래하였으므로, 의석배분조항은 투표가치를 왜곡하고 선거의 대표성의 본질을 침해하여 평등선거원칙에 위배된다.

해설 ① (○) 국회의원 선거제도는 법률이 정하는 바에 의하여 구체적으로 결정되는 것이므로, 입법형성권을 갖고 있는 입법자는 우리나라 선거제도와 정당의 역사성, 우리나라 선거 및 정치문화의 특수성, 정치적·경제적·사회적 환경, 선거와 관련된 국민의식의 정도와 법 감정을 종합하여 국회의원 선거제도를 합리적으로 입법할 수 있다. 입법자가 국회의원 선거제도를 형성함에 있어 헌법 제41조 제1항에 명시된 보통·평등·직접·비밀선거의 원칙과 자유선거 등 국민의 선거권이 부당하게 제한되지 않는 한 헌법에 위반된다고 할 수 없다.(헌재 2023.7.20. 2019헌마1443)

② (○) 이 사건 의석배분조항은 선거권자의 정당투표결과가 비례대표의원의 의석으로 전환되는 방법을 확정하고 있고, 선거권자의 투표 이후에 의석배분방법을 변경하는 것과 같은 사후개입을 허용하고 있지 않다. 따라서 이 사건 의석배분조항은 직접선거원칙에 위배되지 않는다.(헌재 2023.7.20. 2019헌마1443)

③ (○) 헌법 제41조 제1항에서 천명하고 있는 평등선거의 원칙은 평등의 원칙이 선거제도에 적용된 것으로서 투표의 수적인 평등을 의미할 뿐만 아니라 투표의 성과가치의 평등, 즉 1표의 투표가치가 대표자선정이라는 선거의 결과에 대하여 기여한 정도에 있어서도 평등하여야 함을 의미한다.(헌재 2023.7.20. 2019헌마1443)

④ (×) 이 사건 의석배분조항은 위성정당 창당과 같은 지역구의석과 비례대표의석의 연동을 차단시키기 위한 선거전략을 통제하는 제도를 마련하고 있지 않으나, 이 사건 의석배분조항이 개정 전 공직선거법상의 병립형 선거제도보다 선거의 비례성을 향상시키고 있고, 이러한 방법이 헌법상 선거원칙에 명백히 위반된다는 사정이 발견되지 않으므로, 정당의 투표전략으로 인하여 실제 선거에서 양당체제를 고착화시키는 결과를 초래하였다는 이유만으로, 의석배분조항이 투표가치를 왜곡하거나 선거의 대표성의 본질을 침해할 정도로 현저히 비합리적인 입법이라고 보기는 어렵다. 따라서 이 사건 의석배분조항은 평등선거원칙에 위배되지 않는다.(헌재 2023.7.20. 2019헌마1443)

정답 ④

37

선거제도에 관한 다음 설명 중 가장 적절하지 않은 것은?

① 화환의 설치는 경제적 차이로 인한 선거 기회 불균형을 야기할 수 있으나 「공직선거법」상 선거비용 규제 등을 통해서 해결할 수 있고, 후보자 비방 금지 규정 등을 통해 무분별한 흑색선전 등의 방지도 가능하므로, 「공직선거법」상 해당 조항이 선거일 전 180일부터 선거일까지라는 장기간 동안 선거에 영향을 미치게 하기 위한 화환의 설치를 금지하는 것은 과잉금지원칙에 위반되어 정치적 표현의 자유를 침해한다.

② 선거일 전 180일부터 선거일까지 선거에 영향을 미치게 하기 위한 인쇄물의 살포행위를 금지·처벌하고 있는 「공직선거법」 조항은 과잉금지원칙에 위배되어 정치적 표현의 자유를 침해한다.

③ 국회의원을 후원회지정권자로 정하면서 「지방자치법」의 '도'의회의원, '시'의회의원을 후원회지정권자에서 제외하고 있는 「정치자금법」 제6조 제2호는 국회의원과 지방의회의원의 업무의 특성을 고려한 합리적 차별로 평등권을 침해하지 않는다.

④ 선거운동기간 전에 「공직선거법」에 의하지 않은 선전시설물·용구를 이용한 선거운동을 금지하고, 이에 위반한 경우 처벌하도록 한 「공직선거법」 제254조 제2항 중 '선전시설물·용구'에 관한 부분은 헌법에 위반되지 아니한다.

해설 ① (○) 심판대상조항은 선거일 전 180일부터 선거일까지라는 장기간 동안 선거와 관련한 정치적 표현의 자유를 광범위하게 제한하고 있다. 화환의 설치는 경제적 차이로 인한 선거 기회 불균형을 야기할 수 있으나, 그러한 우려가 있다고 하더라도 공직선거법상 선거비용 규제 등을 통해서 해결할 수 있다. 또한 공직선거법상 후보자 비방 금지 규정 등을 통해 무분별한 흑색선전 등의 방지도 가능하다. 이러한 점들을 종합하면, 심판대상조항은 목적 달성에 필요한 범위를 넘어 장기간 동안 선거에 영향을 미치게 하기 위한 화환의 설치를 금지하는 것으로, 과잉금지원칙에 위반되어 정치적 표현의 자유를 침해한다.(헌재 2023.6.29. 2023헌가12)

② (○) 공직선거법 제93조 제1항 본문 중 '인쇄물 살포'에 관한 부분 및 제255조 제2항 제5호 중'제93조 제1항 본문의 인쇄물 살포'에 관한 부분은 모두 과잉금지원칙에 반하여 정치적 표현의 자유를 침해한다.(헌재 2023.3.23. 2023헌가4)

③ (×) 심판대상조항이 국회의원과 달리 지방의회의원을 후원회지정권자에서 제외하고 있는 것은 불합리한 차별로서 청구인들의 평등권을 침해한다.(헌재 2022.11.24. 2019헌마528)

④ (○) 선거운동기간 전에 공직선거법에 의하지 않은 선전시설물·용구를 이용한 선거운동을 금지하고, 이에 위반한 경우 처벌하도록 한 공직선거법 제254조 제2항 중 '선전시설물·용구'에 관한 부분은 헌법에 위반되지 아니한다.(헌재 2022.11.24. 2021헌바301)

 ③

38

선거제도에 관한 다음 설명 중 가장 적절하지 않은 것은?

① 누구든지 선거일 전 180일부터 선거일까지 선거에 영향을 미치게 하기 위한 광고, 문서·도화의 첩부·게시를 금지하는 「공직선거법」조항은 과잉금지원칙에 반하여 정치적 표현의 자유를 침해한다.

② 「공직선거법」 제103조 제3항은 금지되는 행위를 '향우회·종친회·동창회·단합대회 또는 야유회, 그 밖의 집회나 모임'의 개최라고 규정하고 있으므로, 향우회·종친회·동창회·단합대회 또는 야유회 등과 유사한 것인지 여부를 불문하고 '모든 집회나 모임'의 개최를 금지하는 것이 명확하여, 위 조항 중 '그 밖의 집회나 모임' 부분은 죄형법정주의의 명확성원칙에 위배되지 않는다

③ 선거기간 중 선거에 영향을 미치게 하기 위한 그 밖의 집회나 모임의 개최를 금지하는 「공직선거법」 제103조 제3항 해당 부분은 입법목적 달성을 위하여 필요한 범위를 넘어 선거기간 중 선거에 영향을 미치게 하기 위한 유권자의 집회나 모임을 일률적으로 금지·처벌하고 있으므로 과잉금지의 원칙에 반하여 집회의 자유 및 정치적 표현의 자유를 침해한다.

④ 공직선거법 규정에 의한 공개장소에서의 연설·대담장소 또는 대담·토론회장에서 연설·대담·토론용으로 사용하는 경우를 제외하고는 선거운동을 위하여 확성장치를 사용할 수 없도록 하고, 이를 위반할 경우 처벌하도록 한 공직선거법상 확성장치사용 금지조항은 헌법에 위반된다.

해설 ① (○) 문서·도화게시 등 금지조항은 선거에서의 균등한 기회보장과 선거의 공정성 확보를 위한 것이다. 그러나 광고, 문서·도화는 시설물 등과 비교하여 보더라도 투입되는 비용이 상대적으로 적어 경제력 차이로 인한 선거 기회 불균형의 문제가 크지 않고, 선거 기회의 불균형에 대한 우려는 공직선거법상 선거비용 제한·보전 제도나 광고, 문서·도화의 종류나 금액 등을 제한하는 수단을 마련하여 방지할 수 있으며, 무분별한 흑색선전, 허위사실유포 등에 대한 규제도 공직선거법에 이미 도입되어 있다. 광고, 문서·도화에 담긴 정보가 반드시 일방적·수동적으로 전달되거나 수용되는 것은 아니므로 매체의 특성만을 이유로 광범위한 규제를 정당화할 수 없는바, 문서·도화게시 등 금지조항은 입법목적 달성을 위하여 필요한 범위를 넘어 광고, 문서·도화의 첩부·게시를 통한 정치적 표현을 장기간 동안 포괄적으로 금지·처벌하고 있으므로 침해의 최소성에 반한다. 또한 문서·도화게시 등 금지조항으로 인하여 유권자나 후보자가 받는 정치적 표현의 자유에 대한 제약이 달성되는 공익보다 중대하므로 법익의 균형성에도 위배된다. 따라서 문서·도화게시 등 금지조항은 과잉금지원칙에 반하여 정치적 표현의 자유를 침해한다.(헌재 2022.7.21. 2018헌바357, 2021헌가7)

② (○) '선거에 영향을 미치는 행위'란 '선거과정 및 선거결과에 변화를 주거나 그러한 영향을 미칠 우려가 있는 일체의 행동'으로 해석할 수 있고, 구체적인 사건에서 그 행위가 이루어진 시기, 동기, 방법 등 제반 사정을 종합하여 그 내용을 판단할 수 있다. 대법원 판례에 나타난 구체적 사례에 관한 해석 기준을 바탕으로 하면, 건전한 상식과 통상적인 법 감정을 가진 사람이라면 누구나, 선거에 영향을 미치게 하기 위한 의사에 따라 이루어지는 행위와, 선거와 관계없이 단순한 의사표현으로서 이루어지는 행위를 구분할 수 있다. 또한 심판대상조항은 '향우회·종친회·동창회·단합대회 또는 야유회'를 제외한 '모든 집회나 모임'의 개최를 금지하는 것이 명확하다. 그렇다면 심판대상조항은 죄형법정주의의 명확성원칙에 위배되지 않는다.(헌재 2022.7.21. 2018헌바164)

③ (○) 심판대상조항은, 공직선거법이 허용하는 경우를 제외하고는, 선거기간 중 특정한 정책이나 현안에 대한 표현행위와, 그에 대한 지지나 반대를 하는 후보자나 정당에 대한 표현행위가 함께 나타나는 집회나 모임의 개최를, 전면적·포괄적으로 금지·처벌하고 있어서, 일반 유권자가 선거기간 중 선거에 영향을 미치게 하기 위한 연설회나 대담·토론회를 비롯하여 집회나 모임을 개최하는 것이 전부 금지되고 있다. … 선거기간 중 선거에 영향을 미칠 염려가 있거나 미치게 하기 위한 일반 유권자의 집회나 모임을 전면적으로 금지하고 위반 시 처벌하는 것은 침해의 최소성에 반한다.(헌재 2022.7.21. 2018헌바164)

④ (×) 선거운동에서 다소 전통적인 수단이라 할 수 있는 확성장치의 사용을 규제한다고 하더라도, 보다 접근이 용이한 다른 선거운동방법을 활용할 수 있으므로 확성장치의 사용 규제가 정치적 표현의 자유에 대한 과도한 제한에 해당한다고 볼 수 없다. 다만, 확성장치의 사용을 규제하는 대신 출력수나 사용시간 규제 등 보다 덜 제한적인 수단을 마련하자는 주장이 있을 수 있다. 그러나 동시다발적인 확성장치의 사용에 따른 과도한 소음의 발생, 경쟁적인 사용에 따른 과열경쟁 등의 문제를 개별 장치의 출력수 규제나 사용시간의 제한만으로 막는 것에는 한계가 있고, 그와 같은 수단이 국민의 주거와 사생활의 평온 및 선거의 공정성을 달성함에 있어 확성장치사용 자체를 제한하는 방안과 동등하거나 유사한 효과가 있다고 볼 수도 없다. 집회의 경우와는 달리 장소가 제한되지 않고 전국에서 동시다발적으로 이루어질 수 있는 선거운동에 대하여 '집회 및 시위에 관한 법률'처럼 확성장치의 사용을 허용하면서 소음을 규제하는 방안을 그대로 적용하는 것도 어려우므로 이를 그 대안으로 보기는 어렵다. … 그렇다면 확성장치사용 금지조항은 과잉금지원칙에 반하여 정치적 표현의 자유를 침해하지 않는다.(헌재 2022.7.21. 2018헌바357)

정답 ④

THEME

08 정당의 자유와 정당제도

39

정당제도에 관한 다음 설명 중 가장 적절하지 않은 것은?

① 정당등록제도는 정당임을 자처하는 정치적 결사가 일정한 법률상의 요건을 갖추어 등록을 신청하면 그 요건이 충족된 경우 등록대장에 등재하여 비로소 그 결사가 정당임을 법적으로 확인시켜 주고자 하는 것으로 정당등록조항은 정당의 자유를 침해한다고 볼 수 없다.

② 「정당법」상 등록된 정당이 아니면 그 명칭에 정당임을 표시하는 문자를 사용하지 못하게 금지하고 위반 시 형사처벌을 하는 정당명칭사용금지조항은 과잉금지원칙을 위반하여 정당의 자유를 침해한다.

③ 전국정당조항은 정당에 전국 규모의 조직을 요구하여 국민의 다원적 정치적 의사를 균형 있게 집약, 결집하여 국가정책의 결정에 영향을 미칠 수 있도록 함으로써 헌법상 정당에게 부여된 기능인 '국민의 정치적 의사형성에의 참여'를 실현하고자 하는 것으로, 수도 소재 중앙당과 5이상의 특별시·광역시·도 소재 시·도당을 등록요건으로 요구하는 것은 정당의 자유를 침해한다고 볼 수 없다.

④ 우리나라에 현존하는 정당의 수, 각 시·도의 인구 및 유권자수, 인구수 또는 선거인수 대비 당원의 비율, 당원의 자격 등을 종합하여 보면, 각 시·도당에 1천인 이상의 당원을 요구하는 법정당원수 조항이 과잉금지원칙을 위반하여 정당의 자유를 침해한다고 볼 수 없다.

해설 ① (○) 정당등록제도는 어떤 정치적 결사가 정당법상 정당임을 법적으로 확인하여 줌으로써 법적 안정성과 확실성에 기여하고, 창당준비위원회가 형식적 요건을 구비하여 등록을 신청하면 중앙선거관리위원회는 이를 반드시 수리하여야 하므로, 정당등록제도가 정당의 이념 등을 이유로 등록 여부를 결정하는 것이라고 볼 수는 없다. 따라서 정당등록조항이 과잉금지원칙을 위반하여 정당의 자유를 침해한다고 볼 수 없다.(헌재 2023.9.26. 2021헌가23)

② (×) 정당명칭사용금지조항은 정당법에 따른 등록요건을 충족하지 못한 단체들이 무분별하게 정당이라는 명칭을 사용하는 것을 금지하여 정당등록제도 및 등록요건의 실효성을 담보하고, 임의로 정당이라는 명칭을 사용하여 국민의 정치적 의사형성 참여과정에 혼란을 초래하는 것을 방지하기 위한 것으로, 이러한 입법목적은 정당하다. 이를 위하여 정당법상 등록된 정당이 아니면 그 명칭에 정당임을 표시하는 문자를 사용하지 못하게 금지하고 위반 시 형사처벌을 하는 것은 위와 같은 입법목적 달성에 기여할 것이므로 수단의 적합성도 인정된다. … 정당명칭사용금지조항은 과잉금지원칙을 위반하여 정당의 자유를 침해한다고 볼 수 없다. (헌재 2023.9.26. 2021헌가23)

③ (○) 전국정당조항은 정당이 특정 지역에 편중되지 않고 전국적인 규모의 구성과 조직을 갖추어 국민의 정치적 의사를 균형 있게 집약, 결집하여 국가정책의 결정에 영향을 미칠 수 있도록 하여 헌법상 정당에게 부여된 과제와 기능인 '국민의 정치적 의사형성에의 참여'를 실현하고자 하는 것으로, 이는 중대한 공익이다. 반면 전국정당조항으로 인해 정당의 창당이 어려워지는 불이익이라는 제한받는 사익의 정도가 공익에 비하여 크다고 보기는 어려우므로, 전국정당조항은 법익의 균형성을 충족한다. … 전국정당조항은 과잉금지원칙을 위반하여 정당의 자유를 침해한다고 볼 수 없다.(헌재 2023.9.26. 2021헌가23)

④ (○) 우리나라에 현존하는 정당의 수, 각 시·도의 인구 및 유권자수, 인구수 또는 선거인수 대비 당원의 비율, 당원의 자격 등을 종합하여 보면, 각 시·도당에 1천인 이상의 당원을 요구하는 법정당원수 조항이 신생정당의 창당을 현저히 어렵게 하여 과도한 부담을 지운 것으로 보기는 어렵다. 따라서 법정당원수 조항이 과잉금지원칙을 위반하여 정당의 자유를 침해한다고 볼 수 없다.(헌재 2023.9.26. 2021헌가23)

정답 ②

THEME

09 공무담임권과 직업공무원제도

40

공무담임권에 관한 다음 설명 중 가장 적절한 것은?

① 아동·청소년이용음란물임을 알면서 이를 소지한 죄로 형을 선고받아 그 형이 확정된 사람은 「국가공무원법」 및 「지방공무원법」상 일반직공무원으로 임용될 수 없도록 한 것은 과잉금지원치에 위배되어 공무담임권을 침해한다.

② 피성년후견인인 국가공무원은 당연퇴직한다고 정한 구 「국가공무원법」 조항 중 '피성년후견인'에 관한 부분은 정신상의 장애로 직무를 감당할 수 없는 국가공무원을 부득이 공직에서 배제하는 불가피한 조치로서 공무담임권을 침해하지 않는다.

③ 「국가공무원법」 해당 조항 중 「아동복지법」 제17조 제2호 가운데 아동에게 성적 수치심을 주는 성희롱 등의 성적 학대행위로 형을 선고받아 그 형이 확정된 사람은 일반직 공무원으로 임용될 수 없도록 한 부분은 아동·청소년 대상 성범죄의 재범률을 고려해 볼 때 공무담임권을 침해하지 않는다.

④ 비위공무원에 대한 징계를 통해 불이익을 줌으로써 공직기강을 바로 잡고 공무수행에 대한 국민의 신뢰를 유지하고자 하는 공익은 제한되는 사익 이상으로 중요하다고 할 수 없으므로, 공무원이 감봉 처분을 받은 경우 12월간 승진임용을 제한하는 「국가공무원원법」 조항 중 '승진임용'에 관한 부분은 공무담임권을 침해한다.

해설 ① (○) 심판대상조항은 아동·청소년과 관련이 없는 직무를 포함하여 모든 일반직공무원에 임용될 수 없도록 하므로, 제한의 범위가 지나치게 넓고 포괄적이다. 또한, 심판대상조항은 영구적으로 임용을 제한하고, 결격사유가 해소될 수 있는 어떠한 가능성도 인정하지 않는다. 그런데 아동·청소년이용음란물소지죄로 형을 선고받은 경우라고 하여도 범죄의 종류, 죄질 등은 다양하므로, 개별 범죄의 비난가능성 및 재범 위험성 등을 고려하여 상당한 기간 동안 임용을 제한하는 덜 침해적인 방법으로도 입법목적을 충분히 달성할 수 있다. 따라서 심판대상조항은 과잉금지원칙에 위배되어 청구인들의 공무담임권을 침해한다.(헌재 2023.6.29. 2020헌마1605)

② (×) 심판대상조항은 성년후견이 개시되지는 않았으나 동일한 정도의 정신적 장애가 발생한 국가공무원의 경우와 비교할 때 사익의 제한 정도가 과도하고, 성년후견이 개시되었어도 정신적 제약을 극복하여 후견이 종료될 수 있고, 이 경우 법원에서 성년후견 종료심판을 하고 있다는 사실에 비추어 보아도 사익의 제한 정도가 지나치게 가혹하다. 또한 심판대상조항처럼 국가공무원의 당연퇴직사유를 임용결격사유와 동일하게 규정하려면 국가공무원이 재직 중 쌓은 지위를 박탈할 정도의 충분한 공익이 인정되어야 하나, 이 조항이 달성하려는 공익은 이에 미치지 못한다. 따라서 심판대상조항은 과잉금지원칙에 반하여 공무담임권을 침해한다.(헌재 2022.12.22. 2020헌가8)

③ (×) 심판대상조항은 아동과 관련이 없는 직무를 포함하여 모든 일반직공무원 및 부사관에 임용될 수 없도록 하므로, 제한의 범위가 지나치게 넓고 포괄적이다. 또한, 심판대상조항은 영구적으로 임용을 제한하고, 결격사유가 해소될 수 있는 어떠한 가능성도 인정하지 않는다. 아동에 대한 성희롱 등의 성적 학대행위로 형을 선고받은 경우라고 하여도 범죄의 종류, 죄질 등은 다양하므로, 개별 범죄의 비난가능성 및 재범 위험성 등을 고려하여 상당한 기간 동안 임용을 제한하는 덜 침해적인 방법으로도 입법목적을 충분히 달성할 수 있다. 따라서 심판대상조항은 과잉금지원칙에 위배되어 청구인의 공무담임권을 침해한다.(헌재 2022.11.24. 2020헌마1181)

④ (×) 징계처분에 따른 승진임용 제한기간을 정함에 있어서는 일반적으로 승진임용에 소요되는 기간을 고려하여 적어도 공무원 징계처분의 취지와 효력을 담보할 수 있는 기간이 설정될 필요가 있다. 감봉의 경우 12개월간 승진임용이 제한되는데 이는 종래 18개월이었던 것을 축소한 것이며, 강등·정직(18개월)이나 견책(6개월)과의 균형을 고려하면 과도하게 긴 기간이라고 보기는 어렵다. 비위공무원에 대한 징계를 통해 불이익을 줌으로써 공직기강을 바로 잡고 공무수행에 대한 국민의 신뢰를 유지하고자 하는 공익은 제한되는 사익 이상으로 중요하다. 이 사건 승진조항은 과잉금지원칙을 위반하여 청구인의 공무담임권을 침해하지 않는다.(헌재 2022.3.31. 2020헌마211)

정답 ①

THEME

10 재판청구권

41

다음 사례에 관한 설명으로 가장 적절하지 않은 것은? (다툼이 있는 경우 판례에 의함)

> 이○○(母)는 1969.11.7. 청구인을 출산한 다음 1984.9.1. 김ㅁㅁ와 혼인하였다. 김ㅁㅁ(表見父, 법률상 父)는 1984.9.17. 청구인을 인지('인지'란, 혼인외 출생자의 생부 또는 생모가 그 출생자를 자신의 子로 인정하여 법률상의 친자관계를 발생시키는 의사표시이다.(민법 제855조) 이 사건에서 김ㅁㅁ는 청구인의 생부가 아니었으나 청구인을 子로 인지하여 청구인의 법률상 父가 되었다.)하였다.
> 청구인은 2019.2.경 이○○로부터 망 김△△(1998.1.20. 사망)가 생부(生父)라는 이야기를 듣고, 수원가정법원 여주지원에서 김ㅁㅁ(表見父)의 인지가 무효임을 확인받은 다음, 서울가정법원에서 청구인이 망 김△△(生父)의 친생자임을 인지받아 그 판결이 2021.12.21. 확정되었다.
> 청구인은 상속개시 후 인지 또는 재판확정에 의하여 공동상속인이 된 자가 다른 공동상속인에 대해 그 상속분에 상당한 가액의 지급에 관한 청구권(상속분가액지급청구권)을 행사할 경우에도 상속회복청구권에 관한 10년의 제척기간을 적용하여 다른 공동상속인에게 상속분가액지급청구권을 행사할 수 없게 되어 기본권이 침해된다고 주장하며 헌법소원심판을 청구하였다.

① 상속개시 후 인지 또는 재판확정에 의하여 공동상속인이 된 자가 상속분가액지급청구권을 행사할 경우 그 기간을 '상속권의 침해행위가 있은 날부터 10년'으로 한정하고 그 후에는 상속분가액지급청구의 소를 제기할 수 없도록 하고 있는 심판대상조항은 청구인의 재산권과 재판청구권을 제한한다.

② 헌법이 재산권 및 재판청구권을 법률로 구체화하도록 정하고 있더라도(헌법 제23조 제1항, 제27조 제1항), 재산권 및 재판청구권에 관한 입법은 단지 형식적인 권리나 이론적인 가능성만을 허용해서는 아니되고, 권리구제의 실효성을 상당한 정도로 보장해야 한다.

③ 망인(피상속인)의 사망으로 상속재산의 분할 또는 처분이 있은 날부터 10년이 지난 후에야 자신이 망인의 상속인인 사실을 알게 된 경우, 인지 또는 재판이 확정되어도 이미 10년의 제척기간이 도과됨으로써 진정한 상속인으로서의 권리(상속분가액지급청구권)를 전혀 행사할 수 없다.

④ 상속개시 후 인지 또는 재판의 확정에 의하여 공동상속인이 된 자의 상속분가액지급청구권의 경우에도 '침해행위가 있은 날부터 10년'의 제척기간을 정하고 있는 것은, 법적 안정성을 중시한 것으로 심판대상조항이 입법형성의 한계를 일탈하여 청구인의 재산권 및 재판청구권을 침해한다고 볼 수 없다.

해설 ① (O) 심판대상조항은 상속개시 후 인지 또는 재판확정에 의하여 공동상속인이 된 자가 상속분가액지급청구권을 행사할 경우 그 기간을 '상속권의 침해행위가 있은 날부터 10년'으로 한정하고 그 후에는 상속분가액지급청구의 소를 제기할 수 없도록 하고 있으므로, 청구인의 재산권과 재판청구권을 제한한다.(헌재 2024.6.27. 2021헌마1588)

② (○) 헌법이 재산권 및 재판청구권을 법률로 구체화하도록 정하고 있더라도(헌법 제23조 제1항, 제27조 제1항), 입법자가 이를 행사할 수 있는 형식적 권리나 이론적 가능성만을 제공할 뿐 권리구제의 실효성을 보장하지 않는다면 재산권 및 재판청구권의 보장은 사실상 무의미할 수 있으므로, 재산권 및 재판청구권에 관한 입법은 단지 형식적인 권리나 이론적인 가능성만을 허용해서는 아니되고, 권리구제의 실효성을 상당한 정도로 보장해야 한다.(헌재 2024.6.27. 2021헌마1588)

③ (○) 망인(피상속인)의 사망으로 상속재산의 분할 또는 처분이 있은 날부터 10년이 지난 후에야 자신이 망인의 상속인인 사실을 알게 된 경우, 인지 또는 재판이 확정되어도 이미 10년의 제척기간이 도과됨으로써 신청한 상속인으로서의 권리(상속분가액지급청구권)를 전혀 행사할 수 없다.(헌재 2024.6.27. 2021헌마1588)

④ (×) 상속개시 후 인지 또는 재판의 확정에 의하여 공동상속인이 된 자의 상속분가액지급청구권의 경우에도 '침해행위가 있은 날부터 10년'의 제척기간을 정하고 있는 것은, 법적 안정성만을 지나치게 중시한 나머지 사후에 공동상속인이 된 자의 권리구제 실효성을 외면하는 것이므로, 심판대상조항은 입법형성의 한계를 일탈하여 청구인의 재산권 및 재판청구권을 침해한다.(헌재 2024.6.27. 2021헌마1588)

정답 ④

42

다음 사례에 관한 설명으로 가장 적절하지 않은 것은? (다툼이 있는 경우 판례에 의함)

> 친족간 재산범죄의 처벌과 소추조건에 관한 특례를 '친족상도례(親族相盜例)'라고 하는데, 권리행사방해죄에 적용되는 친족상도례를 규정한 형법 제328조는 대부분의 재산범죄에 준용되고 있다. 직계혈족, 배우자, 동거친족, 동거가족 또는 그 배우자간의 권리행사방해죄는 그 형을 면제하도록 한 형법(2005.3.31. 법률 제7427호로 개정된 것) 제328조 제1항에 대하여 헌법소원이 제기되었다.

① 형사피해자의 재판절차진술권을 어떠한 내용으로 구체화할 것인가에 관하여는 입법자에게 입법형성의 자유가 부여되고 있으므로, 그것이 재량의 범위를 넘어 명백히 불합리한 경우에 비로소 위헌의 문제가 생길 수 있다.

② 심판대상조항은 직계혈족이나 배우자에 대하여 실질적 유대나 동거 여부와 관계없이 적용되고, 또한 8촌 이내의 혈족, 4촌 이내의 인척에 대하여 동거를 요건으로 적용되며, 그 각각의 배우자에 대하여도 적용되는데, 이처럼 넓은 범위의 친족관계를 일반화하기 어려움에도 일률적으로 형을 면제하고 있다.

③ 심판대상조항은 강도죄와 손괴죄를 제외한 다른 모든 재산범죄에 준용되는데, 이러한 재산범죄의 불법성은 일반적으로 경미하여 피해자가 수인 가능한 범주에 속하고, 피해의 회복 및 친족간 관계의 복원이 용이하다.

④ 심판대상조항은 형사피해자가 법관에게 적절한 형벌권을 행사하여 줄 것을 청구할 수 없도록 하는 바, 이는 입법재량을 명백히 일탈하여 현저히 불합리하거나 불공정한 것으로서 형사피해자의 재판절차진술권을 침해한다.

해설 ① (○) 헌법 제27조 제5항은 "형사피해자는 법률이 정하는 바에 의하여 당해 사건의 재판절차에서 진술할 수 있다."라고 규정하여 형사피해자의 재판절차진술권을 보장하고 있다. 다만, 형사피해자의 재판절차진술권을 어떠한 내용으로 구체화할 것인가에 관하여는 입법자에게 입법형성의 자유가 부여되고 있으므로, 그것이 재량의 범위를 넘어 명백히 불합리한 경우에 비로소 위헌의 문제가 생길 수 있다.(헌재 2024.6.27. 2020헌마468)

② (○) 심판대상조항은 직계혈족이나 배우자에 대하여 실질적 유대나 동거 여부와 관계없이 적용되고, 또한 8촌 이내의 혈족, 4촌 이내의 인척에 대하여 동거를 요건으로 적용되며, 그 각각의 배우자에 대하여도 적용되는데, 이처럼 넓은 범위의 친족간 관계의 특성은 일반화하기 어려움에도 일률적으로 형을 면제할 경우, 경우에 따라서는 형사피해자인 가족 구성원의 권리를 일방적으로 희생시키는 것이 되어 본래의 제도적 취지와는 어긋난 결과를 초래할 우려가 있다.(헌재 2024.6.27. 2020헌마468)

③ (×) 심판대상조항은 강도죄와 손괴죄를 제외한 다른 모든 재산범죄에 준용되는데, 이러한 재산범죄의 불법성이 일반적으로 경미하여 피해자가 수인 가능한 범주에 속한다거나 피해의 회복 및 친족간 관계의 복원이 용이하다고 단정하기 어렵다.(헌재 2024.6.27. 2020헌마468)

④ (○) 심판대상조항은 형사피해자가 법관에게 적절한 형벌권을 행사하여 줄 것을 청구할 수 없도록 하는바, 이는 입법재량을 명백히 일탈하여 현저히 불합리하거나 불공정한 것으로서 형사피해자의 재판절차진술권을 침해한다.(헌재 2024.6.27. 2020헌마468)

정답 ③

43

다음 설명 중 가장 적절한 것은?

① 비용보상청구권의 제척기간을 무죄판결이 확정된 날부터 6개월 이내로 규정한 구 「군사법원법」 조항은 헌법에 위반되지 아니한다.

② 구 ㅁㅁ 주식회사가 제조하고 △△ 주식회사 판매하였던 가습기살균제 제품인 'ㅇㅇ'의 표시·광고에 관한 사건처리에 있어서, 피청구인(공정거래위원회)이 이 사건 제품 관련 인터넷 신문기사 3건을 심사대상에서 제외한 행위는 청구인의 평등권과 재판절차진술권을 침해한다.

③ 공공단체인 한국과학기술원의 총장이 교원소청심사위원회의 결정에 대하여 「행정소송법」으로 정하는 바에 따라 소송을 제기할 수 없도록 하는 구 「교원의 지위 향상 및 교육활동 보호를 위한 특별법」 제10조 제3항 중 '교원, 사립학교법 제2조에 따른 학교법인 또는 사립학교 경영자 등 당사자'에 관한 부분은 법관에 의한 재판을 받을 권리를 합리적 이유 없이 부인하고 있으므로 청구인의 재판청구권을 침해한다.

④ 교원소청심사위원회의 결정에 대하여「행정소송법」으로 정하는 바에 따라 소송을 제기할 수 있는 주체에서 공공단체인 광주과학기술원을 제외하도록 하는 「교원의 지위 향상 및 교육활동 보호를 위한 특별법」 제10조 제4항 중 '공공단체' 가운데 '광주과학기술원'에 관한 부분은 행정청인 국·공립학교가 상급행정기관에 의한 재결의 효력에 기속되는 구조를 광주과학기술원에 대해 동일하게 적용하는 것으로서 청구인의 재판청구권을 침해한다.

해설 ① (×) 군사법원 피고인의 비용보상청구권의 제척기간을 '무죄판결이 확정된 날부터 6개월'로 정한 구 군사법원법 제227조의12 제2항은 헌법에 위반된다.(헌재 2023.8.31. 2020헌바252)

② (○) 표시광고법위반죄는 피청구인에게 전속고발권이 있어 피청구인의 고발이 없으면 공소제기가 불가능한 바, 피청구인이 위 기사들을 심사대상에서 제외한 것은 청구인의 재판절차진술권 행사를 원천적으로 봉쇄하는 결과를 낳는 것이었다. 결국 피청구인이 위 기사들을 심사대상에서 제외한 행위로 인하여, 청구인의 평등권과 재판절차진술권이 침해되었다.(헌재 2022.9.29. 2016헌마773)

③ (×) '교원, 사립학교법 제2조에 따른 학교법인 등 당사자'의 범위에 포함되지 않는 공공단체인 한국과학기술원의 총장이 교원소청심사결정에 대하여 행정소송을 제기할 수 없도록 규정한 구 '교원의 지위 향상 및 교육활동 보호를 위한 특별법' 제10조 제3항은 헌법에 위반되지 아니한다.(헌재 2022.10.27. 2019헌바117)

④ (×) 공공단체를 명시적으로 행정소송 제기권자의 범위에서 제외한다고 규정하여 공공단체인 광주과학기술원이 교원소청심사결정에 대하여 행정소송을 제기할 수 없도록 규정한 '교원의 지위 향상 및 교육활동 보호를 위한 특별법' 제10조 제4항은 광주과학기술원의 재판청구권을 침해하지 아니하여 헌법에 위반되지 아니한다.(헌재 2022.10.27. 2019헌바117)

정답 ②

THEME

11 인간다운 생활을 할 권리

44

다음 설명 중 가장 적절하지 않은 것은?

① 국가가 아동에 관한 복지정책을 실시할 때에는 아동의 이익을 최우선적으로 고려하여야 한다는 입법형성권의 한계가 존재한다.

② 유자녀 생활자금 대출금의 상환의무를 대출신청자(법정대리인) 아닌 유자녀에게 부과하는 구「자동차손해배상 보장법」 시행령 조항은 아동으로서의 인간다운 생활을 할 권리를 침해하였다고 보기 어렵다.

③ 자동차사고 피해지원사업의 재원 회수가능성을 고려하여 잠재적으로나마 상환능력이 장래에는 있을 것으로 예상되는 유자녀에게는 상환의무 있는 형태인 대출로 생활자금을 지급하고, 중증후유장애인과 피부양가족에게는 상환의무가 없는 재활보조금·생계보조금을 지급함으로써 유자녀만을 달리 취급하는 것은 합리적인 이유가 있는 차별이다.

④ 공무원에게 재해보상을 위하여 실시되는 급여의 종류로 일반 근로자에 대한 산업재해보상보험법과 달리 휴업급여 또는 상병보상연금 규정을 두고 있지 않은「공무원 재해보상법」 제8조는 헌법에 위반된다.

해설 ① (○) 국가가 아동에 관한 복지정책을 실시할 때에는 아동의 이익을 최우선적으로 고려하여야 한다는 입법형성권의 한계가 존재한다.(헌재 2024.4.25. 2021헌마473)

② (○) 유자녀에 대한 적기의 경제적 지원 목적 달성 및 자동차 피해지원사업의 지속가능성 확보의 중요성, 대출 신청자의 이해충돌행위에 대한 민법상 부당이득반환청구 등 각종 일반적 구제수단의 존재 등을 고려하면, 심판대상조항이 아동으로서의 인간다운 생활을 할 권리를 침해하였다고 보기 어렵다.(헌재 2024.4.25. 2021헌마473)

③ (○) 자동차사고 피해지원사업의 재원 회수가능성을 고려하여 잠재적으로나마 상환능력이 장래에는 있을 것으로 예상되는 유자녀에게는 상환의무 있는 형태인 대출로 생활자금을 지급하고, 중증후유장애인과 피부양가족에게는 상환의무가 없는 재활보조금·생계보조금을 지급함으로써 유자녀만을 달리 취급하는 것은 합리적인 이유가 있는 차별이다.(헌재 2024.4.25. 2021헌마473)

④ (×) 공무원에게 재해보상을 위하여 실시되는 급여의 종류로 일반 근로자에 대한 산업재해보상보험법과 달리 휴업급여 또는 상병보상연금 규정을 두고 있지 않은 '공무원 재해보상법' 제8조는 헌법에 위반되지 않는다.(헌재 2024.2.28. 2020헌마1587)

정답 ④

THEME

12 교육을 받을 권리와 교육제도

45

다음 사례에 관한 설명 중 가장 적절하지 않은 것은?

> 김○○는 2014.8.14.경부터 2015.7.12.경까지 학교법인 ○○이 운영하는 ○○대학교 총장으로 재직한 사람이다. 김○○는, 학교법인이 설치·운영하는 사립학교의 교비회계에 속하는 수입은 다른 회계에 전출하거나 대여할 수 없고, 교비회계의 세출은 학교교육에 직접 필요한 경비로 사용되어야 하며 이를 다른 용도로 사용하여서는 아니 됨에도 불구하고, 교비회계에 속하는 수입을 다른 회계로 각 전출함과 동시에 업무상 보관하던 교비를 횡령하였다는 공소사실(업무상횡령, 사립학교법위반) 등으로 기소되었다.(춘천지방법원 원주지원 2018고단715)
> 구 「사립학교법」 제29조 제2항 중 '교비회계의 세입·세출에 관한 사항은 대통령령으로 정하되' 부분과 교비회계의 전용을 금지하는 구 「사립학교법」 제29조 제6항 본문 및 교비회계 전용 금지 규정을 위반하는 경우 처벌하는 구 「사립학교법」 제73조의2에 대하여 헌법소원심판이 제기되었다.

① 사립학교법상 교비회계의 세입세출에 관한 사항을 대통령령으로 정하도록 한 규정은 포괄위임금지원칙에 위반되지 아니한다.

② 학교법인을 설립하고 이를 통하여 사립학교를 설립·경영하는 것을 내용으로 하는 사학의 자유는 헌법에 규정되어 있다.

③ 교비회계의 다른 회계로의 전용을 금지하는 규정과 위 금지규정을 위반한 경우 처벌하는 규정은 사립학교 운영의 자유를 침해하지 않는다.

④ 사립학교의 '교비회계에 속하는 수입 및 재산'이 본래의 용도인 학교의 학문 연구와 교육 및 학교운영을 위해 사용될 수 있도록 강제함으로써 사립학교가 교육기관으로서 양질의 교육을 제공하는 동시에 교육의 공공성을 지킬 수 있는 재정적 기초를 보호할 필요가 있다.

해설 ① (○) '교비회계의 세출' 항목은 학교의 운영이나 교육과 관련하여 지출하는 비용 등이 됨을 충분히 예측할 수 있다는 점에서, 이 사건 위임조항은 포괄위임금지원칙에 위반되지 아니한다.(헌재 2023.8.31. 2021헌바180)

② (×) 비록 헌법에 명문의 규정은 없지만 학교법인을 설립하고 이를 통하여 사립학교를 설립·경영하는 것을 내용으로 하는 사학의 자유가 헌법 제10조, 제31조 제1항, 제4항에서 도출되는 기본권임을 확인하는 한편, 학교 교육이 개인·사회·국가에 지대한 영향을 미친다는 점에서 사립학교도 국·공립학교와 본질적으로 다를 바 없음을 밝힌 바 있다.(헌재 2023.8.31. 2021헌바180)

③ (○) 사립학교법은 교비회계에 속하는 수입이나 재산을 다른 회계에 전출하거나 대여할 수 있는 예외적인 규정을 두고 있으며, 법원은 개별 사안에서 그 지출이 당해 학교의 교육에 직접 필요한 경비인지 여부를 결정함으로써 구체적인 타당성을 도모하고 있는 점 등을 종합하면, 이 사건 금지조항과 처벌조항은 사립학교 운영의 자유를 침해하지 아니한다.(헌재 2023.8.31. 2021헌바180)

④ (○) 이 사건 금지조항과 처벌조항은, 사립학교의 '교비회계에 속하는 수입 및 재산'이 본래의 용도인 학교의 학문 연구와 교육 및 학교운영을 위해 사용될 수 있도록 강제함으로써 사립학교가 교육기관으로서 양질의 교육을 제공하는 동시에 교육의 공공성을 지킬 수 있는 재정적 기초를 보호하고 있다. 우리나라에서 사립학교가 공교육에서 차지하는 비중은 매우 높은바, 교비회계에 속하는 수입 및 재산의 전용을 금지하고 그 위반 시 처벌하는 강력한 제재는 사립학교의 발전을 이루기 위해 반드시 필요한 조치이다. 사립학교법은 교비회계에 속하는 수입이나 재산을 다른 회계에 전출하거나 대여할 수 있는 예외적인 경우를 규정하고 있으며, 법원은 구체적인 개별 사안에서 그 지출이 당해 학교의 교육에 직접 필요한 경비인지 여부를 결정함으로써 구체적인 타당성을 도모하고 있는 점 등을 종합하면, 이 사건 위임조항과 처벌조항은 사립학교 운영의 자유를 침해한다고 할 수 없다.(헌재 2023.8.31. 2021헌바180)

정답 ②

THEME

13 환경권

46

다음 사례에 관한 설명 중 가장 적절한 것은?

2019.10.24. 개정 및 시행된 학교보건법 시행규칙에는 유해중금속 등 유해물질의 예방 및 관리 기준이 신설되었으며, ① 체육장 등의 학교시설에 설치하는 인조잔디 및 탄성포장재는 산업표준화법 제15조 제1항에 따른 인증(KS인증)을 받은 제품을 사용하도록 할 것, ② 설치한 인조잔디 및 탄성포장재의 파손 여부와 유해중금속 등 유해물질의 발생 여부를 주기적으로 점검하고 필요한 조치를 할 것을 규정하였다.(제3조 제1항 제1호의2 [별표 2의2] 제1호, 제2호)
청구인은 마사토 운동장이 설치된 학교에 재학 중인 학생으로, 유해중금속 등 유해물질의 유지·관리 기준인 학교보건법 시행규칙 제3조 제1항 제1호의2 [별표 2의2] 제1호, 제2호가 체육장 등의 학교시설에 설치하는 바닥재 중 오직 인조잔디와 탄성포장재에 대해서만 품질기준 및 주기적 점검·조치 의무를 규정하고 마사토에 대해서는 아무런 규정을 두지 아니함으로써 청구인의 환경권을 침해한다고 주장하며 이 사건 헌법소원심판을 청구하였다.

① 환경권을 행사함에 있어 국민은 국가로부터 건강하고 쾌적한 환경을 향유할 수 있는 자유를 침해당하지 않을 권리를 행사할 수 있지만, 국가에 대하여 건강하고 쾌적한 환경에서 생활할 수 있도록 요구할 수 있는 권리는 행사할 수 없다.
② '건강하고 쾌적한 환경에서 생활할 권리'를 보장하는 환경권의 보호대상이 되는 환경은 자연환경뿐이며, 인공적 환경과 같은 생활환경은 포함되지 아니한다.
③ 일정한 요건이 충족될 때 환경권 보호를 위한 입법이 없거나 현저히 불충분하여 국민의 환경권을 침해하고 있다면 헌법재판소에 그 구제를 구할 수 있다
④ 학교시설의 유해중금속 등 유해물질의 예방 및 관리 기준으로서 운동장 바닥재 중 인조잔디 및 탄성포장재(우레탄)에 대해서만 품질기준 및 주기적 점검·조치 의무를 규정하고 마사토 운동장에 대해서는 별다른 규정을 두지 아니한 학교보건법 시행규칙 조항은 환경권을 침해한다.

해설 ① (×) 환경권을 행사함에 있어 국민은 국가로부터 건강하고 쾌적한 환경을 향유할 수 있는 자유를 침해당하지 않을 권리를 행사할 수 있고, 일정한 경우 국가에 대하여 건강하고 쾌적한 환경에서 생활할 수 있도록 요구할 수 있는 권리가 인정되기도 하는바, 환경권은 그 자체로 종합적 기본권으로서의 성격을 지닌다.(헌재 2024.4.25. 2020헌마107)
② (×) '건강하고 쾌적한 환경에서 생활할 권리'를 보장하는 환경권의 보호대상이 되는 환경에는 자연환경뿐만 아니라 인공적 환경과 같은 생활환경도 포함된다.(헌재 2024.4.25. 2020헌마107)

③ (○) 환경권의 내용과 행사는 법률에 의해 구체적으로 정해지는 것이기는 하나(헌법 제35조 제2항), 이 헌법조항의 취지는 특별히 명문으로 헌법에서 정한 환경권을 입법자가 그 취지에 부합하도록 법률로써 내용을 구체화하도록 한 것이지 환경권이 완전히 무의미하게 되는데도 그에 관한 입법을 전혀 하지 아니하거나, 어떠한 내용이든 법률로써 정하기만 하면 된다는 것은 아니다. 그러므로 일정한 요건이 충족될 때 환경권 보호를 위한 입법이 없거나 현저히 불충분하여 국민의 환경권을 침해하고 있다면 헌법재판소에 그 구제를 구할 수 있다고 해야 할 것이다.(헌재 2024.4.25. 2020헌마107)

④ (×) 심판대상조항에 마사토 운동장에 관한 기준이 도입되지 않았다는 사정만으로 국민의 환경권을 보호하기 위한 국가의 의무가 과소하게 이행되었다고 평가할 수는 없다. 따라서 심판대상조항은 청구인의 환경권을 침해하지 아니한다.(헌재 2024.4.25. 2020헌마107)

정답 ③

14 혼인·가족·모성보호·보건에 관한 권리

47

다음 사례에 관한 설명 중 가장 적절한 것은?

> 청구인들은 생래적 혈연관계가 인정되는 생부들과 혼인 외 출생자들인바, 모가 남편과 혼인관계가 해소되지 아니한 상태에서 남편 아닌 '생부인 청구인들'과 사이에서 '혼인 외 출생자인 청구인들'을 낳았다.
> 「가족관계의 등록 등에 관한 법률」 제46조 제2항은 혼인 외 출생자의 출생신고는 모가 하여야 한다고 규정하여 생부에 의한 출생신고를 허용하지 아니하고, 제57조 제1항은 본문에서 부가 혼인 외의 자녀에 대하여 인지의 효력이 있는 친생자출생의 신고를 할 수 있도록 하면서도, 같은 항 단서와 제57조 제2항에 따라 가정법원의 확인을 받아 친생자출생의 신고를 할 수 있는 범위를 좁게 규정하여, 모가 혼인 관계에 있을 경우에 모의 혼인 외 자녀는 남편의 친생자로 추정되므로 그 혼인 외 자녀를 양육하고 있는 생부는 자신의 혼인 외 자녀에 대한 출생신고를 하기 어렵게 규정되어 있다. 생부인 청구인들은 각자 자신의 혼인 외 출생자인 청구인들에 대한 출생신고를 하려고 하였으나, 위 조항들로 인하여 곧바로 출생신고를 할 수 없었다.
> 이에 청구인들은 「가족관계의 등록 등에 관한 법률」 제46조 제2항과 제57조 제1항 단서, 제2항이 혼인 외 출생자인 청구인들의 즉시 출생등록될 권리, 생부인 청구인들의 양육권, 가족생활의 자유, 평등권 등을 침해한다고 주장하며 2021.8.17. 이 사건 헌법소원심판을 청구하였다.

① 태어난 즉시 '출생등록될 권리'는 '출생 후 곧바로' 등록될 권리로서, 이는 헌법 제10조의 인간의 존엄과 가치 및 행복추구권으로부터 도출되는 일반적 인격권을 실현하기 위한 기본적인 전제로서 헌법 제10조뿐만 아니라, 헌법 제34조 제1항의 인간다운 생활을 할 권리, 헌법 제36조 제1항의 가족생활의 보장, 헌법 제34조 제4항의 국가의 청소년 복지향상을 위한 정책실시의무 등에도 근거가 있다

② 태어난 즉시 '출생등록될 권리'는 입법자가 출생등록제도를 통하여 형성하고 구체화하여 할 권리이며, 입법자는 출생등록제도를 형성함에 있어 단지 출생등록의 이론적 가능성을 허용하는 것에 그쳐서는 아니되며, 실효적으로 출생등록될 권리가 보장되도록 하여야 한다.

③ 태어난 즉시 '출생등록될 권리'는 헌법상의 기본권이 아니라 법률상의 권리이므로 '혼인 중 여자와 남편 아닌 남자 사이에서 출생한 자녀에 대한 생부의 출생신고'를 허용하도록 규정하지 아니한 「가족관계의 등록 등에 관한 법률」 조항이 혼인 외 출생자인 청구인들의 태어난 즉시 '출생등록될 권리'를 침해하는 것은 아니다.

④ 혼인 중인 여자와 남편 아닌 남자 사이에서 출생한 자녀의 경우에 모와 생부를 차별하여 혼인 외 출생자의 신고의무를 모에게만 부과하고, 남편 아닌 남자인 생부에게 자신의 혼인 외 자녀에 대해서 출생신고를 하도록 규정하지 아니한 것은 합리적 이유가 없어 생부의 평등권을 침해한다.

해설 ① (×) 태어난 즉시 '출생등록될 권리'는 '출생 후 곧바로' 등록될 권리를 뜻하는 것이 아니라 '출생 후 아동이 보호를 받을 수 있을 최대한 빠른 시점'에 아동의 출생과 관련된 기본적인 정보를 국가가 관리할 수 있도록 등록할 권리로서, 아동이 사람으로서 인격을 자유로이 발현하고, 부모와 가족 등의 보호하에 건강한 성장과 발달을 할 수 있도록 최소한의 보호장치를 마련하도록 요구할 수 있는 권리이다. 이는 헌법 제10조의 인간의 존엄과 가치 및 행복추구권으로부터 도출되는 일반적 인격권을 실현하기 위한 기본적인 전제로서 헌법 제10조뿐만 아니라, 헌법 제34조 제1항의 인간다운 생활을 할 권리, 헌법 제36조 제1항의 가족생활의 보장, 헌법 제34조 제4항의 국가의 청소년 복지향상을 위한 정책실시의무 등에도 근거가 있다.(헌재 2023.3.23. 2021헌마975)

② (○) 태어난 즉시 '출생등록될 권리'는 개인의 인격을 발현하는 첫단계로 행사되는 권리이자 인격을 형성해 나가는 전제가 되는 권리이고, 아동이 부모와 가족 등의 보호하에 건강한 성장과 발달을 할 수 있도록 보장을 요구할 수 있는 권리로서 자유권과 사회적 기본권의 복합적 성격을 갖는다. 이러한 점에서 태어난 즉시 '출생등록될 권리'는 입법자가 출생등록제도를 통하여 형성하고 구체화하여야 할 권리이다. 그러나 태어난 즉시 '출생등록될 권리'의 실현은 일반적인 사회적 기본권과 달리 국가 자원 배분의 문제와는 직접적인 관련이 없고, 이를 제한하여야 할 다른 공익을 상정하기 어려우며, 출생등록이 개인의 인격 발현에 미치는 중요한 의미를 고려할 때, 입법자는 출생등록제도를 형성함에 있어 단지 출생등록의 이론적 가능성을 허용하는 것에 그쳐서는 아니되며, 실효적으로 출생등록될 권리가 보장되도록 하여야 한다.(헌재 2023.3.23. 2021헌마975)

③ (×) 태어난 즉시 '출생등록될 권리'는 앞서 언급한 기본권 등의 어느 하나에 완전히 포섭되지 않으며, 이들을 이념적 기초로 하는 헌법에 명시되지 아니한 독자적 기본권으로서, 자유로운 인격실현을 보장하는 자유권적 성격과 아동의 건강한 성장과 발달을 보장하는 사회적 기본권의 성격을 함께 지닌다. … 심판대상조항들은 입법형성권의 한계를 넘어서서 실효적으로 출생등록될 권리를 보장하고 있다고 볼 수 없으므로, 혼인 중 여자와 남편 아닌 남자 사이에서 출생한 자녀에 해당하는 혼인 외 출생자인 청구인들의 태어난 즉시 '출생등록될 권리'를 침해한다.(헌재 2023.3.23. 2021헌마975)

④ (×) 심판대상조항들은 혼인 외 출생자에 대한 출생신고의무자와 적격자를 규정함에 있어서, 혼인 중인 여자와 남편 아닌 남자 사이에서 출생한 자녀의 경우, 남편 아닌 남자인 생부가 자신의 혼인 외 자녀에 대해서 출생신고를 허용하도록 규정하지 아니하였다. 특히 이 사건 출생신고의무자조항이 혼인 외 출생자의 출생신고의무자를 모로 한정한 것은, 모는 출산으로 인하여 그 출생자와 혈연관계가 형성되는 반면에, 생부는 그 출생자와의 혈연관계에 대한 확인이 필요할 수도 있고, 그 출생자의 출생사실을 모를 수도 있다는 점에 있다. 이에 가족관계등록부는 모를 중심으로 출생신고를 규정하고, 모가 혼인 중일 경우에 그 출생자는 모의 남편의 자녀로 추정하도록 한 민법의 체계에 따르도록 규정하고 있다. 따라서 심판대상조항들이 혼인 외 출생자의 신고의무를 모에게만 부과하고, 남편 아닌 남자인 생부에게 자신의 혼인 외 자녀에 대해서 출생신고를 할 수 있도록 규정하지 아니한 것은 합리적인 이유가 있다. 그렇다면, 심판대상조항들은 생부인 청구인들의 평등권을 침해하지 않는다.(헌재 2023.3.23. 2021헌마975)

정답 ②

48

혼인과 가족에 관한 권리에 관한 다음 설명 중 가장 적절하지 않은 것은?

① 혼인과 가족생활을 스스로 결정하고 형성할 수 있는 자유를 제한하는 경우에는 기본권 제한의 헌법적 한계를 준수하여야 한다.

② 8촌 이내의 혈족 사이에서는 혼인할 수 없도록 하는 「민법」 제809조 제1항은 입법목적의 달성에 필요한 범위를 넘는 과도한 제한으로서 침해의 최소성을 충족하지 못하므로 혼인의 자유를 침해한다.

③ 8촌 이내 혈족 사이의 혼인금지조항을 위반한 혼인을 전부 무효로 하는 「민법」 조항은 과잉금지원칙을 위배하여 혼인의 자유를 침해한다.

④ 입양신고 시 신고사건 본인이 시·읍·면에 출석하지 아니하는 경우에는 신고사건 본인의 신분증명서를 제시하도록 한 「가족관계등록법」 규정은 입양당사자의 가족생활의 자유를 침해한다고 보기 어렵다.

해설 ① (○) 혼인과 가족생활을 스스로 결정하고 형성할 수 있는 자유는 소극적으로는 국가권력의 부당한 침해에 대한 개인의 주관적 방어권으로서 국가권력이 혼인과 가정이란 사적인 영역을 침해하는 것을 금지하면서, 적극적으로는 혼인과 가정을 제3자 등으로부터 보호해야 할 뿐만 아니라 개인의 존엄과 양성의 평등을 바탕으로 성립되고 유지되는 혼인·가족제도를 실현해야 할 국가의 과제를 부과하고 있다.(헌재 2022.10.27. 2018헌바115)

② (×) 이 사건 금혼조항은 근친혼으로 인하여 가까운 혈족 사이의 상호관계 및 역할, 지위와 관련하여 발생할 수 있는 혼란을 방지하고 가족제도의 기능을 유지하기 위한 것으로서 정당한 입법목적 달성을 위한 적합한 수단에 해당한다. 이 사건 금혼조항은, 촌수를 불문하고 부계혈족 간의 혼인을 금지한 구 민법상 동성동본금혼 조항에 대한 헌법재판소의 헌법불합치 결정의 취지를 존중하는 한편, 우리 사회에서 통용되는 친족의 범위 및 양성평등에 기초한 가족관계 형성에 관한 인식과 합의에 기초하여 혼인이 금지되는 근친의 범위를 한정한 것이므로 그 합리성이 인정되며, 입법목적 달성에 불필요하거나 과도한 제한을 가하는 것이라고는 볼 수 없으므로 침해의 최소성에 반한다고 할 수 없다.(헌재 2022.10.27. 2018헌바115)

③ (○) 이 사건 무효조항을 통하여 달성되는 공익은 결코 적지 아니하나, 이 사건 무효조항으로 인하여 제한되는 사익 역시 중대함을 고려하면, 이 사건 무효조항은 법익균형성을 충족하지 못한다. 그렇다면, 이 사건 무효조항은 과잉금지원칙에 위배하여 혼인의 자유를 침해한다.(헌재 2022.10.27. 2018헌바115)

④ (○) 입양신고 시 신고사건 본인이 시·읍·면에 출석하지 아니하는 경우에는 신고사건 본인의 주민등록증·운전면허증·여권, 그 밖에 대법원규칙으로 정하는 신분증명서를 제시하도록 한 가족관계의 등록 등에 관한 법률 제23조 제2항은 헌법에 위반되지 않는다.(헌재 2022.11.24. 2019헌바108)

정답 ②

memo

2024 윤우혁 헌법

최신판례 및 최신판례모의고사

PART 03

통치구조론

[문제편]

THEME

01 국회의 운영과 의사절차

01

다음 사례에 관한 설명으로 가장 적절하지 않은 것은? (다툼이 있는 경우 판례에 의함)

> 국회 법제사법위원회 위원장이 2022.4.27. 제395회 국회(임시회) 제4차 법제사법위원회 전체회의에서 검찰청법 일부개정법률안(대안)과 형사소송법 일부개정법률안(대안)을 법제사법위원회 법률안으로 각 가결선포하였다.
> 국회의장이 2022.4.30. 제396회 국회 제1차 본회의에서 검찰청법 수정안을 가결선포하고, 2022.5.3. 제397회 국회 제1차 본회의에서 형사소송법 수정안을 가결선포하였다.

① 헌법상 다수결원칙은 다수에 의한 의사결정 이전에 합리적인 토론과 상호 설득의 과정에서 의사의 내용이 변동되거나 조정될 수 있음을 전제로 하며, 이를 위해 의원들에게 실질적이고 자유로운 토론의 기회가 부여되어 있을 것을 요구한다,

② 사안에서 국회 법제사법위원회 위원장이 회의 주재자의 중립적 지위에서 벗어나 미리 가결의 조건을 만들어 두고 법률안의 심사 과정에서 실질적 토론의 기회를 형해화한 상태에서 표결에 부쳐 의결에 이르도록 하였다면, 국회의원인 청구인들의 법률안 심의·표결권을 침해한다.

③ ②와 같이 국회의원인 청구인들의 법률안 심의·표결권을 침해하였다면 법사위 위원장의 이 사건 가결선포행위는 무효이다.

④ 사안에서 국회의장이 무제한토론이 신청된 본회의 당일로 회기가 종료되거나 당일 하루만 회기로 정하는 회기결정의 건을 가결선포하였다고 하더라도 이를 무제한토론권한을 침해한 것이라고 보기 어렵다.

해설 ① (O) 헌법 제49조는 "국회는 헌법 또는 법률에 특별한 규정이 없는 한 재적의원 과반수의 출석과 출석의원 과반수의 찬성으로 의결한다. 가부동수인 때에는 부결된 것으로 본다."라고 규정하고 있는바, 이는 의회민주주의의 기본원리인 다수결의 원칙을 선언한 것이고, 헌법상 다수결원칙은 다수에 의한 의사결정 이전에 합리적인 토론과 상호 설득의 과정에서 의사의 내용이 변동되거나 조정될 수 있음을 전제로 하며, 이를 위해 의원들에게 실질적이고 자유로운 토론의 기회가 부여되어 있을 것을 요구한다.(헌재 2023.3.23. 2022헌라2)

② (O) 이 사건 법률개정행위의 법사위 의결 절차는 그 위원장이 회의 주재자의 중립적 지위에서 벗어나 미리 가결의 조건을 만들어 두고 법률안의 심사 과정에서 실질적 토론의 기회를 형해화한 상태에서 표결에 부쳐 의결에 이르도록 하였다는 점에서, 실질적 토론을 전제로 하는 헌법상 다수결원칙을 규정하면서 국회 내 의결 절차에서 회의 주재자의 중립성을 엄격하게 요구하는 헌법 제49조를 위반한 것이다.(헌재 2023.3.23. 2022헌라2)

③ (×) 헌법재판소가 위원회 단계에서 이루어진 의결의 하자만을 기준으로 국회의 정치적 형성권을 존중할 필요가 없다거나 다른 정치적 형성방법을 기대할 수 없다고 평가하는 것은 적절하지 아니하다. 따라서 피청구인 법사위 위원장의 이 사건 가결선포행위에 대한 무효확인청구는 이유 없어 기각하여야 한다.(헌재 2023.3.23. 2022헌라2)

④ (○) 피청구인 국회의장이 무제한토론이 신청된 본회의 당일로 회기가 종료되거나 당일 하루만 회기로 정하는 회기결정의 건을 가결선포하였다고 하더라도 무제한토론권한을 침해한 것이라고 보기 어렵다. 더 나아가 이 사건에서는 무제한토론이 실시되었던 제395회 국회(임시회) 제2차 본회의와 제396회 국회(임시회) 제1차 본회의에서 민주당과 국민의힘 소속 의원들이 무제한토론에 참여하여 상당한 시간 토론하였는바, 무제한토론이 형해화될 정도에 이르렀다고 보기도 어렵다.(헌재 2023.3.23. 2022헌라2)

정답 ③

02 위헌심사형 헌법소원

02

다음 사례에 관한 설명으로 가장 적절하지 않은 것은? (다툼이 있는 경우 판례에 의함)

> 청구인은 2012.4.11. 실시된 제19대 국회의원 선거에 ○○○ 선거구에 출마하여 당선되었고, 2015.10.12.경 국회의원직을 사퇴하였다.
> 청구인은 뇌물수수죄, 특정범죄가중처벌등에관한법률위반(뇌물)죄, 정치자금법 제45조를 위반하여 정치자금을 기부받았다는 정치자금법위반죄 등으로 기소되어 징역 4년, 벌금 1억 570만 원, 추징 1억 570만 원 및 징역 3월의 형이 확정되었다. 청구인에 대한 징역형의 판결은 2017. 3. 22. 확정되었다. 청구인은 위 징역형의 집행 중 2019. 10. 28. 가석방되었고, 2020. 3. 13. 잔여 형기의 경과로 형의 집행을 종료하였다.
> 청구인은 정치자금법위반죄 또는 국회의원으로서 그 재임 중 직무와 관련하여 뇌물수수죄를 범한 자로서 징역형의 선고를 받고 그 형의 집행이 종료된 후 10년을 경과하지 아니한 사람은 선거권이 없다고 규정한 공직선거법 제18조 제1항 제3호가 청구인의 선거권을 침해한다고 주장하며, 2020. 4. 28. 이 사건 헌법소원심판을 청구하였다.

① 법률에 대한 헌법소원의 청구기간은 그 법률의 시행과 동시에 기본권의 침해를 받게 되는 경우에는 그 법률이 시행된 사실을 안 날로부터 90일 이내에, 법률이 시행된 날로부터 1년 이내에 헌법소원을 청구하여야 한다.

② 법률에 대한 헌법소원의 청구기간은 법률이 시행된 뒤에 비로소 그 법률에 해당되는 사유가 발생하여 기본권의 침해를 받게 되는 경우에는 그 법률이 시행된 사실을 안 날로부터 90일 이내에, 법률이 시행된 날로부터 1년 이내에 헌법소원을 청구하여야 한다.

③ 심판대상조항에 의한 기본권의 침해는 청구인에게 이에 해당하는 구체적인 사유가 발생하였을 때 이루어지는 것이고, 이 사건에서 구체적인 사유발생일은 청구인에 대한 징역형의 판결이 확정된 후 첫 선거일이다.

④ 청구인에 대한 징역형의 판결이 확정된 2017. 3. 22. 이후로서 첫 선거인 제19대 대통령선거가 실시된 2017. 5. 9.에는 청구인에게 심판대상조항에 의한 기본권침해의 사유가 발생하였다고 할 것이고, 이로부터 1년이 경과하였음이 역수상 명백한 2020. 4. 28.에야 제기된 이 사건 심판청구는 청구기간을 경과하였다.

해설 ① (○) 법률에 대한 헌법소원의 청구기간은 그 법률의 시행과 동시에 기본권의 침해를 받게 되는 경우에는 그 법률이 시행된 사실을 안 날로부터 90일 이내에, 법률이 시행된 날로부터 1년 이내에 헌법소원을 청구하여야 한다.(헌재 2024.3.28. 2020헌마640)

② (×) 법률에 대한 헌법소원의 청구기간은 법률이 시행된 뒤에 비로소 그 법률에 해당되는 사유가 발생하여 기본권의 침해를 받게 되는 경우에는 그 사유가 발생하였음을 안 날로부터 90일 이내에, 그 사유가 발생한 날로부터 1년 이내에 헌법소원을 청구하여야 한다.(헌재 2024.3.28. 2020헌마640)

③ (○) 심판대상조항이 정한 범죄를 범하여 징역형의 판결이 확정된 사람은 심판대상조항에 따라 판결이 확정된 때부터 그 형의 집행이 종료된 후 10년이 경과할 때까지 선거권이 인정되지 않는데, 심판대상조항에 의한 기본권의 침해는 청구인에게 이에 해당하는 구체적인 사유가 발생하였을 때 이루어지는 것이고, 이 사건에서 구체적인 사유발생일은 청구인에 대한 징역형의 판결이 확정된 후 첫 선거일이다.(헌재 2024.3.28. 2020헌마640)

④ (○) 청구인에 대한 징역형의 판결이 확정된 2017. 3. 22. 이후로서 첫 선거인 제19대 대통령선거가 실시된 2017. 5. 9.에는 청구인에게 심판대상조항에 의한 기본권침해의 사유가 발생하였다고 할 것이고, 이로부터 1년이 경과하였음이 역수상 명백한 2020. 4. 28.에야 제기된 이 사건 심판청구는 청구기간을 경과하였다.(헌재 2024.3.28. 2020헌마640)

정답 ②

03 권리구제형 헌법소원

03

헌법소원에 관한 다음 설명 중 가장 적절하지 않은 것은?

① ○○호 사고로 사망한 자 및 유족이 대한민국 정부를 상대로 제기한 헌법소원에 대하여 헌법재판소는 ○○호 사고는 2014년 4월 16일에 발생했고, ○○호 사고에 관한 이 사건 구호조치는 이 사건 심판청구가 제기되기 전에 종료되었으므로 해당 사건의 심판청구는 권리보호이익이 없다고 판단하였다.

② ○○호 사고로 사망한 자 및 유족이 대한민국 정부를 상대로 제기한 헌법소원에 대하여 헌법재판소는 ○○호 사고와 같은 대형 해난사고로부터 국민의 생명을 보호할 국가의 포괄적 의무를 인정하였으나, 구체적인 구호조치의 내용은 관련 법령의 해석·적용의 문제로 이미 법원을 통해 구체적인 위법성이 판단되어 그 민·형사적 책임이 인정되었으므로 해당 사건에서 예외적으로 심판청구이익을 인정하기 어렵다고 판단하였다.

③ 외국인이 출입국관리법에 의하여 보호처분을 받아 수용되었다가 이후 난민인정을 받은 경우 및 법률상 근거 없이 송환대기실에 수용되었던 경우에 대하여, 헌법에서 명시적으로 보상을 해주어야 할 입법의무를 부여하고 있다거나 헌법해석상 국가의 입법의무가 발생하였다고 볼 수 없다.

④ 법원, 검찰청, 구치소 등에서 장애인전용 주차구역, 장애인용 승강기 또는 화장실을 설치하지 아니한 부작위에 대해서 장애인이 장애인차별금지법령에 따라 법원에 적극적 조치 판결을 구할 수 있더라도, 이러한 구제절차를 거치지 아니한 헌법소원심판청구 보충성 요건을 갖추지 못한 것은 아니다.

해설 ① (○) ○○호 사고는 2014. 4. 16. 발생하였고, ○○호 사고에 관한 이 사건 구호조치는 이 사건 심판청구가 제기되기 전에 종료되었으므로, 이 사건 심판청구는 권리보호이익이 없었던 경우에 해당된다.(헌재 2024. 5.30. 2014헌마1189)

② (○) ○○호 사고와 같은 대형 해난사고로부터 국민의 생명을 보호할 국가의 포괄적 의무가 있음은 종래 헌법재판소가 해명한 바 있고, 다만 구체적인 구호조치의 내용은 관련 법령의 해석 · 적용의 문제로서 이미 법원을 통해 구체적인 위법성이 판단되어 그 민 · 형사적 책임이 인정되었으므로, 이 사건에서 헌법적 해명의 필요성을 이유로 예외적인 심판청구이익을 인정하기 어렵다.(헌재 2024.5.30. 2014헌마1189)

③ (○) 외국인이 출입국관리법에 의하여 보호처분을 받아 수용되었다가 이후 난민인정을 받은 경우 및 법률상 근거 없이 송환대기실에 수용되었던 경우에 대하여, 헌법에서 명시적으로 보상을 해주어야 할 입법의무를 부여하고 있다거나 헌법해석상 국가의 입법의무가 발생하였다고 볼 수 없다.(헌재 2024.1.25. 2020헌바475)

④ (×) 법원, 검찰청, 구치소 등에서 장애인전용 주차구역, 장애인용 승강기 또는 화장실을 설치하지 아니한 부작위에 대해서는 장애인이 장애인차별금지법령에 따라 법원에 적극적 조치 판결을 구할 수 있고, 이러한 구제절차를 거치지 아니한 헌법소원심판청구는 보충성 요건을 갖추지 못하였다.(헌재 2023.7.20. 2019헌마709)

정답 ④

THEME

04 탄핵심판

04

다음 사례에 대한 설명 중 가장 적절한 것은?

2022. 10. 29. 토요일 서울 용산구 이태원동 해밀톤 호텔 서편의 골목길에 핼러윈데이(Halloween day)를 즐기려는 인파가 모여들었다. 위 골목길 일대에서 주최자가 있는 축제가 개최된 것은 아니었으나, 다중밀집 상태가 계속된 가운데 여러 사람이 동시다발적으로 넘어지면서, 밀집된 사람들에게 눌림과 끼임이 발생하여 159명이 사망하였고, 320명이 부상당하였다.
피청구인은 행정안전부장관으로 이 사건 참사와 관련하여 사전 예방과 사후 재난 대응 조치 및 관련 발언을 함에 있어 헌법과 법률을 위반하였다는 이유로 탄핵소추되었다.

① 행정각부의 장은 국가 원수이자 행정부의 수반으로서 국민의 선거에 의하여 선출되어 직접적인 민주적 정당성을 부여받은 대통령과 정치적 기능이나 비중에서 본질적 차이가 없고, 양자 사이의 직무계속성의 공익이 다름에 따라 파면의 효과 역시 근본적인 차이가 없으므로, '법 위반행위의 중대성'과 '파면 결정으로 인한 효과' 사이의 법익형량을 함에 있어 이와 같은 점이 고려되어야 한다.
② 피청구인이 사전 재난 예방조치와 관련하여 헌법과 법률을 위반하였다고 볼 수 없다.
③ 이 사건 참사의 경과나 피해 규모 등에 비추어 피청구인이 이 사건 참사 발생을 인지한 후 피해를 최소화할 수 있는 최선의 조치를 하였다고 보기는 어렵고, 재난대응에 관한 국민의 기대에 부응하지 못하였다고 볼 여지가 있으므로, 피청구인은 사후 재난대응과 관련하여 헌법과 법률을 위배하였다.
④ 피청구인의 이 사건 관련 발언들로 인하여 재난 및 안전관리 업무에 관한 국민의 신뢰가 현저히 실추되었고, 파면을 정당화할 정도로 재난 및 안전관리 행정의 기능이 훼손되었다.

해설 ① (×) 행정각부의 장은 정부 권한에 속하는 중요정책을 심의하는 국무회의의 구성원이자(헌법 제88조 제1항, 제94조) 행정부의 소관 사무를 통할하고 소속공무원을 지휘·감독하는 기관(헌법 제96조, 정부조직법 제7조 제1항)으로서 행정부 내에서 통치기구와 집행기구를 연결하는 가교 역할을 하므로, 그에 대한 파면 결정이 가져올 수 있는 국정공백과 정치적 혼란 등 국가적 손실이 경미하다고 평가하기는 어렵다. 다만 국가 원수이자 행정부의 수반으로서 국민의 선거에 의하여 선출되어 직접적인 민주적 정당성을 부여받은 대통령(헌법 제66조 제1항, 제4항, 제67조)과 행정각부의 장은 정치적 기능이나 비중에서 본질적 차이가 있고, 양자 사이의 직무계속성의 공익이 다름에 따라 파면의 효과 역시 근본적인 차이가 있다.(헌재 2004.5.14. 2004헌나1). 따라서 '법 위반행위의 중대성'과 '파면 결정으로 인한 효과' 사이의 법익형량을 함에 있어 이와 같은 점이 고려되어야 한다.(헌재 2023.7.25. 2023헌나1)

② (○) 피청구인이 사전 재난 예방조치와 관련하여, 재해를 예방하기 위하여 노력하여야 할 국가의 의무를 규정한 헌법 제34조 제6항, 이를 구체화한 재난안전법 제4조 제1항, 제6조, 제22조, 제23조, 제25조의2, 제34조의8, 재난안전통신망법 제7조, 제8조를 위반하였다고 보기 어렵고, 나아가 국민의 기본권 보호의무의 근거가 되는 헌법 제10조, 공무원의 성실의무에 관한 헌법 제7조 제1항, 국가공무원법 제56조를 위반하였다고 볼 수 없다.(헌재 2023.7.25. 2023헌나1)

③ (×) 이 사건 참사의 경과나 피해 규모 등에 비추어 피청구인이 이 사건 참사 발생을 인지한 후 피해를 최소화한 수 있는 최선의 조치를 하였다고 보기는 어렵고, 재난대응에 관한 국민의 기대에 부응하지 못하였다고 볼 여지는 있다. 그러나 규범적 심판절차인 탄핵심판절차의 판단기준이 되는 헌법과 법률의 관점에서 보았을 때, 피청구인이 행한 재난대응의 적절성 평가와는 별개로, 이 사건 참사 발생 이후 피청구인이 행한 사후 재난대응 조치가 재해의 위험으로부터 국민을 보호하기 위하여 노력하여야할 국가의 의무를 규정한 헌법 제34조 제6항, 이를 구체화한 재난안전법 제4조 제1항, 제6조, 제14조, 제15조, 제15조의2, 제18조, 제74조를 위반하였다고 보기는 어렵고, 나아가 국민의 기본권 보호의무의 근거가 되는 헌법 제10조, 공무원의 성실의무에 관한 헌법 제7조 제1항, 국가공무원법 제56조를 위반하였다고 볼 수 없다.(헌재 2023.7.25. 2023헌나1)

④ (×) 피청구인의 위 발언들로 인하여 재난 및 안전관리 업무에 관한 국민의 신뢰가 현저히 실추되었다거나 파면을 정당화할 정도로 재난 및 안전관리 행정의 기능이 훼손되었다고 단정하기 어렵다. 그 밖의 사후 발언을 모두 종합하여 보더라도, 이 사건 참사 발생 이후 피청구인의 발언에 관하여 탄핵사유는 인정되지 아니한다.(헌재 2023.7.25. 2023헌나1)

정답 ②

05

다음 사례에 대한 설명 중 가장 적절한 것은?

> 피청구인(검사 안○○)은 종전 기소유예사건을 재기한 후 유○○의 외국환거래법위반 혐의를 다시 수사하여 이 사건 공소제기를 하였고, 공소권남용에 해당한다는 이유로 그 공소를 기각한 항소심판결에 대하여 상고하였다.
> 국회는 이 사건 공소제기 및 이 사건 상고를 함으로써 법률을 위반하였다는 이유로 법률을 위반하였다는 이유로 탄핵심판을 청구하였다.

① 헌법은 검사가 탄핵심판 대상임을 직접적으로 명시하고 있다.

② 헌법은 탄핵소추사유를 '그 직무집행에 있어서 헌법이나 법률을 위배한 때'라고 명시하고 있는바, 여기에서 '직무'란 법제상 소관 직무에 속하는 고유 업무를 의미하므로, 법령에 근거한 행위만을 의미한다.

③ '탄핵심판청구가 이유 있는 경우'란 피청구인의 파면을 정당화할 수 있을 정도로 중대한 헌법이나 법률 위반이 있는 경우를 말한다.

④ 이 사건 공소제기는 형법 제123조, 구 검찰청법 제4조 제2항 및 국가공무원법 제56조를 위반하였고, 이는 피청구인의 파면을 정당화할 수 있을 정도로 중대한 법률 위반이므로, 이 사건 심판청구는 이유 있는 경우에 해당하여 피청구인을 그 직에서 파면하여야 한다.

해설 ① (×) 헌법 제65조 제1항은 '기타 법률이 정한 공무원'도 탄핵심판의 대상이 될 수 있도록 규정하고 있고, 검찰청법 제37조는 검사가 탄핵심판의 대상임을 규정하고 있다.(헌재 2024.5.30. 2023헌나2)

② (×) 헌법은 탄핵소추사유를 '그 직무집행에 있어서 헌법이나 법률을 위배한 때'라고 명시하고 헌법재판소가 탄핵심판을 관장하게 함으로써 탄핵절차를 정치적 심판절차가 아닌 규범적 심판절차로 규정하고 있다. 여기에서 '직무'란 법제상 소관 직무에 속하는 고유 업무와 사회통념상 이와 관련된 업무를 말하고, 법령에 근거한 행위뿐만 아니라 검사의 지위에서 직무수행과 관련하여 행하는 모든 행위를 포괄하는 개념이다.(헌재 2024.5.30. 2023헌나2)

③ (○) '탄핵심판청구가 이유 있는 경우'란 피청구인의 파면을 정당화할 수 있을 정도로 중대한 헌법이나 법률 위반이 있는 경우를 말한다.(헌재 2024.5.30. 2023헌나2)

④ (×) 반대의견에 해당한다.(헌재 2024.5.30. 2023헌나2)

정답 ③

05 권한쟁의심판

06

다음 사례에 관한 설명으로 가장 적절한 것은? (다툼이 있는 경우 판례에 의함)

> 법무부 장관과 검사 6명은 국회가 2022.5.9. 법률 제18861호로 검찰청법을 개정한 행위 및 같은 날 법률 제18862호로 형사소송법을 개정한 행위에 대하여 권한쟁의심판을 청구하였다.
> 이 사건 법률개정행위가 검사의 수사 및 공소제기에 관한 권한 중 일부를 조정·제한하는 것을 주요 골자로 하고 있다.

① 검사는 이 사건 법률개정행위에 대하여 권한쟁의심판을 청구할 적절한 관련성을 가지고 있고, 당사자적격이 인정된다.

② 법무부장관에게 일반적으로 검사를 지휘·감독할 권한이 있으므로, 법무부장관에게 이 사건 법률개정행위에 대하여 권한쟁의심판을 청구할 적절한 관련성이 있으므로, 이 사건 권한쟁의심판에서 당사자적격이 인정된다.

③ 국가기관의 '헌법상 권한'과 '법률상 권한'은 국회의 입법행위로는 침해될 수 없다.

④ 이 사건 법률개정행위로 권한쟁의심판상 검사의 권한침해가능성을 인정할 수 있다.

해설 ① (○) 이 사건 법률개정행위는 이와 같은 검사의 수사 및 공소제기에 관한 권한 중 일부를 조정·제한하는 것을 주요 골자로 하고 있으므로, 검사는 이 사건 법률개정행위에 대하여 권한쟁의심판을 청구할 적절한 관련성을 가지고 있다. 따라서 청구인 검사들은 이 사건 권한쟁의심판에서 청구인적격이 인정된다.(헌재 2023.3.23. 2022헌라4)

② (×) 이 사건 법률개정행위는, 법무부장관의 이와 같은 독자적인 권한이 아닌, 수사 및 공소제기에 관한 검사의 독자적인 권한을 일부 제한하는 것을 주요 골자로 하고 있다. 물론 법무부장관에게는 일반적으로 검사를 지휘·감독하고 구체적 사건에 대하여는 검찰총장만을 지휘·감독할 권한이 있으나(검찰청법 제8조), 이 사건 법률개정행위가 이와 같은 법무부장관의 지휘·감독권한을 제한하는 것이 아님은 명백하며, 이 사건 법률개정행위에 대하여 수사권·소추권을 직접적으로 행사하는 검사들이 청구인으로서 권한쟁의심판을 청구한 이상, 수사권·소추권을 직접적으로 행사하지 아니하는 법무부장관에게 이 사건 법률개정행위에 대하여 권한쟁의심판을 청구할 적절한 관련성이 있다고 보기 어렵다. 따라서 청구인 법무부장관은 이 사건 권한쟁의심판에서 청구인적격이 인정되지 아니한다.(헌재 2023.3.23. 2022헌라4)

③ (×) 국가기관의 '헌법상 권한'은 헌법에 의하여 직접 부여된 권한이므로, 국회의 입법행위를 비롯한 다양한 국가기관의 작위 또는 부작위로 침해될 가능성이 있다. 그러나 국가기관의 '법률상 권한'은, 다양한 국가기관의 작위 또는 부작위로 침해될 가능성이 있음은 별론으로 하고, 국회의 입법행위로는 침해될 수 없다. 국가기관의 헌법상 권한이 아닌 법률상 권한은, 헌법에 의해 부여된 권한이 아니라 국회의 구체적인 입법행위에 의하여 비로소 그 내용과 범위가 형성되어 부여되는 것이기 때문이다. 국가기관의 법률상 권한은 국회의 입법행위에 의하여 형성·부여된 권한일 뿐, 역으로 국회의 입법행위를 구속하는 기준이 될 수 없다.(헌재 2023.3.23. 2022헌라4)

④ (×) 수사 및 소추는 원칙적으로 입법권사법권에 포함되지 않는 국가기능으로 우리 헌법상 본질적으로 행정에 속하는 사무이므로, 특별한 사정이 없는 한 입법부·사법부가 아닌 '대통령을 수반으로 하는 행정부'에 부여된 '헌법상 권한'이다. 그러나 수사권 및 소추권이 행정부 중 어느 '특정 국가기관'에 전속적으로 부여된 것으로 해석할 헌법상 근거는 없다. … 이 사건 법률개정행위는 검사의 '헌법상 권한'(영장신청권)을 제한하지 아니하고, 국회의 입법행위로 그 내용과 범위가 형성된 검사의 '법률상 권한'(수사권·소추권)이 법률개정행위로 침해될 가능성이 있다고 볼 수 없으므로, 청구인 검사의 심판청구는 권한침해가능성이 없어 부적법하다.(헌재 2023.3.23. 2022헌라4)

①

07

다음 사례에 관한 설명으로 가장 적절하지 않은 것은? (다툼이 있는 경우 판례에 의함)

> 청구인들은 이 사건 심판청구 당시 국민의힘 소속 국회의원들이었고, 피청구인은 국회의장이다. 더불어민주당 소속 국회의원 168명은 2023.11.9. 방송통신위원회 위원장 및 검사 2명에 대한 탄핵소추안을 발의하였고, 피청구인은 2023.11.9. 14:38경 국회 본회의에 이 사건 탄핵소추안이 발의되었음을 보고한 후, 같은 날 15:54경 본회의의 산회를 선포하였다.
> 본회의 산회로 인하여 이 사건 탄핵소추안이 본회의에 보고된 때부터 24시간 이후 72시간 이내에 탄핵소추 여부에 대한 본회의 표결을 할 수 없게 되자, 이 사건 탄핵소추안을 발의한 더불어민주당 소속 국회의원 168명은 2023.11.10. 11:45경 피청구인에게 이 사건 탄핵소추안의 철회를 요구하였고, 피청구인은 같은 날 12:45경 위 철회요구를 수리하였다. 이에 청구인들은 2023.11.13. 피청구인이 이 사건 탄핵소추안 철회요구를 수리한 행위가 청구인들의 권한을 침해한다며 그 무효확인을 구하는 권한쟁의심판을 청구하였다.
> 한편, 더불어민주당 소속 국회의원 168명은 2023.11.28. 이 사건 탄핵소추안과 동일한 내용으로 위 검사 2명에 대한 탄핵소추안을 다시 발의하였고, 피청구인은 2023.12.1. 국회 본회의에서 재발의 탄핵소추안을 안건으로 상정하여 표결을 실시한 후, 이에 대하여 가결을 선포하였다. 이에 따라 청구인들은 2023. 12. 5. 피청구인이 재발의 탄핵소추안에 대하여 가결을 선포한 행위의 무효확인을 구하는 취지를 추가하는 청구취지변경신청서를 제출하였다.

① 「국회법」 제90조는 제1항에서 국회의원이 그가 발의한 의안을 철회할 수 있다고 정하면서, 제2항에서 '본회의에서 의제가 된 의안'을 철회할 때에는 본회의의 동의를 받아야 한다고 정하고 있는바, 헌법재판소는 탄핵소추안에 대해서도 「국회법」 제90조가 적용되고, 탄핵소추안도 일반 의안과 마찬가지로 국회의장이 표결을 위해 이를 본회의의 안건으로 상정한 이후에 비로소 「국회법」 제90조 제2항의 '본회의에서 의제가 된 의안'이 된다고 판단하였다.

② 헌법재판소는 피청구인(국회의장)은 이 사건 탄핵소추안이 발의되었음을 본회의에 보고하였을 뿐 이 사건 탄핵소추안을 본회의의 안건으로 상정한 바가 없으므로, 이 사건 탄핵소추안은 「국회법」 제90조 제2항의 '본회의에서 의제가 된 의안'에 해당하지 아니하고, 그 결과 이를 발의한 국회의원이 본회의의 동의 없이 이를 철회할 수 있다고 하였다.

③ 탄핵소추안을 발의한 국회의원이 본회의의 동의 없이 이를 철회할 수 있다면, 청구인들에게는 이 사건 탄핵소추안 철회 동의 여부에 대해 심의·표결할 권한 자체가 발생하지 아니하고, 그 권한의 발생을 전제로 하는 권한의 침해 가능성도 없으므로, 이 사건 수리행위를 다투는 청구는 부적법하다.

④ 청구인들이 이 사건 수리행위로 인한 권한침해를 다툴 수 없게 되어 이 사건 탄핵소추안 철회의 효력은 여전히 유효하더라도, 재발의 탄핵소추안은 이 사건 탄핵소추안과 동일한 내용으로 발의되었으므로 일사부재의 원칙에 위배된다.

해설 ① (○) 국회법 제90조에 따라 의안을 발의한 의원은 의안이 본회의에서 의제가 되기 전까지는 철회의 요구만으로 이를 철회할 수 있으나, 의안이 본회의에 상정되어 의제로 성립된 이후에는 이를 일방적으로 철회할 수 없고, 재적의원 과반수의 출석과 출석의원 과반수의 찬성에 의한 본회의의 동의를 받아야 한다. 국회법 제90조가 해당 조항이 적용되는 의안의 종류나 유형에 관하여 아무런 제한을 두고 있지 아니하고, 달리 탄핵소추안의 철회를 허용하는 것이 탄핵소추의 성질에 반한다고 보이지도 아니하므로, 탄핵소추안에 대해서도 의안의 철회에 대한 일반 규정인 국회법 제90조가 적용된다. 국회법 제130조 제1항의 보고는 국회의 구성원인 국회의원들에게 탄핵소추안이 발의되었음을 알리는 것으로, 탄핵소추안을 실제로 회의에서 심의하기 위하여 의사일정에 올리는 상정과 절차적으로 구분된다. 탄핵소추안의 경우에는 통상적으로 토론 없이 무기명투표가 이루어지기는 하나, 이는 국회법 제130조로 인한 절차상의 차이에 불과하고, 달리 탄핵소추안의 경우에만 특별히 본회의 보고만으로 본회의 의제로 성립된다고 볼 근거도 없다. 따라서 탄핵소추안도 일반 의안과 마찬가지로, 국회의장이 탄핵소추가 발의되었음을 본회의에 보고하고, 국회법 제130조 제2항에 따른 표결을 위해 이를 본회의의 안건으로 상정한 이후에 비로소 국회법 제90조 제2항의 '본회의에서 의제가 된 의안'이 된다고 할 것이다.(헌재 2024.3.28. 2023헌라9)

② (○) 탄핵소추안이 본회의에 보고되었다고 할지라도, 본회의에 상정되어 실제 논의의 대상이 되기 전에는 이를 발의한 국회의원은 본회의의 동의 없이 탄핵소추안을 철회할 수 있다.(헌재 2024.3.28. 2023헌라9)

③ (○) 이 사건 탄핵소추안이 본회의에서 의제가 된 의안에 해당하지 아니하여 이를 발의한 국회의원이 본회의의 동의 없이 이를 철회할 수 있는 이상, 청구인들에게는 이 사건 탄핵소추안 철회 동의 여부에 대해 심의·표결할 권한 자체가 발생하지 아니하고, 그 권한의 발생을 전제로 하는 권한의 침해 가능성도 없다. 따라서 이 사건 수리행위를 다투는 청구는 부적법하다.(헌재 2024.3.28. 2023헌라9)

④ (×) 청구인들이 이 사건 수리행위로 인한 권한침해를 다툴 수 없게 된 이상, 이 사건 탄핵소추안 철회의 효력은 여전히 유효하다. 그리고 국회법 제92조의 '부결된 안건'에 적법하게 철회된 안건은 포함되지 아니하므로, 이 사건 탄핵소추안과 동일한 내용으로 발의된 재발의 탄핵소추안은 적법하게 발의된 의안으로 일사부재의 원칙에 위배되지 아니한다. 그렇다면 이 사건 가결선포행위로 인하여 청구인들의 심의·표결권 침해가 발생할 가능성은 인정되지 아니하므로, 이 사건 가결선포행위를 다투는 청구 역시 부적법하다.(헌재 2024.3.28. 2023헌라9)

정답 ④

08

권한쟁의심판에 관한 다음 설명 중 가장 적절하지 않은 것은?

① 국가경찰위원회가 행정안전부장관을 상대로 제기한 '행정안전부장관의 소속청장 지휘에 관한 규칙인 행정안전부령 제348호의 제정행위가 국가경찰위원회의 권한을 침해한다'는 취지의 권한쟁의 심판청구에서 국가경찰위원회는 권한쟁의심판을 청구할 당사자능력이 없다.

② 경기도가 2020.6.4. 남양주시를 특별조정교부금 배분에서 제외한 행위는 헌법 및 지방자치법에 의하여 부여된 남양주시의 지방자치권을 침해한다.

③ 국회 과학기술정보방송통신위원회 위원장이 2023.3.21. 국회의장에게 방송법 일부개정법률안, 방송문화진흥회법 일부개정법률안, 한국교육방송공사법 일부개정법률안의 본회의 부의를 요구한 행위 및 국회의장이 2023.4.27. 개의된 제405회 국회(임시회) 제5차 본회의에서 '위 각 법률안 본회의 부의의 건'을 안건으로 상정하여 무기명투표로 표결한 후 이에 대해 가결을 선포한 행위는 법제사법위원회 소속 위원인 청구인들의 법률안 심의·표결권을 침해하지 않는다.

④ 국회 환경노동위원회 위원장이 2023.5.24. 국회의장에게 '노동조합 및 노동관계조정법 일부개정법률안'의 본회의 부의를 요구한 행위 및 국회의장이 2023.6.30. 제407회 국회 제7차 본회의에서 '이 사건 법률안 본회의 부의의 건'을 안건으로 상정하여 무기명투표로 표결한 후 이에 대해 가결을 선포한 행위는 법제사법위원회 소속 위원인 청구인들의 법률안 심의·표결권을 침해하지 아니한다.

해설 ① (○) 국가경찰위원회가 행정안전부장관을 상대로 제기한 '행정안전부장관의 소속청장 지휘에 관한 규칙인 행정안전부령 제348호의 제정행위가 국가경찰위원회의 권한을 침해한다'는 취지의 권한쟁의 심판청구에 대하여, 국가경찰위원회는 법률에 의하여 설치된 국가기관으로서 권한쟁의심판을 청구할 당사자능력이 없다는 이유로 심판청구를 각하한다는 결정을 선고하였다.(헌재 2022.12.22. 2022헌라5)

② (×) 경기도가 2020.6.4. 남양주시를 특별조정교부금 배분에서 제외한 행위는 헌법 및 지방자치법에 의하여 부여된 남양주시의 지방자치권을 침해하지 않는다.(헌재 2022.12.22. 2020헌라3)

③ (○) 헌법재판소는 피청구인 국회 과학기술정보방송통신위원회 위원장이 2023. 3. 21. 피청구인 국회의장에게 방송법 일부개정법률안(대안), 방송문화진흥회법 일부개정법률안(대안), 한국교육방송공사법 일부개정법률안(대안)의 본회의 부의를 요구한 행위에 대한 권한침해확인청구를 기각하고, 피청구인 국회 과학기술정보방송통신위원회 위원장의 위 본회의 부의 요구행위의 무효확인청구 및 피청구인 국회의장이 2023 4.27. 개의된 제405회 국회(임시회) 제5차 본회의에서 '위 각 법률안 본회의 부의의 건'에 대해 가결을 선포한 행위에 대한 권한침해확인청구 및 무효확인청구를 기각하였다.(헌재 2023.10.26. 2023헌라2)

④ (○) 헌법재판소는 피청구인 국회 환경노동위원회 위원장이 2023. 5. 24. 피청구인 국회의장에게 '노동조합 및 노동관계조정법 일부개정법률안(대안)'의 본회의 부의를 요구한 행위에 대한 권한침해확인청구를 기각하고, 국회 환경노동위원회 위원장의 위 본회의 부의 요구행위의 무효확인청구 및 피청구인 국회의장이 2023 6. 30. 개의된 제407회 국회(임시회) 제7차 본회의에서 '위 법률안 본회의 부의의 건'에 대해 가결을 선포한 행위에 대한 권한침해확인청구 및 무효확인청구를 기각하였다(헌재 2023.10.26. 2323헌라3).

정답 ②

memo

2024 윤우혁 헌법

최신판례 및 최신판례모의고사

판례색인

판례색인

memo

memo

memo

memo